高等学校

TIYU GUANLIXUE

TIYU GUANLIXUE

体育管理学

主　编　韩开成

副主编　高海潮　宋亚伟　王　伟

审　稿　张　林

重庆大学出版社

图书在版编目（CIP）数据

体育管理学/韩开成主编. -- 重庆：重庆大学出版社，2019.1（2024.10重印）
高等学校体育学类本科专业系列教材
ISBN 978-7-5689-1044-6

Ⅰ.①体… Ⅱ.①韩… Ⅲ.①体育—管理学—高等学校—教材 Ⅳ.①G80-05

中国版本图书馆CIP数据核字（2018）第054110号

体育管理学

主　编：韩开成

副主编：高海潮　宋亚伟　王　伟

策划编辑：唐启秀

责任编辑：杨　敬　赵艳君　版式设计：唐启秀

责任校对：张红梅　　　　　　责任印制：张　策

*

重庆大学出版社出版发行

出版人：陈晓阳

社址：重庆市沙坪坝区大学城西路21号

邮编：401331

电话：（023）88617190　88617185（中小学）

传真：（023）88617186　88617166

网址：http://www.cqup.com.cn

邮箱：fxk@cqup.com.cn（营销中心）

全国新华书店经销

中雅（重庆）彩色印刷有限公司印刷

*

开本：787mm×1092mm　1/16　印张：15　字数：338千

2019年1月第1版　2024年10月第5次印刷

ISBN 978-7-5689-1044-6　定价：39.00元

高等学校体育学类
本科专业系列教材编委会

总主编：刘纯献　赵子建

委　员：（排名不分先后）

孔祥宁　王　跃　王晨宇　邓方华　冯　瑞　司红玉　申国卿

石　岩　刘　浩　阮　哲　严　翊　余道明　吴　健　张　戈

张　蕾　张秀丽　李　欣　杨　松　肖　涛　武桂新　洪国梁

赵广涛　陶　坚　黄延春　谢国臣　韩开成　韩爱芳　甄　洁

熊建设　翟向阳　蔺新茂

高等学校体育学类
本科专业系列教材审稿委员会

总主审：王崇喜　林克明

委　员：（排名不分先后）

王海民　冯炜权　石　岩　刘纯献　许瑞勋　张玉超　张　林

李杰凯　李金龙　杨　剑　娄晓民　袁文惠　梁月红　黄　聪

曾于久　童昭岗

总　序

　　2016年8月通过的《健康中国2030规划纲要》体现了党和政府对人民群众健康权益和促进人的全面发展的高度重视，反映了我国由体育大国向体育强国迈进的国家意志。"十三五"期间，全面建成小康社会为体育发展开辟了新空间，经济发展新常态和供给侧结构性改革也对体育发展提出了新要求，建设健康中国更是为体育发展提供了新机遇。然而，当前我国体育人才发展水平同体育事业的发展需求仍有差距，存在着体育人才总量相对不足、体育人才培养质量不高、各类体育人才发展不均衡、高层次创新型人才短缺等现象，还不能满足体育强国建设的需求，难以发挥体育人才在体育事业发展、体育强国建设中的基础性、战略性、决定性的作用。特别是在体育专业人才培养质量方面，受招生规模不断扩大、生源质量参差不齐等诸多因素的影响，培养质量并未达到预期的目标。究其体育教学本质原因，学校体育教学目标、教师、学生、内容、方法、过程、环境、评价等都难以免责，但是，作为教学内容的载体——教材质量的好坏无疑决定着人才培养质量的水平。尽管体育学科教育改革在不断深化推进，但教学内容方面的创新改革力度仍显不足。目前，体育学类本科专业的教材内容仍以传授知识为中心，教材编写一直存在高度抽象化、纯粹理论化、逻辑不清晰、结构混乱、叙述晦涩、实例奇缺的问题，充斥着抄袭来的公式和陈词滥调。国际上最新的研究成果和理论较少能在教材中得到更新，缺乏内容丰富、结构合理、描述生动并有大量生动实例的教材。整体上，体育学类本科专业教材存在建设滞后、缺乏个性化、内容更新周期缓慢、编写水平不高和装印质量低下等问题。其导致的结果就是出现教师"教不会""教不清"和学生"学不会""用不上"的窘况，教学质量难以保证，提高教学质量更无从谈起。因此，如何紧跟经济社会的发展变化，编写出能反映体育学科专业的最新研究成果，更好地适应教法更新和学法创新，激发现代大学生的学习兴趣，在教材内容、逻辑结构和形式编排等不断彰显优秀经验传承与创新的教材将是编写者亟待关注的核心问题，也是提高教材编写水平和教学质量的重要保证。

　　"高等学校体育学类本科专业系列教材"是依据"健康第一"的教育理念和《高等学校体育学类本科专业类教学质量国家标准》（修订稿）（以下简称《标准》）规定的专业课程体系要求，由编委会组织多位资深任课教师尤其是优势和特色专业学科带头人、知名学者、教授，在具备深厚学术研究背景、长期教学实践和教材编撰研究经验的基础上，编写出的体现体育学科研究成果的高质量系列教材。按照《标准》规定的专业必修课课程要求，编写了专业类基础课程（体育学类本科专业均需开设的课程），包括《体育概论》《运动解剖学》《体育心理学》《运动生理学》《体育社会学》《健康教育学》《体育科学研究方法》7

门专业类基础课程。并按照专业方向课程开设采用"3+X"的模式要求，编写了《学校体育学》《运动训练学》《体育竞赛学》《体育市场营销学》《中国武术导论》等专业方向课程以及《运动生物化学》《运动生物力学》《体育管理学》《乒乓球》《排球》《武术》《体操》《篮球》《健美操》《羽毛球》等模块选修课程。该系列教材既可以作为体育学类本科专业学生的教材使用，也可以作为各级各类体育教师和教练员的参考用书。

本系列教材的特色有以下几点：

一是力求体育学科理论知识阐述和论证恰到好处，避免机械地叠加理论或过度地引用、借用观点。力争避免高度抽象化和纯理论化，使教学内容丰富，更加贴近现代体育专业本科生的学习兴趣需求，体现新课程体系下的新的课程内容，注重提高学生的实践能力，培养学生的创新能力。

二是立足于理论联系实际的观点，突出学以致用的目标。在编写体例上强化了篇、章、节之间的逻辑关系的清晰和结构的合理，在案例、材料的选择上更加突出新意。根据知识的脉络和授课的逻辑，设计了思考、讨论或动手探索、操作的环节，提升书稿的互动性。同时，根据篇幅及教学情况，以知识拓展、阅读和实践引导、趣味阅读等形式，适当增加拓展性知识，力争使教师"教得会""教得清"，学生"学得懂""用得上"。

三是力求做到简洁、明晰。在大纲设计、内容取舍上，坚持逻辑清晰、行文简洁，注意填补新兴学科、交叉学科等学科教材的空白以及相关教材体系的配套，避免大而全、面面俱到的写作，力图使教材具有基础性、实用性、可读性以及可教性，最大限度地避免言不切实、空泛议论的素材堆积。

本系列教材编委均是各个专业研究领域的专家，大都具有博士学位，对各自的研究领域非常熟悉，他们所撰写的内容均是各自潜心研究的成果，有深入的研究与很高的学术造诣。如何编写好体育学类本科专业系列教材，全体编写人员在科学性、实用性、可读性、针对性和先进性方面做了初步的尝试。但由于交流和讨论实践不够，不足之处在所难免，欢迎读者不吝赐教与批评指正，修订时将作进一步充实与完善。

虽然编委会按照《标准》的要求，有规划地对系列教材进行组织、开发和编写，但由于对教材质量和水平的高规格要求，一部分重要的课程并未被列入此次教材编写的名目，编委会将在后续编写中逐步增补。

本系列教材的编写，得到了重庆大学出版社领导的大力支持与帮助。同时，全国高等学校体育教学指导委员会技术学科组副组长王崇喜教授，全国高等学校体育教学指导委员会、河南省高校体协主席林克明教授等专家也给予了许多的鼓励、建议与指导，编写时大量参考了诸多专家、学者的前沿研究成果，在此一并表示衷心的感谢！

高等学校体育学类本科专业系列教材编委会

2016 年 10 月

前　言

国务院《关于加快发展体育产业　促进体育消费的若干意见》（国发〔2014〕46 号）（以下简称"46 号文"），将全民健身和体育产业上升到国家战略层面，同时提出了到 2025 年"体育产业总规模达到 5 万亿元"的发展目标。"46 号文"的出台，为我国体育事业指明了发展方向，绘就了宏伟的发展蓝图，创造了史无前例的历史机遇。"46 号文"出台三年多来，我国体育事业的发展和改革进入快车道，体育改革不断深入，取得了显著成效。中国体育管理体制和运行机制改革开始进入深水区：《中国足球综合改革方案》出台，揭开了单项体育协会与总局脱钩的大幕；取消一般商业性赛事审批权，进一步激活了体育市场活力；改革全国运动会计分和排名办法，在一定程度上促进了竞技体育的回归；积极推动公共体育场馆免费和低收费对外开放，有利于全民健身的开展；鼓励和吸引社会投资，体育 IP 并购成为潮流；鼓励科技创新，"互联网 + 体育"成为行业新宠，一时间"引无数资本大鳄竞折腰"；"大体育、大健康、大医疗"概念不断深入人心，"康体融合"成为新潮流。供给侧结构性改革不断深入，体育产业一片欣欣向荣，中国体育事业改革翻开了历史新篇章。

体育事业的快速发展离不开人才的支撑。当前，制约我国体育产业发展的主要原因之一就是缺乏一批懂管理、善营销、懂体育、有经验的专业化人才。"体育管理学"既是体育管理、体育经济、休闲体育、社会体育专业重要的专业理论课程，也是体育院校其他专业重要的选修课程之一。

体育管理学科是一个应用型学科，"体育管理学"课程的教学也应体现应用性和实用性。本教材的编写特点：遵循任务驱动教学方法的基本理念，以问题为导向，理论够用，突出重点，重在实践，将教学设计融入教材内容的编写，增强教学互动性，强调对学习方法、学习实践的指导，力求既便于教师讲授，又便于学生自学。

考虑到本科体育管理学的教学实际情况，本教材共安排了九章两大部分内容。第一部分是体育管理基础理论，包括"绪论""体育管理者"和"体育管理职能"三章。第二部分是体育管理实务，包括体育事业管理和体育产业管理两大模块。体育事业管理模块包括"学校体育管理""社会体育管理"和"竞技体育管理"三章；体育产业管理模块包括"体育俱乐部管理""体育场馆管理"和"体育赛事管理"三章。

　　本教材由郑州大学体育学院韩开成、高海潮、宋亚伟和郑州工程技术学院王伟共同编写，具体分工如下：韩开成负责编写第一章、第二章、第三章和第六章；高海潮负责编写第八章和第九章；宋亚伟负责编写第七章；王伟负责编写第四章；宋亚伟和王伟共同编写第五章。本教材由韩开成统稿、串编、定稿。

　　在编写的过程中，编写组参考、借鉴、引用和吸收了国内外专家学者的许多研究成果，在此深表谢意！本教材的编写，得到了上海体育学院博士生导师张林教授的悉心指导。张林教授高屋建瓴地指出了教材初稿中存在的问题，并提出了许多修改意见和建议，为本教材的进一步完善奠定了坚实的基础，在此表示诚挚的感谢！本教材的出版，得到了重庆大学出版社的大力支持和帮助，在此表示衷心的感谢！

　　最后，由于编者水平有限，教材中难免有疏漏之处，恳请读者指正。

目　录

第一章

绪　论

第二章

体育管理者

第三章

体育管理职能

第四章

学校体育管理

第五章

社会体育管理

第六章

竞技体育管理

第七章

体育俱乐部管理

第八章

体育场馆管理

第九章

体育赛事管理

第一章
绪　论

【学习任务】

通过本章的学习,掌握体育管理的概念与特征,了解体育管理学的发展过程与学科结构体系,理解学习体育管理学的意义,了解学习体育管理学的方法。

【学习目标】

掌握体育管理的概念,了解体育管理学的形成过程和学科体系,理解学习体育管理学的必要性,初步掌握体育管理案例分析的思路与技巧,掌握分析体育管理时政材料的方法,能够在体育管理实践中合理运用各种动力。

【案例导入】

行业风口　一将难求——管理者们谈中国体育产业人才缺口

新华社北京 8 月 28 日体育专电(记者林德韧):各种收购、并购、入股,体育产业领域的各种"买买买"总能吸引很多眼球。不过,无论是怎样的行业,出发点和落脚点都在于"人",体育产业也不例外。从体育产业管理者们的角度看,如何发现、使用、留住人才,是现阶段面临的最重要问题之一。在维宁体育主办的"互联网＋体育创业·投资·人才峰会"上,"缺人"成为了大家的一个共识。

"将传统的体育产业和商业化完美结合,让体育产业真正实现盈利,具备与中国国情相适应的方法和手段,这种人才相对来说比较稀缺",乐视体育副总裁李大龙说。

在中国,体育产业是新兴产业,在互联网科技迅速发展的当下,如何找到既懂体育又懂互联网,同时又懂商业的人才,是许多业内公司都面临的问题。

"钱是不能解决所有问题的,尤其是方兴未艾的体育产业",在谈到体育产业人才缺口问题时,维宁体育 CEO 纪宁这样说。维宁体育商学院在 2016 年成立,仅用 10 天时间就招满了 100 名学员。与此同时,依托在人才培养等方面的资源,维宁体育日前获得了包括体奥动力在内的三家机构数千万元 Pre-A 轮融资,这一方面说明体育产业培训领域的火爆程度,另一方面也反证了体育产业人才的稀缺。

智美体育高级副总裁张晗说:"人才一定是困扰所有体育产业公司的问题,因为所有的设想都需要人来实现。人是体育产业存在的根本因素,没有人,体育产业就不会存在。我们现在最大的问题就是用好什么样的人才,选好什么样的人才,这是每个体育管理者最大的课题。"张晗表示,作为中国马拉松产业的开创者之一,智美体育从市场中摸索到了一整套管理方法和操作标准,但管理和执行这些方法和标准的人才,依然不是很好找。

腾讯体育在拿到 NBA 版权之后,也对团队进行了大范围扩充。该公司咨询部总监许绍连透露,原来腾讯体育是一个一百多人的团队,拿到 NBA 版权之后人数将近翻了一倍。他说:"人才严重不够,有两个原因。一是企业自身增长需要人才;二是行业的发展真是太快了,不仅腾讯在招人,很多机构都在招人。招人变难了,所以门槛必然要降低了。"

层出不穷的创新领域,需要层出不穷的人才来补充。许绍连说:"培养相关人才的院校就要注意了,你该培养体育产业类更多方面的人才了,而不是简单地培养一个大学毕业生。"

在体育产业发展浪潮之下,北京大学、清华大学、中国政法大学、北京体育大学等高等院校,都已经开始了体育产业相关人才培训方面的探索,但对猛增的人才需求来说,零星院校的供给还是远远不够的。

对于究竟需要怎样的人才,阿里体育副总裁韩立峰表示,在分工细化的时代,要求员工什么都掌握是不现实的。他说:"我更推崇麦当劳的模式,模块化的东西。我更需要有丰富的场馆经验、更多产品经验以及能够发挥产品优势、技术优势的人才。"

微赛体育 CEO 侯昱华说:"我们也很渴求具有传统产业经验,又懂互联网,同时有很强学习能力的人才加入我们这里。"

行业风口,一将难求,中国体育产业迅速的发展,必然需要更多的人才支撑。人才培养,任重道远。

(资料来源:新华网.)

分析与讨论:

1.中国体育产业迅速发展给体育管理人才带来了哪些机遇?

2.当代体育管理人才需具备哪些方面的素质和能力?

第一节 体育管理和体育管理学

一、管理的定义

人类懂得管理的作用,掌握管理的本领,享受管理的成果,可以说由来已久。人类社会自开始群居狩猎,就知道"合群"抵御危险、征服自然界的重要性。"合群"实质上就是人类社会中普遍存在的"组织"现象。因此说,有了人类就有组织。组织需要合作、协作或协调,这样管理就应运而生。管理是伴随着组织的出现而产生的,是协作的必然产物。人类对管理的需要随着社会经济的不断发展和组织规模的不断壮大而日益凸显。目前,社会和经济已高度发展,组织规模越来越大,组织面临的环境越来越不确定,业务活动日益多样化和现代化,管理就越来越成为组织生死存亡和社会经济发展的关键因素。理论界和实业界普遍将管理、土地、劳动和资本并列为社会的"四种经济资源",认为管理、人力、物力、财力和信息一起构成组织的"五大生产要素",还有人把管理、技术和人才的关系比喻为组织的"两个轮子一根轴"。

管理就是在特定的环境下,为有效实现组织目标,管理者通过计划、组织、领导和控制,协调以人为中心的各种资源的一系列社会活动过程。这个定义包含以下几层含义:

①管理工作是在一定环境条件下进行的,有效的管理必须充分考虑组织内外环境的特定条件。

②管理工作的主要目的是有效地实现组织目标。

③管理工作的过程是由一系列相互关联的活动构成的,这些活动主要包括计划、组织、领导和控制等,它们成为管理的基本职能。

④管理活动的实质是协调各种关系。

⑤管理最重要的就是对人的管理。

二、体育管理的定义

体育管理是管理的组成部分。顾名思义,体育管理就是在特定的环境下,为有效实现体育组织的目标,体育管理者通过计划、组织、领导和控制,协调以人为中心的各种资源的一系列社会活动过程。体育组织中日常管理工作主要包括计划、组织、领导、控制等(图1-1)。

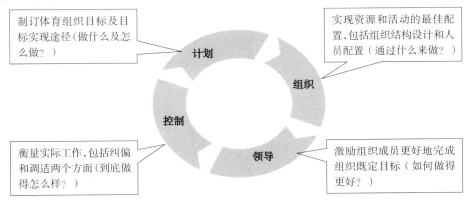

图1-1 体育组织中的日常管理工作

三、现代体育管理的特征

(一)系统化

系统是指由若干相互联系、相互作用的部分组成,在一定环境中具有特定功能的有机整体。

就其本质来说,系统是"过程的复合体"。[1] 任何体育组织内部都是由多个相互联系的部分和要素组成的,组织之所以能够运转,关键要依靠其内部各部分和要素按照一定的体制和机制来工作。与此同时,任何体育组织都处在一定环境之中,在它的外部还有一个或多个更大的系统,它也要适应这个更大系统的要求和规则,否则就很难顺畅地运转。现代体育管理要重视系统化管理,就是用系统理论为指导,充分运用"整分合"原则和相对封闭原则,在体育管理实践中做到以下几个方面:

1.从全局着眼,从局部着手,统筹兼顾

体育管理者务必树立大局观和全局观。但是讲大局、顾大局,并不能忽视局部和个体利益,任何决策、制度、措施在服从、服务组织大局的同时,也必须充分考虑部门和个人的利益,力争做到统筹兼顾,才能确保体育管理工作顺利开展。

2.既要强调科学分工,又要重视相互协作

系统的层次性要求体育管理实践中要强调分工,系统的目的性和关联性同时也要求各部门之间必须重视协调配合,使分工与合作实现有机结合。

3.重视体育管理系统的相对封闭性

在体育管理系统内部,管理过程、各种管理方法和手段,都必须构成连续封闭的回路,才能形成有效的管理运动。因此,体育组织的管理机构、管理规章制度和管理工作流程等都应形成一个相对的封闭系统,不断完善管理过程(决策计划—执行操作—检查监督—评价反馈)。

(二)人本化

人是体育管理系统(组织)中的首要因素,对人的管理也是管理工作的核心活动。现代管理的核心和动力是人和人的积极性,一切管理均应以调动人的积极性,做好人的工作为根本。人本管理主要强调以下观点:职工是组织的主体;职工参与是有效管理的关键;使人性得到最完美的发展是现代管理的核心;服务于人是管理的根本目的[2]。尊重、培养和正确使用人才是提高管理效能的根本措施。

【课堂检测】

郎平管理法则

1.从一套阵容到人人可用。

面对人员队伍老化、无人可用的困境,郎平一上任就提出组建"大国家队"。将国家队集训大名单扩大到 30 多人,每次参加国家队集训的有 30 人左右,老中青结合,每个位置总是保持三到四个人在竞争。这一管理理念的转变,改善的不仅仅是运动成绩,更是那充满希望的年轻一代。在联赛中表现出色的年轻球员获得了到国家队一试身手的机会,也让她们得以迅速成熟。由于效果明显,使得上行下效,扩大了地方的人才储备,同时,也从打球的人才越来越少的恶性循环,到争相储备人才的良性竞争。而且,郎平的管理理念是让人人都能比赛,给每一个人创造展

---

[1] 周三多,陈传明,鲁明泓 . 管理学——原理与方法 [M]. 上海:复旦大学出版社,1999:112.

[2] 周三多,陈传明,鲁明泓 . 管理学——原理与方法 [M]. 上海:复旦大学出版社,1999:117.

示潜力的机会。在现有体制上进行管理创新,不论大与小,着眼点都尽量释放每个球员的能量。郎平的大国家队理念的目的是广纳贤才,为国家队建立各个梯度的预备人才。

2. 从"魔鬼训练"到科学管理。

中国女排精神,曾以不怕牺牲、为国拼命为精神内涵,但这也给郎平的身体带来了难以愈合的伤病,医生曾做出"三十岁年龄,六十岁骨头"的诊断。郎平指导下的中国女排,那些摧残身体的魔鬼般训练法则已经没有了,取而代之的是精细化的科学管理。郎平上任后,主张运动保护和康复调节,加大运动保护。第一道保护就是有伤病的运动员无法通过国家队的体检,从根本上提高运动员的自我保护意识。在训练方法上摒弃了以往的陈旧模式,对女队员的生活、伤病、假期等都会给予关注。而在以前,因为国人对女排的期望值很高,希望每个比赛都能拿冠军,教练压力大,为了短期出成绩,就加大训练,加上保护措施和康复条件不到位,很多优秀的运动员都过早地度过了运动巅峰期。郎平将本土化与国际化相结合,打造一支高效的、年轻化的复合型团队。复合型团队,即由主教练、助理教练、陪打教练、医生、康复师、体能师、营养师、科研、信息研究、数据统计等专业人才组成。国际化、专业化的团队引入世界上先进的科学训练理念,对过去陈旧训练和康复理念进行了颠覆。比如康复师就位之后,女排队员蹲杠铃等损害膝盖的练习被废除,取而代之的是全面的体能指标,在科学数据的基础上对队员"私人定"体能和训练计划。

3. 从百年一遇到天才年年见。

郎平在管理理念上知人善任,大胆起用一代新人,不断发掘潜力型队员。在关键场次大胆起用新人,朱婷、袁心玥、张常宁、龚翔宇等新人辈出。在新人培育上,郎平说:"对于年轻运动员,她们有天赋,我们就会去培养锻炼她,虽然2016年最主要的任务是奥运会,但是训练不能只考虑奥运会,还要考虑明年、后年,不能说完成奥运会的比赛任务,下个奥运周期的事儿就不管了。国家队人才的培养需要长期的规划,有新人我们是一定要培养的。"在郎平执教时代,一个又一个新人被挖掘出来,国家队不但实现了技术上的年年进步,球员也呈现越来越年轻化的趋势。

4. 从拼命流血到定制个性。

举国体制下对运动员一直是半军事化管理,个性施展的空间很小。而郎平则以队员为主体,管理理念是"宽严适度、严中有爱",注重人文关怀,尊重运动员的个性价值,使团队管理更具人性化。几年前,有人给女排送东西,还只能隔着栅栏给,因为女排队员禁止走出公寓大门;现在还有不少运动队,晚上9点以后还要收缴手机、iPad等电子产品。郎平借鉴美式思维,不让队员在严格的训练比赛氛围下太过压抑自己,对女排的管理充满人情味。郎平平时鼓励队员展示个性,朋友圈中的女排队员经常靓丽出镜;在国外比赛后,允许队员们去逛街购物,整个球队气氛轻松融洽……这种改变,观众从赛场上也能感受到,每到紧要关头,队员们能迅速调整和调动起来。郎平曾谈到中美两国球员在思维方式上的不同,"我们的球员很少问 why,她们应有自己的观点"。在执教中国女排后,郎平将这些东西在日常训练和比赛中潜移默化地灌输给球员。比如在训练中,她不会大声斥责某一位球员,而是鼓励球员要勇于表达出自己的意见,"要让球员有个性,首先你就要尊重她"。

(资料来源:魏梅.向郎平学领导力 [J]. 决策,2016(10):76-78.)

思考与分析：

1.郎平管理措施中哪些体现了人文关怀？

2.如何评价郎平的管理理念？

　　在体育管理系统中,要建立一套合理的能级体系,根据单位和个人能量的大小安排其工作,发挥不同能级的能量,保证结构的稳定性和管理的有效性。体育管理工作必须有强大的动力,正确综合运用各种动力(物质的、精神的、信息的),才能使管理活动持续有效地进行下去。

(三)效益化

　　效益是管理的永恒主题。任何组织的管理都是为了获得某种效益。效益是社会认可和接受的成果,是效率和效果的有机结合。效益的高低直接影响着组织的生存和发展。体育管理过程的各个环节,各项工作都要紧紧围绕提高效益这个中心,科学地、有效地使用有限的人力、物力、财力、智力、时间等资源,以创造最大的经济效益和社会效益。一切管理活动都必须努力提高效益,效益的高低是衡量管理效果好坏的一个基本标准。效益的核心是价值,它必须通过科学而有效的管理,实现对人、对组织、对社会有价值的追求,实现经济效益和社会效益的最大化。体育管理工作中要把大价值、高效能、低成本作为管理工作的目标统一起来,落实到每一个人,每一件事上面。

[课堂检测]

他们为何争吵?

　　某星期四上午,某体育健身器材分公司经理张伟和财务主管王浩进行了如下对话。

　　张伟:谢谢你提供这些数字。王浩,这正是我们需要的,但是你为什么没有在总部要求的星期一之前准备好呢?

　　王浩:为了这些数字,我已经竭尽全力了。这星期我每天都工作到凌晨两点才睡觉。你去问问公司里的任何一个员工,我绝对是工作时连耳朵都忙着的,可以说我是全公司最忙的人,没有一个人像我这样每天都加班加点地工作。

　　张伟:我知道你工作努力,但你说过星期一上午准备好送到总部没问题。

　　王浩:这个星期一总部并没有为这些数字来找过我们!

　　张伟:话不能这样说。他们要求把这些数字于星期二交给董事会。你答应过星期一上午准备好,而我实际是在星期三以后才拿到。为什么你不能按时交来呢?

　　王浩:(重复各种解释,如他不能更加努力了,他老婆老抱怨他把时间花在办公室里,几个星期都没有陪孩子玩了,等等。)

　　张伟:王浩,我不是要你工作得更加努力,你在这上面花的时间已经太多了!

　　王浩(火气十足地):那你为什么还这样批评我?我真不知道你想要我做什么?我是咱公司最努力的人,我还能多做什么?

思考与分析：

1. 他们冲突的根源是什么？
2. 应该怎样防止该类冲突的发生？

(四)科学化

现代体育管理更加强调科学化,体育管理科学化是向管理要效率的关键所在。体育管理科学化应包括三个层面的含义:一是在体育管理实践层面上,体育管理科学化就是应用体育管理科学知识,指导体育管理实践、解决体育管理问题、提高体育管理活动效率的过程,这是一个以科学理想管理取代直觉经验管理的过程;二是在体育管理问题研究层面上,体育管理科学化就是以科学、理性的态度和方法,思考和研究体育管理问题的过程,这个过程强调以科学的方法论指导体育管理问题的研究,探索体育管理规律,创新体育管理知识;三是在体育管理学科发展层面上,体育管理科学化就是提高体育管理学学科的科学属性、推进体育管理学学科发展、促进体育管理科学知识有效积累和系统化的过程,这个过程试图使体育管理学真正成为一门科学。解决体育管理问题、提高体育管理活动效率是体育管理科学化的根本目的,体育管理问题研究和体育管理学科发展是体育管理科学化的手段。[1] 实践证明,提高体育管理效率,实现体育管理的科学化,就必须弄清楚体育管理系统中的管理目标、管理体制、管理决策、管理控制系统、管理规范中的熵值增加的相关因素及应采取的对策,这是体育管理系统中较为复杂而又亟待解决的问题。随着科学技术不断进步,系统工程、价值工程、全面质量管理、决策技术、市场预测、线性规划、统筹法、优选法、量本利分析、计划评审等,越来越多的科学理论、新技术、管理科学知识广泛应用于现代体育管理实践,对提高体育管理活动效率起到了关键性作用。

(五)战略化

随着社会化大生产的发展,社会生产日趋复杂,社会环境变幻莫测,体育组织与环境联系得日益紧密,体育管理所涉及的因素日益增多,各种关系日趋复杂,体育组织间竞争日趋激烈,组织能否制订和实现科学的战略构想,关系到组织的生存与发展。目前,我国体育事业制订了两大发展战略,即奥运争光计划和全民健身计划。2014 年 10 月 2 日,国务院颁布的《国务院关于加快发展体育产业促进体育消费的若干意见》(国发〔2014〕46 号),将全民健身上升到国家战略层面。

(六)信息化

信息是现代管理的要素之一。体育管理信息化,是指在体育管理的各个活动环节中,充分利用现代信息技术建立信息网络系统,使体育组织的信息流、资金流、物流、工作流集成与整合,不断提高体育管理的效率和水平,实现资源的优化配置,进而提高体育组织的管理效益和竞争能力的过程。随着信息技术的快速发展,现代体育管理工作中越来越多地应用各种信息技术,优化业务流程,提高管理效率,增强管理效益。例如,伦敦奥运会周期,为确保运动员在伦敦奥运

---

[1] 黄速建,黄群慧.管理科学化与管理学的科学性[J].经济管理,2004(18):4-8.

会上夺金任务的顺利完成,山东省体育局专门组建备战信息情报小组,通过三年的跟踪信息情报服务,编写了 22 期共计 20 万字的《竞训参考信息》,供山东省乒乓球运动管理中心和乒乓球国家队参考,为训练备战和参赛工作提供了有效的帮助。

四、体育管理学的形成与发展

(一)体育管理学科在国外的发展

人们早期的体育管理往往结合重大节日、宗教、祭祠等庆典活动和仪式进行。人类社会进入 20 世纪以来,体育管理思想主要源于学校体育管理实践和职业体育俱乐部管理实践,尤其是职业体育俱乐部管理实践加速了体育管理学科的形成。根据莉沙·P·马思特瑞乐克斯等撰写并出版的《美国体育管理理论与实践》一书的观点,进入 19 世纪以后美国体育始终是在市场经济制度中依据市场逻辑发展起来的。正如管理科学的形成主要源于企业管理实践一样,体育管理学科的形成主要源于体育产业管理实践,说得更具体一些就是源于职业体育俱乐部管理实践。20 世纪 60 年代后,体育管理的研究引起了越来越多的人的关注,随着研究的不断深入,体育管理学科也随之产生。随着这门学科的形成与发展,人们进一步认识到体育管理除与一般商业经营管理有许多相似之处外,体育管理还具有自身的特殊性和复杂性。最初,体育管理人员从经营管理中直接获取经验,但随着体育经营管理的不断复杂化,对训练有素的管理人员的需求迫在眉睫,体育管理专业应运而生。

在美国,最先提出体育管理课程这一概念的是迈阿密州立大学的詹姆斯·梅森和原在伯克立大学工作的沃尔特·梅森,早在 1957 年他们就对这一问题进行过讨论。在他们的思想影响下,1966 年,在俄亥俄大学建立全美第一个体育管理专业硕士点,不久在比斯凯尼大学建立全美第一个体育管理学士专业,1971 年,马萨诸塞州立大学建立第二个体育管理专业硕士点。之后,美国的大学增设体育管理专业的数量不断增加,据 1985 年全美体育教育协会的资料表明,美国已有 50 多所大学开设本科体育管理课程,40 多所大学拥有体育管理硕士点,到 1996 年体育管理的所有专业总数(包括本科、硕士、博士)已有 200 多个。而在加拿大,体育管理专业也有 10 余个。美国于 20 世纪 50—60 年代相继出版《体育行政管理》《学校体育管理》《竞技体育管理》《娱乐管理》等专著、教材。

苏联于 1948 年开始在体育学院开设《体育组织学》课程,1961 年正式出版第一本《苏联体育组织学》教材,1965 年经修改后作为全苏联的正式教科书,1974 年将《苏联体育组织学》更名为《体育运动管理学》。1977 年,由 K.A. 库林科维奇和 B.A. 伊沃宁主编,经苏联部长会议体育运动委员会审定的《体育运动管理学》,作为全苏联体育学院学生使用的通用教材出版。该教材于 1987 年经修定再版,使内容体系更为完善,主要涉及体育管理的理论原理、职能、组织结构、经济与法律问题、过程、教育与心理以及国外体育管理等。

日本从 20 世纪 40 年代开始,就有体育管理的专著、教材相继出版,大多数作为大学教材使用。如:竹之下休藏撰写的于 1949 年出版的《学校体育管理法》,宫细虎彦撰写的于 1958 年出版的《体育管理》,石三次郎撰写的于1958年出版的《体育管理学》,宫细虎彦撰写的于1959年出版的《学校体育的管理》,宇土正彦撰写的于1960年出版的《学校体育的经营管理》,浜口阳吉撰写的于1973年出版的《新体育管理学》和1974年出版的《新体育行政》,宇土正彦撰写的于1977年出版的《体育管理学》(已由原国家体委体育文史办与武汉体院译为中文),宇土正彦等撰写的于1989年出版的《体育经营管理学讲义》。

此外,澳大利亚、捷克、斯洛伐克、德国、希腊、意大利、南非等国不仅在大学开设体育管理课程,还培养体育管理专业人才。

(二)体育管理科学在中国的发展

在中国,金兆均早在1935年便著有《体育行政》一书,该书由上海勤奋书局发行,这可能是中国最早的体育管理方面的专著。1955年东北师大的鞠兴绶、中南体院的李雨三分别编印了《体育行政》讲义,天津体院的马瑜、张旭及辽宁省教委的梁汝城也编写了类似的讲义。但是,我国直到20世纪70年代末80年代初才真正着手研究和建立体育管理学科。

20世纪70年代末,我国体育院校的一些学者开始研究体育管理学科的理论与实践问题,探索建设有中国特色的体育管理学这一新兴学科的路子。他们积极调查研究,收集文献资料,引进国外的经验,翻译外国的专著、教材。1980年,天津体育学院马瑜教授在干部培训班讲授"体育行政"等课程。1981年,武汉体育学院编印《体育管理专题讲义》,并在中南地区地市体委主任培训班上开课。1982年,原国家体委科教司在成都体育学院召开全国体育院校工作会议,会议研究了新兴学科的建设和分工问题,会议决定把体育管理学作为重点建设的新兴学科之一,并责成武汉体育学院牵头负责该学科的建设。原国家体委这一重大举措对于体育管理学在中国的迅速建立和发展起了极其重要的作用。成都会议之后,由武汉体育学院负责牵头,联系部分体育院校的学者组成教材编写组,在原国家体委科教司的支持下,于1984年编写出我国第一本《体育管理学》教材。这本经科教司认可的体育院校试用教材发行后,连续举办了两期全国体育管理学讲习班,吸引了体育院校、普通高校和体委的许多同志前来参加,为我国培训了100多名体育管理教师和干部,这标志着《体育管理学》在中国的初步建立。"七五"期间,原国家体委正式将《体育管理学》列入全国体育院校教材委员会的计划教材,成立体育管理学教材小组(挂靠于武汉体院)。

1985年,武汉体育学院和北京体育学院同时增设体育管理本科专业,几年后天津体育学院、曲阜师范大学相继增设体育管理专业。1989年,武汉体育学院正式招收体育管理学专业硕士研究生,并于次年获得硕士学位授予权,1994年,北京体育大学、曲阜师范大学也获得体育管理学专业硕士学位授予权。

近年来,我们不仅从美国、苏联、日本等国翻译引进了他们的体育管理专著、教材,也邀请了美国、日本、德国、俄罗斯、澳大利亚、乌克兰、加拿大等国家的体育管理学专家来中国各地讲学,这对促进我国体育管理学科的发展,起到了积极的作用。同时,为了加强亚洲各国体育管理学科的学术交流,由国内外体育管理方面的著名专家、学者发起,于2002年9月成立了亚洲体育管理协会,我国体育社会科学分会秘书长秦椿林教授当选为该协会的第一副主席。2006年,亚洲体育管理协会进行了改选,成都体育学院副院长刘青教授当选为该协会主席。

【知识拓展】

中外体育管理学研究进展比较

一、基于关键词共词网络图谱的中外体育管理学研究进展情况分析

1.国外体育管理学研究进展情况分析

美国《体育管理学杂志》2000—2012年刊载的292篇论文中出现频次最高的46个关键词共词网络图谱如图1-2所示。这46个高频关键词形成了一个大规模知识网络,17个中心性强的核心词将整个知识网络联系起来,它们分别是"运动""行为""忠诚""表现""模型""工作""校际体育竞赛""选择""力量""组织""框架""联系""公平""参与""后果""成功""意向"(表1-1)。

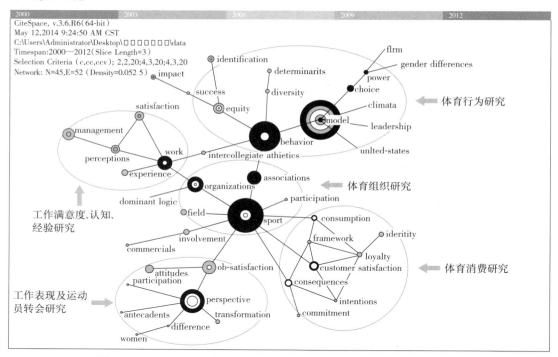

图1-2 2000—2012年国外体育管理学领域46个高频关键词共词图谱

表1-1 国际体育管理学高频关键词和高中心性关键词列表(2000—2012)

关键词	频次	中心性	关键词	频次	中心性
Sport(运动)	21	1.34	Customer satisfaction(消费者满意度)	9	0.14
Behavior(行为)	19	1.04	Consumption(消费)	6	0.1
Associations(联系)	5	0.72	Management(管理)	22	0
Model(模型)	40	0.58	Satisfaction(满意)	17	0

关键词	频次	中心性	关键词	频次	中心性
Job-satisfaction（工作满意度）	7	0.56	Attitudes（态度）	13	0
Performance（表现）	25	0.43	Identification（认同）	13	0
Work（工作）	12	0.4	Experience（经验）	12	0
Organizations（组织）	19	0.34	Framework（框架）	11	0.01
Equity（公平）	10	0.26	Impact（影响）	11	0
Choice（选择）	6	0.26	Loyalty（忠诚）	10	0.09
Intercollegiate athletics（校际体育竞赛）	7	0.2	Identity（身份）	10	0
Power（功率）	7	0.18	Commitment（承诺）	10	0
Consequences（后果）	11	0.16			

2.国内体育管理学研究进展情况分析

我国体育核心期刊 2000—2012 年体育管理学领域出现频次最高的 50 个关键词的共词网络图谱如图 1-3 所示。这些高频关键词形成了一个较大规模的知识网络，整个知识网络通过 17 个中心性强的核心词而联系在一起，它们分别是"中国""管理体制""群众体育""高校""学校体育""竞技体育""经营管理""风险管理""现状""改革""体育管理""管理模式""高水平运动队""人力资源管理""体育""大学生""农村体育"（表 1-2）。

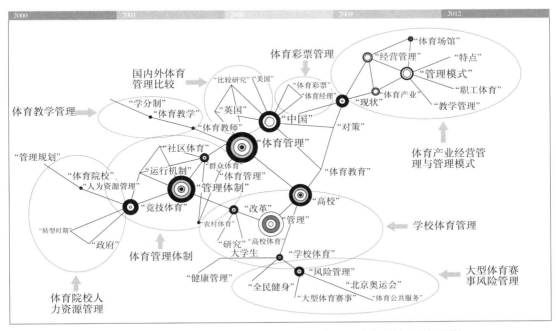

图 1-3　2000—2012 年国内体育管理学领域 50 个高频关键词共词图谱

表 1-2　国内体育管理学高频次和高中心性关键词列表（2000—2012 年）

频次	中心性	关键词	频次	中心性	关键词
100	0.05	管理	27	0.12	体育产业
89	0.20	体育管理	24	0.40	现状
85	0.35	管理体制	23	0.07	体育院校
65	0.31	高校	22	0.22	改革
48	0.25	竞技体育	22	0.15	体育
47	0.70	中国	15	0.33	学校体育
47	0.20	管理模式	9	0.16	体育教育
33	0.19	风险管理	7	0.14	农村体育
29	0.05	对策	12	0.13	体育教师
28	0.21	群众体育	11	0.13	人力资源管理
28	0.00	体育场馆	7	0.13	大学生
27	0.18	经营管理			

二、中外体育管理学研究进展比较

①在研究领域上，国内外体育管理学者都十分关注包括竞技体育、群众体育和学校体育在内的体育事业，国内关键词共词图谱表现得尤为明显，国外关键词共词图谱虽没有直截了当地出现这类词汇，但它更多的把视角聚焦于竞技体育、群众体育和学校体育三位一体的领域中。另外，国内外体育管理学研究者比较关注职工体育，但通过词频比较发现，职工体育在国外属于重点的研究领域，在国内的研究中仍属于起步阶段。

②在具体的研究内容上，国内外体育管理学研究的差异表现为两个方面。第一个方面是相同研究内容中出现不同的侧重点：国内外体育管理学界都注重管理模式的研究，但国内侧重体育场馆、体育教学管理模式、职工体育的管理模式，国外侧重行为模式以及体育领域的领导模式；国内外体育管理学研究都关注体育组织研究，但国内侧重群众体育领域的组织，国外学者侧重研究影响体育组织的思维方式以及体育组织的联系等内容。第二个方面是关注完全不同的研究内容：国外学者十分关注体育消费者研究、工作满意度以及表现、教练员管理、公平理论、领导权变理论等内容；国内学者则很关注中国体育的管理体制、学校体育与大型体育赛事风险管理、体育产业经营管理与管理模式、体育彩票管理、国际体育管理比较等。

③在研究的视角上，国外体育管理学注重从"人"的视角去谈体育管理。这里所说的人的因素并非专指人本身，而是指具有极其复杂结构，不断运动变化又相互作用的社会大系统中人的活动，而国内更强调体育事业本身的管理。

④在研究的方式上，我国体育管理学者从宏观和中观层面的研究偏多，他们往往从体育产业、管理体制等较大的视角关注体育管理学问题，并习惯于尝试建立普适性理论；国外学者大多选择微观问题进行深入研究，他们的研究视角更加实在，贴近体育管理本身，从而提高了研究的实用性与实际指导的有效性。

⑤在研究的方法上,国外体育管理学十分重视跨学科方法的运用,尤其重视借鉴管理学、心理学与行为学等学科理论和方法来研究体育问题,这也使体育管理学有了更坚实的理论基础。

(资料来源:王琪.知识图谱视角下中外体育管理学研究进展比较[J].成都体育学院学报,2015(1):81-85.)

五、体育管理学的学科结构

与其他任何一门学科类似,体育管理学也有自身的学科结构和内容体系。而且该内容体系随着体育管理实践的不断发展而不断丰富、变化。有学者提出,体育管理学的内容体系应打破借用外来理论所形成的两大板块分隔的局面,形成管理理论与体育管理实践相融合的统一理论体系;弱化宏观管理理论,进一步加强和注重中观和微观的实践性体育管理理论研究;不断扩宽和整合体育管理的各部分理论,使之形成一个开放的、动态的、完善的系统理论体系。[1]综观我国体育管理学研究现状,大致可以将其学科结构从三个维度来概括(图1-4)。

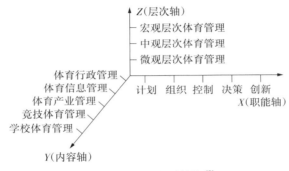

图1-4 体育管理学学科结构 [2]

第二节 学习体育管理学的意义

体育管理学是研究体育管理活动规律和方法的一门科学。体育工作者之所以学习体育管理学,旨在通过对体育管理科学知识的掌握,不断提高体育管理技能,以便更好地解决体育管理活动中的问题,提高体育管理工作效率和效益。

---

[1] 张显军,种莉莉,苏明.我国体育管理学的内容结构体系与发展趋势探讨[J].天津体育学院学报,2004(1):80-82.

[2] 张瑞林.论体育管理学的学科体系[J].体育学刊,2003(1):21-23.

一、现代体育发展需要加强管理

随着经济社会的快速发展,体育作为一种社会文化现象,越来越深入到人们的社会生活之中,人们对体育的关注和参与程度不断提高,体育开始逐渐成为人们的生活方式之一。在特定时期,特殊的体育现象很容易成为社会最热门的话题,甚至还可以在一定范围内引领社会潮流。与此同时,在体育事业蓬勃发展的过程中,体育作为一种社会现象和社会生活的一部分,同样受到各种社会问题的侵蚀和影响,比如兴奋剂问题、假球问题、黑哨问题、假年龄问题、赛事承办权贿选问题、球场暴力问题、操纵比赛结果问题等。体育社会问题的出现在一定程度上干扰了社会秩序、妨碍了人们生活、影响了社会安定,并使体育的发展背离原有的精神和正常轨道。体育社会问题不仅危害社会秩序,同时对体育的健康发展产生负面影响,因而引起了我国人民群众、政府和体育理论工作者的关注。无论是体育现象的普遍化,还是体育的异化,都需要加强管理,以便体育能给人类社会带来更多的福祉。

二、体育资源的稀缺性决定了体育管理的重要性

任何组织相对于其需求和欲望而言,体育资源总是稀缺的,这是一个亘古不变的问题。在资源有限的情况下,只有管理者才拥有资源的分配权,而资源分配的优化程度、合理程度和科学化程度,直接受限于管理者的管理理念和管理水平。因此,体育管理者需要学习体育管理科学知识,树立现代体育管理理念,掌握现代体育管理技能,不断提高体育管理工作水平,进而提高体育管理效率和效益。

【知识拓展】

体育赛事审批改革　刘刚:这一天,我等了11年

2014年9月2日,李克强总理组织召开国务院常务会议,研究完善预算管理促进财政收支规范透明的相关意见,部署加快发展体育产业、促进体育消费推动大众健身。会议提出:要简政放权、放管结合,取消商业性和群众性体育赛事审批,放宽赛事转播权限制,最大限度为企业"松绑"。推进职业体育改革,鼓励发展职业联盟,让各种体育资源"活"起来,适应群众多样化、个性化健身需求。

"太好了!太好了!盼了11年了!"国内职业拳击推广人刘刚反复强调说。为了在中国大陆地区发展职业拳击,11年来所吃的苦、无奈与无助只有他最清楚。他亲历过临近赛前被迫更换场地的窘迫,经历过赛前一周对手因为护照原因无法入关的焦虑,还经历过缺少政府、企业支持被迫带着拳手远走他乡卫冕金腰带的痛苦。"太好了!这个政策就是说,谁办比赛谁自己负责,自己搞定所有问题,跟国际接轨了。"

要审批权是在中国大陆地区办赛最难的关卡。在此之前,审批权掌握在国家体育总局项目管理中心的手里。先要完成审批,然后再向总局报备,经总局批准后方可办赛。从理论上来说,总局及项目管理中心充当了赛事监督的角色,是赛事的责任方。只有拿到审批权后,主办方才

可以凭此证与赛事举办地的公安、医疗等相关部门进行协调,确保赛事的顺利推进。但是,刘刚去要审批权却很难,所受到的刁难累积起来可能要高于珠穆朗玛峰了。因为与"奥运拳击"同宗同族,再加上被官方主观地认为是危险与赌博并重的恶习赛事,所以一直处于爹不疼、娘不爱的孤立角落。他常说,11年来他就是在夹缝中求生存的杂草,但他始终坚信中国会迎来职业拳击的春天。

不过,新政策将如何执行? 在执行过程中会遇到哪些阻力? 没有了传统的审批作为凭证,公安、医疗等传统合作的部门是否还会一如既往地配合? 在习惯了公章思维的体制下运行的体育赛事能否真的离开公章……在拥护新政策时,仍有一连串的问号盘旋在与刘刚一样正在致力于职业体育赛事运作的经理人、推广人的心中。

(资料来源:腾讯网.)

三、体育组织中每个人都面临着管理与被管理的局面

一般而言,体育组织管理者可以分为高层管理者、中层管理者和基层管理者三个层次,尽管每个层次管理者的权限、职责、利益有所差别,但是每个人都承担一定的管理责任,也承担着被约束和被管理的责任(图1-5)。管理工作绝不仅仅是组织内高层人员的事情,从某一方面和层面来说,组织中每个人也是管理者,也是被管理者。因此,每个人都需要学习和掌握一定的管理知识和技巧,以便做好本职工作,促进组织目标的有效实现,不断提高组织绩效。

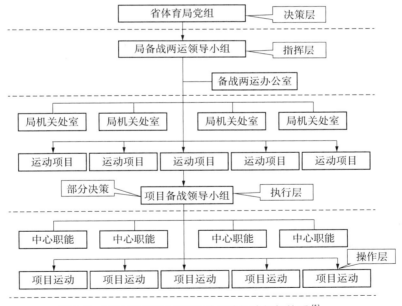

图1-5 某省体育局备战奥运会和全运会组织体系[1]

四、改进体育组织的管理效率和效益关系到每个人的切身利益

对于体育管理者而言,学习体育管理学可以获得基础知识,有利于他们成为有效的体育管

---

[1] 韩开成.河南省体育局备战十二运会组织管理系统研究 [J].少林与太极(中州体育),2014(6):29-33.

理者。对于被管理者而言,可使他们领悟上司的行为方式和组织的内部运作方式,少走弯路,获得更多的工作支持,更好地促进个人发展。体育组织结构变革、管理体制改革、管理技术革新、管理手段和方法的变革都会引起工作效率和效益的变化,进而影响到体育组织中每个人的切身利益。

因此,通过学习体育管理学,有助于人们把握体育管理活动中的规律,提高人们管理实践活动的能力;有助于优化体育组织资源的组合,提高资源配置的科学性和合理性,推动体育组织更好地发展;有助于培养优秀的体育管理人才,不断提高我国体育管理水平,促进我国体育管理国际化和管理创新,推动我国体育事业更好、更快地发展。

第三节　体育管理学的学习方法

一、注重体育管理思维方式的训练

体育管理学是典型的既具有科学性,又饱含艺术性的学科。学习体育管理学最重要是学习和训练一种思维方式。体育管理者与从事其他专业的工作者的区别在于思维方式的不同。例如:看到非洲人没有穿鞋,社会学家会说,这个地方这么穷,政治、经济有问题。历史学家会去研究,他们为什么不穿,有什么历史原因或典故? 自然地理学者可能会去研究这个地区的气候、地理条件。而管理者会说:看看他们有没有需求,如果有,那将是个大的市场。因而管理者通过调查、分析,会发现这是一个很好的机会,一个很大的有待开发的市场(尽管目前这个市场对鞋类的需求为零)。思维方式对高层管理者而言尤其重要,这是由管理的特点所要求的。管理是科学加艺术,从科学的角度说,管理有规律可循;从艺术的角度说,管理又没有现成的药方可以简单地"照方吃药",可以照抄照搬,高层管理者必须自己创造。而为了自己能够创造更多获得成功的机会,最重要的保证就是自己思维方式要正确,思路要清晰,"思路决定出路"。

西蒙认为,管理理论所关注的焦点是人的社会行为的理性方面与非理性方面的界线。因此,优秀的管理者能够同时做到两点:第一,能灵活地应用相对合适和简捷的科学方法来进行管理;第二,这些方法不至于给他的思考能力强加上无法负担的重任,或者破坏他对经验常识的良好感觉。

德鲁克认为,一个理解管理学但不具备种种管理技巧和管理工具的最低能力的管理者仍不失为一个有效的管理者,甚至是第一流的管理者。然而,一个只知道管理技巧和管理手段,却不理解管理学基本思想的人,并不是一个管理者,他做得再好也只能算是一个技术人员。

二、重视体育管理基础理论知识的学习

　　熟练掌握体育管理基础理论知识是学习好体育管理学的基础,也是改进人们管理思维方式和树立管理理念的重要途径。对于学生而言,需要仔细阅读教材和认真听教师讲授。阅读教材时,应当先弄清楚教材的结构体系、各章节的主要内容和它们之间的相互关系,以便对该课程知识进行系统的学习和掌握。既要通读全部内容,又要抓住要点和重点。在听课时,同样要听清逻辑关系与框架结构,然后把握住相关的内容要点。

三、重视理论联系实际

　　要理论联系实际,能熟练运用有关的原理与方法来分析和解决相关的理论问题和实际问题。带着问题学,活学活用,在用字上下功夫。体育管理学作为一门科学,是大量学者和实业家在总结人类体育管理实践活动的客观规律基础上形成的,是体育管理实践经验的总结和理论升华,用以指导人们从事体育管理的实践活动,对改善体育管理和提高管理水平有成效。同时,体育管理学的理论与方法也要通过实践来检验其有效性,并在不断反复的实践中,修正、完善和丰富体育管理学的理论和方法。因此,体育管理学具有很强的应用性,而不像其他纯理论学科那样侧重于公式和理论的逻辑推导。在学习时应根据这一特点,选择一些适当的实例加以解剖分析来帮助消化和记忆。学生在学习过程中,除了掌握教材知识之外,还要注重课外知识的积累,通过报纸、杂志、广播、电视、网络等新闻媒体,及时关注我国体育时政事件,并从管理的角度多思考、多分析。

四、注重具体学习方法和分析方法的训练

　　体育管理学习中常用的方法有调查研究法、实验研究法、案例分析法、比较分析法、历史研究法、定量分析法等,要学会综合应用各种方法来分析和解决体育管理问题,不断提高运用方法论解决体育管理实际问题的能力。

本章小结 —— 当今社会体育现象非常普遍,体育活动中的管理问题也日益凸显。现代体育管理呈现出系统化、人本化、效益化、科学化、战略化和信息化的特征。随着体育快速发展,体育逐渐成为人们生活方式之一。无论是体育现象的普遍化,还是体育的异化,都需要加强管理,以便体育能给人类社会带来更多的福祉。体育资源的稀缺性是加强体育管理的内在需求,体育组织中每个人都要面对管理和被管理的问题,因此学习体育管理知识、提高管理技能对体育组织中的每个人而言都显得十分必要。改进体育组织管理效率和效益关系到组织中每个人的切身利益。因此,学习体育管理学,掌握体育管理基本理论和科学知识,不断提高体育管理技能,对即将或正在从事体育工作的人们而言就显得十分必要和重要。学习体育管理学,要注重体育管理思维方式的训练,加强体育管理基础知识的学习,注重理论联系实际,综合运用各种体育管理科学知识和方法,解决体育管理实际问题,不断提高体育管理工作效率和效益。

思考与练习 ——
1.通过学校教育能够培养出合格的体育管理者吗?
2.如何评价体育领域中"教而优则仕"的现象?
3.如何理解运动训练中"三分靠训练,七分靠管理"这个观点?

参考文献

[1] 张瑞林,秦椿林. 体育管理学 [M].2 版. 北京:高等教育出版社,2008.

[2] 高雪峰,刘青. 体育管理学 [M]. 北京:人民体育出版社,2009.

[3] 王凤彬,李东. 管理学 [M].4 版. 北京:中国人民大学出版社,2011.

[4] 周三多,陈传明,鲁明泓,等. 管理学——原理与方法 [M].3 版. 上海:复旦大学出版社,1999.

[5] 钟秉枢. 做 No.1 的教练——团队管理与领导艺术 [M]. 北京:北京体育大学出版社,2012:7-10.

[6] 黄速建,黄群慧. 管理科学化与管理学的科学性 [J]. 经济管理,2004(18):4-8.

[7] 张显军,种莉莉,苏明. 我国体育管理学的内容结构体系与发展趋势探讨 [J]. 天津体育学院学报,2004(1):80-82.

[8] 张瑞林. 论体育管理学的学科体系 [J]. 体育学刊,2003(1):21-23.

[9] 韩开成. 河南省体育局备战十二运会组织管理系统研究 [J]. 少林与太极(中州体育),2014(6):29-33.

第二章
体育管理者

【学习任务】

通过本章的学习，了解管理者角色类型，掌握不同维度的管理者角色定位、实现途径和注意事项，掌握管理者角色错位的类型和表现特征。了解团队的基本构成要素和高效团队的主要特征，掌握团队角色的类型、基本特征和优缺点。

【学习目标】

通过本章的学习，能够了解和基本掌握管理角色理论有关知识，并能初步运用管理者角色理论分析体育管理实践问题。

【案例导入】

一场乱了套的公司培训会

某体育用品公司章总，工龄有30多年，在行业内也算是前辈，工作极其严谨仔细。他对公司组织的培训工作非常重视，从培训课程的内容设置、培训讲师选聘、培训酒店场地签订到培训证书印制、培训现场条幅悬挂、培训期间餐饮安排等，事无巨细，从头抓到尾，尽管有专门的培训部。他经常亲自蹲点于培训教室现场，中间还不时打断讲师，指正讲授内容。由于公司人员排队签字，不时召唤秘书奔走往返于培训现场，办理公文，处理文件。

一次，章总突然指示培训部下周举办经销商销售顾问培训班和市场经理培训班，完全脱离培训工作实施规划。培训部不得不马上开始确定培训讲师、拟订培训日程表、商谈培训教室、拟订培训通知等事项。由于某种原因，实际报到人数没有达到理想状态，章总在培训报到现场，果断指示将两个班合并为一个班举办，以节省开销。尽管前期已经安排妥当，培训讲师林教授也强调培训对象不同，培训内容侧重点不一样，最关键的是报到时间也不同，两个培训班不应合二为一。但章总仍置之不理。结果经销商参训学员得知突然变更，怨声载道，全部怪罪培训部。章总竟然也在众人面前大声斥责培训部负责人，为什么培训工作做得一塌糊涂，然后命令公司其他所有部门负责人全部到现场。这下更热闹了，培训工作不光章总亲自指导，各部门负责人也不时指东道西，甚至连总经理秘书也插手指挥。可想而知，一个简单的培训活动最终搞得乱七八糟。培训结束第二天，培训部负责人打了辞职报告。

分析与讨论：

1.公司培训部负责人为什么打辞职报告？

2.公司管理者的角色定位是怎样的？

3.管理者角色错位对公司可能带来哪些危害？

第一节　体育管理者的职责与技能

　　管理者是管理行为过程的主体,管理者一般由拥有相应的权力和责任并具有一定管理能力从事现实管理活动的人或人群组成,他们通过协调和监督其他人的活动达到组织目标。管理者及其管理技能在组织管理活动中起决定性作用[1]。

　　体育管理者是体育组织的心脏,对体育组织的生存发展起着至关重要的作用,其工作绩效的好坏直接关系着体育组织的兴衰成败。那么,究竟以什么标准来划分体育管理者和非体育管理者呢？ 一个人需要具备哪些技能才能成为有效的体育管理者呢？

一、体育管理者的分类与职责

　　一般而言,我们可以从体育组织的纵横两个方面来分辨各类体育管理者。纵向是指体育组织的管理层级,横向是指体育管理者所从事的工作内容。

(一)体育管理者的纵向分类

1.作业人员

　　指体育组织中直接从事具体实施和操作工作的人员。比如,健身俱乐部的前台接待员、会籍顾问、私教、出纳、保洁员、保安等,这些人处于组织的底层(作业层),不具备监督他人工作的职责。

2.基层管理人员

　　他们处于作业人员之上的组织层次,负责管理作业人员及其工作。比如,私教主管、会籍顾问主管、保洁组长、保安队长等。

3.中层管理人员

　　他们直接负责或协助高层管理基层管理人员及其工作人员,通常指组织中的部门负责人。比如,健身俱乐部销售部经理、人力资源部经理、财务部经理、培训部经理、后勤管理部经理等。中层管理人员在体育组织中起着承上启下的作用。

---

[1] 苗雨君,李亚民.管理学——原理·方法·实践·案例[M].2 版.北京:清华大学出版社,2013.

4.高层管理人员

他们处于体育组织的最高层,主要负责体育组织的战略管理,并在对外交往中以代表体育组织的"官方"身份出现。比如,健身俱乐部的董事长、首席执行官、总经理、副总经理、财务总监等。

作业者与管理者尤其是基层管理者之间的界限区分有时并不是泾渭分明。比如,健身俱乐部会籍顾问和会籍主管都要从事会员卡的销售、会员维护与保持工作,有时甚至俱乐部的总经理或销售部经理也会发展会员。

体育管理者由于在组织的管理层级不同,故管理职责不同,但其管理工作的基本活动是大体相同的,包括计划、组织、领导、控制等几个方面。不同层次体育管理者工作上的差别并不是职能本身不同,而在于各项管理职能履行的程度和重点不同(图 2-1)。

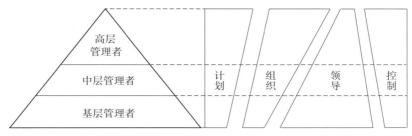

图 2-1　管理者层次及分类与管理职能

(二)体育管理者的横向分类

从体育组织的横向来看,体育管理者还可以分为综合管理人员和专业管理人员两大类。综合管理人员是指负责管理整个体育组织中某个分部全部活动的管理者。比如,某健身俱乐部的总经理、连锁俱乐部的店长、区域经理、体育用品企业的事业部经理等,这些管理者要统筹管理包括营销、财务、人事、后勤、安保、生产与服务等在内的全部活动。除了全面负责的综合管理人员外,体育组织中还常常存在专业管理人员,仅仅负责体育组织中某一类活动或业务的管理,如省体育局的竞训处长、群体处长、青少年体育处处长、人事处长、财务处长、办公室主任等。

【课堂检测】

高层管理者:做正确的事

中层管理者:正确地做事

执行层人员:把事做正确

思考与分析:请谈谈你对上图各管理层级的职责认识。

二、体育管理者的技能

每位体育管理者都在自己的组织中从事某一方面的管理工作,并力争使自己主管的工作达到一定的标准和要求。管理工作人人都可以从事,但并不是所有的管理工作都是有效的管理。管理工作要追求效率和效果,有效管理就是运用正确的方法做好对的事。管理是否有效,在很大程度上取决于管理者的管理技能。管理技能是指管理者既有效率又有效果地完成管理任务,达到管理目标的一系列行动、技巧和能力。

美国管理学家罗伯特·孔茨认为,有效的管理者应当具备三种基本技能:技术技能、人际技能和概念技能。

技术技能是指从事自己管理范围内的工作所需的技术和方法,尤其是对涉及方法、流程、程序或者技巧的特定活动的理解程度和熟练程度,主要是如何"做事"。例如,教练员要具备训练计划制订、专项训练知识理论、训练手段和方法、训练调控、比赛方案制订、比赛临场指挥、比赛分析与总结的能力。办公室工作人员要熟悉组织中有关规章制度、公文处理流程、日常公文种类及撰写要求、会议安排基本要求等。技术技能对于基层体育管理者而言尤其重要,因为他们大部分时间都在处理具体业务工作、指导和训练下属人员或回答下属人员的有关具体工作的问题,因而必须熟练掌握相关业务知识和技能,才能更好地指导下属、处理具体业务工作。而随着管理层级的提高,管理职责和管理范围不断扩大,对体育管理者技术技能的要求也会随之减少。

人际技能是指与处理人际关系有关的技能,其具体表现为管理者与他人的关系,其中包括激励、帮助、协调、领导、沟通和解决冲突的能力。人际技能实际上就是与组织中上下左右的人以及与组织外部相关人员打交道的能力。提升人际技能,首先,要求体育管理者能够承认和接受不同的观点和信念,这样才能更好地与他人交换意见;其次,要求体育管理者能够敏锐地察觉他人的需要和动机,并判断可能产生的行动和结果,进而采取相应的措施;最后,要求体育管理者能够运用一些沟通激励方法和技巧,最大限度地调动他人的积极性和创造性。人际技能是一项非常重要的管理技能,对各层级的体育管理者都具有重要的意义。拥有良好的人际关系,有助于提升体育管理者的管理效率,进而取得更好的管理效果。

概念技能是指管理者能够洞察组织与环境相互影响的复杂性,并在此基础上加以分析、判断、抽象、概括,并迅速做出决断的能力。其具体包括系统性、整体性能力,识别能力,创新能力,抽象思维能力等。体育管理者应该看到组织的全貌和整体,了解体育组织与外部环境是怎样互动的,了解体育组织内部各部分是怎样相互作用的,知道自己所管部门或科室在组织中的地位和作用。分析概括能力是概念技能的重要表现之一。概念技能对高层管理者来说尤为重要,出色的概念技能可以使体育管理者做出更好的决策。

三种技能在不同管理层次中的要求不同(图2-2),概念技能由高层向低层重要性逐步递减;技术技能由高层向低层重要性逐步增加;人际技能处于中间位置,高中低层管理者都需要。

 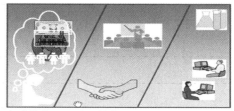

概念技能　　人际技能　　技术技能

图 2-2　管理层次与管理技能要求示意图

【课堂检测】

请判断以下管理行为分别体现了管理者的哪种技能？

1.某体育科学研究所研究室主任组织本部门员工顺利完成某项研究任务。

2.某体育中心主任用人所长,调动下属积极性。

3.某社会体育中心主任做出照顾各部分利益的决策。

【知识拓展】

美国管理专家包费尔通过对企业家应具备的条件的研究,认为一个企业家应具备如下的管理能力:

(1)合作精神　愿意与其他人一起工作,对人不是压服,而是感服和说服,能赢得人们的合作。

(2)决策能力　依据事实,不是依据想象进行决策,要有高瞻远瞩的能力。

(3)组织能力　能挖掘部属的才能,善于组织人力、物力和财力,协调各种资源。

(4)精于授权　能大权独揽,小权分散,抓住大事,把小事分给下属。

(5)善于应变　权宜通达,机动进取,而不抱残守缺、墨守成规。

(6)勇于负责　对上级、下级、顾客及整个社会抱有高度的责任心。

(7)敢于求新　对新事物、新环境、新观念有敏锐的接受能力。

(8)敢担风险　遇到风险时,要敢于承担,并有创造新局面的雄心和信心。

(9)尊重他人　重视和采纳别人的合理化建议,不武断狂妄。

(10)品德超人　品行道德为社会人士、企业员工所敬仰。

第二节　体育管理者的角色

管理是管理者在一定的资源和环境条件下,通过计划、组织、领导、控制等职能活动,达到组织既定目标的过程。管理学大师德鲁克认为:管理是人人都在做,但未必人人都能做好的一项工作。对于管理者而言,要使自己能在组织中发挥自己应有的作用,首先必须认识自己作为一个管理者在组织中的作用,也就是角色认知,进而充分扮演好自己在组织中的角色。作为体育管理者,实际上在工作中要经常转换角色,并认识自己的角色及其功能和作用,这样才能扮演好角色,否则其角色扮演就很容易出现偏差,影响个人的工作绩效以及职业生涯。所以,角色认知能力在管理作用的实现方面起到基础性的作用。为此,体育管理者需要对自己在组织和管理活动中承担的角色进行正确的认知和准确的定位,进而提高管理绩效(图 2-3)。

图 2-3　角色管理示意图

一、角色的定义

美国社会心理学家蒂博特和凯利对角色做了如下阐述:角色是社会存在的对个体行为的期望系统,这个个人与其他个人互动中占有一定地位;角色是占有一定地位的个人对自身的特殊期望系统,即角色是个人在与其他个人相互作用中的一种特殊的行为方式;角色是占有一定地位的个人外显的可观察的行为。

通过上述对角色的定义,人们可以看到角色应该具有以下几个性质:

(1)社会对一定的角色总有一定的要求与限制。也就是说角色享有一定的权利并须承担一定的义务。一整套权利和义务就构成某种特定的角色。

(2)社会通过角色对人的行为加以控制。角色就是社会规范,是约束个人行为的标准。

(3)角色是自我表现的途径和方式。个体要在社会上生存和发展,必须通过角色来实现。

(4)角色是个人对社会的适应。角色能够得以在社会中有效实现,说明角色体现的具体的个体行为同社会的规范相适应。

二、社会对体育管理者的角色期待

体育管理工作中管理者必须对自己的角色有一个明确的目标定位,管理者的目标定位是体育管理工作的基础。对于体育管理者而言,角色定位需要认清自己的位置、认清自己位置的职责、认清竞争者的位置,正视自己、正视社会,不能自欺欺人、狂妄自大,要以强烈的职业意识给自己的事业、未来确定一个角色。

当体育管理者进入角色的时候,别人就会对其产生期待。通常社会对体育管理者有三种期待方式:

(一)情景期待

在体育组织中,员工对所有的管理者都存在着期待,如期待奖金的提高。作为中层干部,他们的期待一般是自己的工作得到组织的肯定与嘉奖,获得晋升的机会,在社会上有一定的地位。

(二)伙伴期待

在体育组织中,工作伙伴期待你很好地把握你的职位,把你的角色扮演得非常出色,从而为他们的工作带来一些方便。例如,在足球场上,当一名球员得到球的时候,其他球员就会产生期待,如期待把球传给自己,因为自己的位置非常好;或者是告诉他,你的位置非常好,赶紧临门一脚。

(三)观众期待

任何一个组织在从事经营活动的过程中,最大的观众就是客户,他们期待着组织发展得越来越好,能够生产出更多物美价廉的产品或服务。

【课堂检测】

请阅读以下资料,并回答相关问题:

足球场上双方对阵,观众座无虚席,气氛极其热烈,队员觉得自己非取胜不可。请问,这句话阐述了哪种或哪几种社会期待方式(　　　)?

A.情景期待　　　　B.伙伴期待　　　　C.观众期待　　　　D.自我期待

三、体育管理者角色认知

亨利·明茨伯格,是全球管理界享有盛誉的管理学大师,经理角色学派的主要代表人物,他常提出打破传统及偶像迷信的独到见解。1980 年,明茨伯格成为加拿大皇家协会的会员,是该协会第一位管理学教授出身的会员。1995 年,他凭借年度最佳著作——《战略规划的兴衰》获得管理学会的乔治·泰瑞奖。1998 年,明茨伯格被授予加拿大国家勋章(加拿大最高荣誉)与魁北克勋章。2000 年,因对管理学所作出的贡献而获得管理学会颁发的杰出学者奖。他迄今出版了十多部书,其中最具影响力的包括《管理工作的本质》(1973)、《组织的结构》(1979)、《组织内外的权力斗争》(1983)、《明茨伯格谈管理:人们的奇妙组织世界》(1989)、《战略过程》(1991)、《战略规划兴亡录》(1994)、《战略历险》(1998)、《管理者不是MBA》(2004)等。

管理角色是指管理者按照人们的预期在实践中展示的具体行为或表现[1]。管理者在工作中扮演着很多角色,每一个角色都有自己的特点和任务。管理者针对每一种角色都要考虑人们对自己有哪些期待、自己该如何进入角色、如何吃透角色。

亨利·明茨伯格在自己的一项综合研究中得出结论:通过考察管理者在工作中所扮演的角色,可以最恰当地描述管理者做什么。体育管理者在工作中担任的角色一般有 10 种,这 10 种角色又可以分为三大类,即人际角色、信息角色和决策角色(图 2-4)。

---

[1] 斯蒂芬·P.罗宾斯,玛丽·库尔特.罗宾斯管理艺术 [M].李原,孙健敏,等,译.北京:中国人民大学出版社,2015.

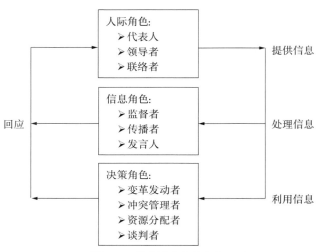

图 2-4　体育管理者的角色

（一）人际角色

人际角色归因于体育管理者的正式权力和地位[1]，其涉及人与人（下属及组织外的人）的关系以及其他礼仪性和象征性的职责。体育管理者所扮演的三种人际角色是代表人角色、领导者角色和联络者角色。

任何层次的体育管理者，都必须行使一些具有礼仪性质的职责。例如，作为体育局群体处（科）的领导（有时甚或是一般工作人员），某些时候须参加社会活动，如出席社区体育活动开幕式、群众体育比赛开幕式、大型群体展演活动等。这时，体育管理者所扮演的就是代表人角色。在体育组织中，管理者通过指导、协调、沟通、激励，调动下属的积极性，创造融洽的人际关系和工作氛围，通过下属的努力来确保团队、部门、组织的目标的实现。这时，体育管理者所扮演的就是领导者角色。另外，任何体育管理者都要与上下级及其他部门同事进行联络，交流思想，获取信息，沟通感情，增进理解，获取帮助和支持；还要与体育组织的外部相关者（客户、政府部门、新闻媒体、赞助商、供应商等）建立联系，以便使组织（部门、团队）获得良好的外部支持和帮助。这时，体育管理者所扮演的就是联络者角色。

（二）信息角色

信息是管理工作的重要基础。在信息角色中，体育管理者负责确保与其一起工作的人能够得到足够的信息，从而能够顺利完成工作。管理职责的性质决定了体育管理者既是其所在单位的信息传递中心，也是其他单位的信息传递渠道。工作中，体育管理者扮演的信息角色又分为三类，即监督者角色、传播者角色和发言人角色。

扮演监督者角色的体育管理者在体育组织中不仅仅要接受他人传递来的信息，更重要的是去发现、收集有关自己工作范围内的各种信息及与本组织相关的信息。体育管理者可以通过各

---

[1] 苗雨君,李亚民,等 . 管理学——原理・方法・实践・案例 [M].2 版 . 北京:清华大学出版社,2013.

种方式来获取信息,如密切关注体育组织自身状况(获取方法如工作检查、工作总结、工作评比、专题报告、调查研究、座谈会、个别谈话、领导接待日、设立举报箱、信访、审计等)及外部环境的变化(获取方法如市场预测、竞争者分析、形势分析与研判、调查研究、专家咨询等),利用组织力量和个人关系网络来获取信息。

体育管理者还需要将自己获得的大量信息进行筛选、甄别、整理、分类,根据具体情况,将这些信息全部或部分传递给员工,这就是体育管理者的信息传播者角色。体育管理者在扮演此角色时,必须决定"让什么人知道什么事和什么时间让他们知道"。实践中,体育管理者扮演信息传播者角色需要把握以下几方面:一是衡量把某种情况通报给下属时可能产生的后果;二是毫不吝惜地与下属共享某些非特权类信息;三是记录下属由于得不到本应得到的信息而犯错误的次数,以了解下属对信息情报需要的迫切性;四是传递信息情报时,必须把事实和对事实的解释分开;五是必须了解自己的意见和见解往下传递时,在什么阶层已经被谁歪曲了。

体育管理者把信息传递给外界时扮演的就是发言人角色,比如向股东报告体育组织的财务状况,向消费者推介组织的产品和服务,向上级部门汇报组织的运转情况,等等。

(三)决策角色

西蒙认为管理即决策。工作中,体育管理者需要经常处理信息并得出结论,进而作出决策。体育管理者扮演的决策角色包括变革发动者角色、冲突管理者角色、资源分配者角色和谈判者角色。

发动变革是体育管理者的核心角色之一。作为监督者角色的一部分,体育管理者会有意无意地向下属提出各种问题,参加各类检查汇报会议,进行例行和非例行的巡视,或从他人的评论意见中发现可能存在的问题,寻找各种机会,进而采取行动,发动变革。在体育管理者所做出的各种改进中,最突出的就是对体育组织的改进,尤其是作为高层的体育管理者,必须密切关注组织外部环境,不断改进组织以适应外部环境的变化。比如,随着北京获得2020年冬奥会举办资格,很多地方体育局都作出开设冰雪项目的决策。

一个体育组织不管管理得多么好,在运行中总会遇到各种各样的冲突或问题,体育管理者必须善于处理冲突,解决问题。例如,通过沟通协调,处理组织内部人员之间的冲突,平息体育健身俱乐部会员的怨气或投诉等。对突发事件的处理方式方法,更能体现出体育管理者的素质和能力。体育管理者需要制订一些应急预案,以便更好地处理各种突发情况。例如制订程序化参赛方案和应急预案,又如教练员根据赛场情况临时换人或变换阵型,赛事组委会制订的应急人群疏散方案等。

作为资源分配者,体育管理者决定组织资源(人、财、物、时间、信息、政策)用于哪些项目、部门、人员、工作。这个角色涉及"谁应该得到什么,得到多少"的决策问题。此角色是体育管理者拥有的最核心最根本的权力。比如,我国对竞技体育项目实行分类管理、分类保障,对于传统优势项目的管理策略是依托举国体制,在人、财、物、信息、科研、政策等方面都给予充分保障、优先保障。

谈判是一种沟通行为,就是讨价还价,是体育管理者需要花费大量时间所从事的工作。不同利益的当事人为了维护各自利益而力图说服别人的过程就是谈判。谈判无处不在,各层级的体育管理者都需要扮演谈判者角色。

【课堂检测】

某体育学院院长的一周安排

张强是某大学体育学院院长,他某一周活动安排如下:

周一上午:与副院长、各教研室主任、实验室主任碰头开会,商谈布置加强学院教学质量活动的安排;

周一下午:参加学校的院长例会;

周二上午:给研究生上课,然后向相关人员传达学校院长例会精神;

周二下午:主持召开学院教职工例会;

周三上午:看望学院一位刚生完小孩的教师;

周三下午:给本科生上课;

周四上午:应邀参加省里项目的专家评审会;

周四下午:应约与某广告公司商谈学院招生广告的制作发布事宜,然后抽空送小孩外出旅游;

周五上午:召集自己课题组成员商谈课题研究事宜;

周五下午:接待教师、学生来访。

思考与分析:

1.用明茨伯格的管理者角色框架分析张强院长一周的活动安排,即每一项活动其所扮演的角色。

2.张强安排的活动中哪些不属于管理者角色的活动?

四、体育管理者的角色定位

在体育组织的管理层级体系中,体育管理者通常扮演着三种角色:作为下属的体育管理者、作为平级的体育管理者和作为上级的体育管理者。只有扮演好这三种角色,才能更好地胜任岗位工作,促进体育管理目标的实现。

(一)作为下属的体育管理者的角色定位

人们几乎三分之一的时间是在工作机构中度过的,因而处理好与上下级的关系等于是造就人们自己的日常幸福,甚至直接影响到人生前途,因此妥善处理好与上级的关系显得非常重要。

管理是门复杂的学科,体育组织中任何人都不能独自完成所有工作。作为下属的体育管理者该如何定位和扮演自己的角色呢? 根据委托代理理论,通常而言,上级把某些工作"授权"和

"委托"给下属,而下属则成为上级的"代理人"和"替身",代表上级在自己的职责范围内行使权力,从事管理工作。作为一个下级,成为上级替身的基础之一就是要成为比你的委托人更加专业的人,并且不断提高自己的专业技能来保证自己胜任这个岗位。

1.角色定位

作为下属的管理者,通常扮演着上司替身、职务代理人、职责履行者、执行者、报告人、学生等角色。

2.职业准则

(1)下属的职权来自上司的授权或委托。作为职务代理人,下属的职权来自上司的授权或委托,离开这种授权或委托,就无法对其下属发号施令并进行管理。因此,下属应该对上司负责。

(2)下属是上司的代表,其言行是一种职务行为。作为上司的职务代理人,等于是上司的代表,在职责范围内替代上司的职责。也就是说当其对下属发表言论,或者对下属的行为进行评价、处理的时候,不是代表个人,而是代表组织或上司。因此,作为职务代理人应该站在上司的角度看待问题,不能只站在自己部门利益和局部利益上看待问题。

(3)服从执行上司的决定。坚决贯彻执行决策和命令是管理者的基本职责。如果下属和上司对某些问题有分歧,或者下属认为上司的想法不对,下属可以在决策形成之前进行说服、商讨,决策一旦作出就要不打折扣地执行。在执行的过程中,下属如果还有自己的看法,可以拿出一些证据来逐步影响上司,使上司能够采纳下属的建议,最后作出正确的决定。

(4)在职权范围内做事。作为下属,要认清自己的岗位职责和职权范围,做到既不"缺位",又不"越位",努力做好"分内事",有效率地完成上司交给的各项任务。

3.常见的角色错位

(1)领主。某些体育管理者,特别是某些资格比较老的中层干部常常会产生领主意识,把部门看成自己的一亩三分地,别人(无论是上级或是其他部门领导)不能随便指责自己部门的人或事。

(2)向上错位。某些体育管理者总是在他的上级管理者已经作出决策、发出指令后,再替他的上级考虑决策的正确性、周密性及是否需要执行的问题,帮助上级再做一遍决策前的工作。某些体育管理者由于对本部门的业务情况比上级更清楚,认为自己比上级更具权威和威信,可能就会认为上司的决定是错误的,或者与实际情况不符。在这种情况下,中层管理者可能产生抵触心理,甚至在执行的过程中改变上级的决定,使之符合个人的想法。

(3)民意代表。当自己的下属受到组织的某些处罚或工作调整而不满时,中层体育管理者由于与员工接触较多,以至于在这个时候会扮演同情者,甚至为了平息员工不满,私下搞一些平衡工作或代替员工向上级申诉等,这也是中层管理者常犯的一个错误。其原因很可能是忘掉了自己的言行是代表整个组织,这样做无疑会对组织的行动造成不良的影响。

(4)自然人。忽略自己作为上级的"替身"角色,认识问题、思考事情、从事工作、承担责任上升不到应有的层次和境界,把自己当成普通员工。

判断下列各现象属于何种错位。

1.某运动项目管理中心小张迟到5分钟被扣了30元,走进李科长的办公室,便埋怨考勤制度太严格,李科长竟回答:是啊,我也有这个感觉。( )

2.李科长在内部网站上发了一个帖子,严禁其他员工议论科室内部事务,并明确规定本科室员工凡事必须向他汇报。( )

3.体育服装生产车间孔主任在一次会议上说:"我们的生产部经理太差,我认真检查了近期的工作记录,他根本未给我们提供多少工作指导。"( )

4.体育器材公司市场部王经理以市场人员很辛苦为理由,一再要求食堂要为营销人员开小灶,并要求提供水果和延时服务等。( )

　　A.领主　　　　B.民意代表　　　C.向上错位　　　D.自然人

4.让上级满意的注意事项

①做好分内的事,为上级排忧解难。

②在取得成绩的时候,注意不要令人认为自己功高震主,为自己设置不必要的障碍。

③了解上级的为人和工作方式,留意其习惯,注意其忌讳。

④讨论问题或在会议上不要用过激的语言,尽量避免发生直接争执。有不同意见可在非正式场合沟通,但对已经形成的决定还是要服从并遵照执行。

⑤对委派的不在职责范围内的任务,要乐于接受并尽力做好。

⑥当自己在某一方面超过上级时,不可恃才傲物。

⑦要理解上级的难处,可以委婉地引导其正确认识自身的不足。

⑧能谋擅谏,将建议或方案整理成文,交由上级决策、推行或举荐。

⑨不要将个人烦恼带到工作中。

(二)作为平级的体育管理者的角色定位

1.角色定位

在激烈的市场竞争中,每个人都能认识到客户是上帝,而主动了解客户的需求,及时周到地为客户提供优质服务,想方设法让客户满意,以促进组织目标的实现。同样,在体育组织内部,其他部门、其他管理者、其他同事也应是人们的"内部客户"。中层干部在与自己平级的或平行的中层干部面前是什么角色呢? 最常见的说法是同事。而最常见的现象是:一件小事扯来扯去,一件很重要的事踢来踢去,本位主义,别人为自己做什么都是应该的,等等。

形成这种状况通常有以下几种原因:

①在组织内部,人们习惯于把自己定位成"管理者"或"被管理者",而缺乏把自己定位成为内部同事服务的角色的理念。

②认为自己的部门价值最大。部门主管总是不自觉地扩大本部门对组织的重要性和贡献,

而对其他部门、其他同事的工作和贡献会不自觉地"缩小",甚至有意无意地或选择性地忽略。如果体育组织中各部门都持有这种认识,进行角色定位和角色扮演,那么各部门之间、各位同事之间就很难进行有效的沟通和协调,于是各种推诿扯皮、揽功推过、敷衍搪塞等情况就会经常发生,进而影响到组织绩效和目标的实现。但事实上麻雀虽小五脏俱全,一个正常的组织,它的所有部门和岗位都会直接或者间接地为组织创造价值,都是缺一不可的,否则就可能影响到组织的正常运营。因此,不能单纯地以某一个或几个指标来评价不同的部门对组织的贡献。作为部门的领导,更不能有部门自重的思想和行为。

③认为其他部门为自己提供服务是应该的。为了实现组织的目标,不同的业务部门之间必须要相互协调,互相促进。因此,部门之间应当将彼此作为客户,在业务流程不断优化的前提下,以业务流程的要求看待各自的业务,其中也包括对其他部门的各种服务。

④认为别人的事跟我无关,"事不关己,高高挂起"。部门本身虽有很多明确的要求和职责,但是在部门之间总会有一些交叉的职能和流程。而这些职能的错位和不清晰等往往是诱发部门矛盾的主要原因。所以,作为部门的领导应该积极参与解决问题,与其他部门配合、协调,优化部门间的流程,提高组织的工作效率。

⑤认为只有外部客户才是客户。作为部门的主管,要积极改善与不同部门之间的关系,把自己的同事也当作客户来对待。在内部供应链上面,上游应该把下游部门的同事当作自己的客户,有义务使下游部门同事满意。

上述几个问题其实有着密切联系,一旦出现这些问题,人们其实就可以判断:一是作为当事人的管理者并没有站在更高领导的层面思考问题;二是自己并没有积极地着手解决部门间交叉职能和模糊地方的问题,只是习惯性地推卸责任或无视问题的存在而已。

2.平级角色定位的途径

①转变观念,把其他部门和同事当成自己的内部客户。

②在组织内部以内部客户为中心建立工作流程和工作目标。

③注意沟通技巧,加强沟通协调。

④展现出合作者的态度,从以自己的职责和权限为中心,转变为以"内部客户"为中心,让"内部客户"满意的同时,自己和组织的工作效率也会得到很大程度上的提升。

(三)作为上级的体育管理者的角色定位

1.角色定位

(1)管理者。负责制订和修订部门业务目标、工作计划,将工作分配给下属,并对下属的工作进行检查和控制,以达成绩效目标。

(2)领导者。管理者的角色不只是对所拥有的资源进行计划、组织、控制、协调,而且要充分发挥自己的影响力,把下属凝聚成为一支有战斗力的团队,激励下属,指导下属,选择有效的沟通渠道和方法,处理成员之间的冲突,帮助下属提升能力。

(3)绩效伙伴。上级管理者不是高高在上向下属分派完工作等着要结果的"官",更不能成为"功劳全占、过错全推"的揽功推过、自私自利的人。上下级之间应是绩效伙伴关系,这就意味着上级与下属是绩效共同体,两者相互依赖,相互影响,责任同担,利益共享。

（4）变革者。变革不仅仅是组织决策层的事情,而是各级管理者共同的责任和"分内之事"。当今体育产业和体育事业快速发展,各类体育组织都面临着各种各样的激烈竞争,不进则退,慢进则退。无论是外部环境,还是组织内部需求,体育管理者都要主动适应社会和市场需求,不断创新,促使体育组织发展壮大。

（5）教练员。研究表明,下属70%的能力来源于其直接上司。一位好的上司首先应该成为一位好的教练,善于带人做事,关注、关心自己下属的成长。当好教练的前提就是先做好示范,以身作则,凡是要求下属做到的,自己首先要做好。教练通过关心、支持、体谅、体恤、亲切、开放、公平的态度和方式,来帮助他人发展进步。

2.常见的角色错位

（1）业务员。主要表现为:工作中过分关注业务,以业务为主而忽视自己的管理职能,对下属的业务或技能要求过严。某些业务能力比较强的管理者,经常犯的错误就是,当下属能力不足或责任心不强而不能较好地完成自己交代的工作时,自己便亲自动手,完成本应由下属承担的工作。

（2）教父。主要表现为:过分看重自己对下属的作用,将自己看成下属的"保护人",忽视自己角色的多维性。

（3）官僚思想。主要表现为:居高临下发号施令,过分看重自己的级别,用级别看待遇,工作中官僚作风比较强。

【课堂检测】

可怜的李航

李航是某体育器材生产企业技术检测工程师,从事该项工作已经有10年了,公司有将近一半的产品经过他检测合格后发给客户。虽然有时需要加班,但他对自己作为一名产品检测员很满足,非常喜欢自己的工作。他工作中很少出错,老板对他很满意。最近由于公司规模扩大,生产扩容,公司又招聘了一批产品测试技术员,李航因此被提拔为产品检测部经理。可是,李航从来没有管理过员工,依旧每天在生产线上亲自检测产品。老板决定找他谈一谈,告诉他公司生产规模扩大,不能只靠他一个人,他要对新招聘的检测技术员进行业务培训,让他们能够尽快地独立开展工作。李航对老板的话表示认同。不久后,老板接到生产部经理的投诉,生产部经理告诉他,由于很多产品不能及时测试,不得不延误交货。李航也不得不每天加班到深夜。

思考与分析:

1.李航作为产品检测工程师和产品检测部经理的工作绩效如何? 导致李航后来工作绩效不佳的原因是什么?

2.李航的角色转变成功吗? 从业务型向管理型转变需要注意什么?

体育团队角色管理

在工作团队的组建过程中,管理层往往竭力在每一个工作岗位上都安排最优秀的员工,期望能够通过团队的整合使其实现个人能力简单叠加所无法达到的成就。然而,管理实践中,并不是每一个团队都能产生"1+1>2"的效果。2004 年 6 月,拥有 NBA 历史上最豪华阵容的湖人队在总决赛中的对手是 14 年来第一次闯入总决赛的东部球队活塞队。赛前,很少有人会相信活塞队能够坚持到第七场。从球队的人员结构来看,湖人队是一个由科比、奥尼尔、马龙、佩顿等巨星组成的"超级团队",每一个位置上的成员几乎都是全联盟最优秀的,再加上有传奇教练菲尔·杰克逊的指挥,在许多人眼中,这是 20 年来 NBA 历史上最强大的一支球队,要在总决赛中将其战胜只存在理论上的可能性,更何况对手是一支缺乏大牌明星的平民球队。然而,最终的结果却出乎所有人的意料,湖人队几乎没有做多少抵抗便以 1 : 4 败下阵来。湖人队的失败有其原因:奥尼尔和科比相互争风吃醋,都觉得自己才是球队的领袖,在比赛中单打独斗,全然没有配合;而马龙和佩顿只是冲着总冠军戒指而来的,根本就无法融入整个团队,也无法完全发挥其作用。缺乏凝聚力的团队如同一盘散沙,其战斗力自然也就会大打折扣。明星员工的内耗和冲突往往会使整个团队变得平庸,在这种情况下,"1+1"不仅不会大于或等于 2,而且还会小于 2。

一、团队

(一)团队的定义及特征

管理学家斯蒂芬·P. 罗宾斯认为:团队就是由两个或者两个以上相互作用、相互依赖的个体,为了特定目标而按照一定规则结合在一起的组织。团队是由基层和管理层人员组成的一个共同体,它合理利用每一个成员的知识和技能协同工作,解决问题,达到共同的目标。由此可见,团队具有如下特征:

①团队以目标为导向。

②团队以协作为基础。

③团队需要共同的规范和方法。

④团队成员在技术或技能上形成互补。

(二)体育团队的构成要素

体育团队有几个重要的构成要素,可以概括为"5P"。

1.目标（Purpose）

体育团队应该有一个既定的目标,为团队成员导航。没有目标,这个团队就没有存在的价值。体育团队的目标必须跟组织的目标一致,此外还可以把大目标分成若干小目标,具体分到各个团队成员身上,大家合力实现这个共同的目标。同时,目标还应该有效地向大众传播,让团队内外的成员都知道这些目标,有时甚至可以把目标贴在团队成员的办公桌上、会议室里,以此激励所有的人为这个目标去工作。

2.人（People）

人是构成团队最核心的力量,两个以上(包含两个)的人就可以构成团队。目标是通过人员具体实现的,所以人员的选择是团队中非常重要的一个部分。在一个团队中可能需要有人出主意,有人订计划,有人实施,有人协调不同的人一起去工作,还有人去监督团队工作的进展,评价团队最终的贡献。不同的人通过分工来共同完成团队的目标,在人员选择方面要考虑人员的能力、经验以及技能是否互补等。

3.定位（Place）

体育团队的定位需要搞清楚几个问题:团队在组织中处于什么位置,由谁选择和决定团队的成员,团队最终应对谁负责,团队采取什么方式激励下属? 个体的定位,作为成员在团队中扮演什么角色? 是订计划还是具体实施或评估?

4.权限（Power）

体育团队中领导人的权力大小跟团队的发展阶段相关。一般来说,在团队发展的初期阶段领导权是相对集中的,体育团队越成熟领导者所拥有的权力相应越小。团队权限关系到两个方面:①整个团队在组织中拥有什么样的决定权。比方说财务决定权、人事决定权、信息决定权。②组织的基本特征。比方说组织的规模多大,团队的数量是否足够多,组织对于团队的授权有多大,它的业务是什么类型等。

5.计划（Plan）

计划的两层含义:①目标最终的实现,需要一系列具体的行动方案,可以把计划理解成目标的具体工作的程序。②提前按计划进行可以保证团队工作的进度。只有在有计划地操作下,团队才会一步一步地贴近目标,从而最终实现目标。

(三)高效体育团队的特征

高效率的体育团队通常具有如下特征:

1.团队目标清晰

高效的团队对其所要达到的目标有清楚的了解,并坚信这一目标包含着重大的意义和价值。而且,这种目标的重要性还激励着团队成员把个人目标升华到群体目标中去。在有效的团队中,成员愿意为团队目标作出贡献,清楚地知道团队希望他们做什么工作,以及他们怎样共同工作最后完成任务。

2.具有相关技能

高效的团队是由一群有能力的成员组成的。他们具备实现理想目标所必需的技术和能力，而且相互之间有能够良好合作的个性品质，从而出色地完成任务。后者尤其重要，但却常常被人们忽视。有精湛技术能力的人并不一定就有处理群体内关系的高超技巧，高效团队的成员则往往兼而有之。

3.成员相互信任

成员间相互信任是有效团队的显著特征。也就是说，每个成员对其他人的品行和能力都确信不疑。我们在日常的人际关系中都能体会到，信任是相当脆弱的，它需要花大量的时间去培养而又很容易被破坏。而且，只有信任他人才能换来被他人的信任，不信任只能导致不信任。所以，维持群体内的相互信任，还需要引起管理层足够的重视。

4.一致的承诺

高效的团队成员对团队表现出高度的忠诚和承诺，为了能使群体获得成功，他们愿意去做任何事情。我们把这种忠诚和奉献称为一致的承诺。对成功团队的研究发现，团队成员对他们的群体具有认同感，他们把自己属于该群体的身份看作是自我的一个重要方面。因此，承诺一致的特征表现为对群体目标的奉献精神，愿意为实现这一目标而调动和发挥自己的最大潜能。

5.良好的谈判技能

以个体为基础进行工作设计时，员工的角色由工作说明、工作纪律、工作程序及其他一些正式文件明确规定。但对于高效的团队来说，其成员角色具有灵活多变性，总在不断地进行调整，这就需要成员具备良好的谈判技能。

6.恰当的领导

优秀的领导者能够让团队跟随自己共同度过最艰难的时期，因为他能为团队指明前途所在。他们向成员阐明变革的可能性，鼓舞团队成员的自信心，帮助团队成员更充分地了解自己的潜力。高效团队的领导者往往担任的是教练和后盾的角色，他们对团队提供指导和支持，并不试图去控制它。

7.内外部支持

从内部条件来看，团队应拥有一个合理的基础结构，如员工培训、绩效考评系统、人力资源支持等。恰当的基础结构应能支持并强化成员行为以取得高绩效水平。从外部条件来看，管理层应给团队提供完成工作所必需的各种资源。

二、体育团队角色管理

(一)体育团队角色的特征

每一个团队中每个成员扮演的角色各有不同，也就是说每个团队都是由不同的角色构成的。《西游记》中唐僧师徒四人就是一个优秀的团队，师徒四人分别扮演着不同的角色，起着不同的作用——唐僧起着凝聚和完善的作用，孙悟空起着创新和推动的作用，猪八戒起着外交和监督的作用,沙和尚起着协调和实干的作用,共同组成一个完美的团队。研究表明,团队中一般有八种不同的角色:实干家、协调员、推进者、智多星、外交家、监督员、凝聚者、完善者(表2-1)。

表2-1　体育团队中各角色的特征和优缺点

角色类型	角色描述	典型特征	优点	缺点
实干家	实干者非常现实,传统甚至有些保守,崇尚努力,计划性强,喜欢用系统的方法解决问题;实干者有很好的自控力和纪律性,对团队的忠诚度高,为团队整体利益着想而较少考虑个人利益	保守 有责任感 有效率 守纪律	有组织能力,务实,能把想法转化为实际行动;工作努力,自律	缺乏灵活性,对未被证实的想法不感兴趣;阻碍变革
协调员	协调员能够引导一群不同技能和个性的人向着共同的目标努力。他们代表成熟、自信和信任;办事客观,不带个人偏见;除权威之外,更有一种个性的感召力,在人际交往中能很快发现每个人的优势,并在实现目标的过程中妥善运用,协调员因其开阔的视野而广受尊敬	冷静 自信 有控制力	目标性强 待人公平	智力和创造力中等;将团队努力的成果归于自己
推进者	说干就干,办事效率高,他们自发性强,目的明确,有高度的工作热情和成就感;遇到困难时,他们总能找到解决办法;推进者大都性格外向且干劲十足,喜欢挑战别人,好争辩,而且一心想取胜,缺乏人际间的相互理解,是一个具有竞争性的角色。意志坚定、过分自信的推进者对于任何失望或失败都反映强烈	挑战性 好交际 富有激情	随时愿意挑战传统、厌恶低效率,反对自满和欺骗行为	喜欢挑衅、易怒,做事不耐心;不会用幽默或道歉的方式来缓和局势
智多星	智多星拥有高度的创造力,思路开阔,观念新,富有想象力,是"点子型的人才";他们爱出主意,其想法往往十分偏激和缺乏实际感;创新者不受条条框框约束,不拘小节,难守规则;他们大多性格内向,以奇异的方式工作,与人打交道是他们的弱项	有创造力 个人主义 非正统	有天分,富于想象,智慧,博学	好高骛远,无视工作细节和计划;与别人合作本可以得到更好的结果时,却过分强调自己的观点
外交家	外交家经常表现出高度热情,是一个反应敏捷、性格外向的人;他们的强项是与人交往,他们是天生的交流家,喜欢聚会与交友,在交往中获取信息并加深友谊;外交家对外界环境十分敏感,最早感受到变化	外向 热情 好奇 善于交际	有与人交往和发现新事物的能力,善于迎接挑战	当最初的兴奋消逝后,容易对工作失去兴趣

角色类型	角色描述	典型特征	优点	缺点
监督员	监督员是个严肃、谨慎、理智、冷血气质的人,天生就不会过分热情,也不易情绪化,在外人看来监督员都是冷冰冰的、乏味的甚至是苛刻的人,他们与群体保持一定的距离,在团队中最不受欢迎;监督员有很强的批判能力,作决定时思前想后,综合考虑各方面因素,谨慎决策,好的监督者几乎从不出错	冷静不易激动谨慎精确判断	冷静,判断、辨别能力强	缺少鼓舞他人的能力和热情;毫无逻辑地挖苦、讽刺别人
凝聚者	团队中最积极的成员。他们温文尔雅,善于与人打交道,善解人意,关心他人,处事灵活;很容易把自己同化到群体中,是群体中最听话的人,对任何人都没有威胁,因而也最受欢迎	合作性强性情温和敏感	随机应变,善于化解各种矛盾,促进团队精神	在危急时刻优柔寡断;不愿承担压力
完善者	具有持之以恒的毅力,做事注重细节,力求完美;完善者性格内向,工作动力源于内心的渴望,几乎不需要外界的刺激;他们不愿意去做没有把握的事情;喜欢事必躬亲,不愿授权;无法忍受做事随随便便的人	埋头苦干守秩序尽职尽责易焦虑	坚持不懈,精益求精	容易为小事而焦虑,不愿放手;甚至吹毛求疵

(二)体育团队角色管理策略

1.角色齐全,组建团队

唯有角色齐全,才能实现功能齐全。正如团队角色理论主要提出者——贝尔宾博士所说的那样,用我的理论不能断言某个群体一定会成功,但可以预测某个群体一定会失败。所以,一个成功的团队首先应该是实干者、协调员、推进者、智多星、外交家、监督员、凝聚者和完善者这八种角色的综合平衡。

2.容人短处,用人所长

知人善任是每一个管理者都应具备的基本素质。管理者在组建团队时,应该充分认识到各个角色的基本特征,容人短处,用人所长。在实践中,成功的管理者,对下属人员秉性特征的了解都是很透彻的,而且只有在此基础上组建的团队,才能真正实现气质结构上的优化,成为高绩效的团队。

3.尊重差异,实现互补

一个人不可能承担团队中的所有角色,但是,团队可以通过不同角色的组合来达到完美。对于一份给定的工作,完全合乎标准的理想人选几乎不存在——没有一个人能满足人们所有的要求。但是一个由个人组成的团队却可以做到完美无缺——它并非单个人的简单罗列组合,而是在团队角色上亦即团队的气质结构上实现了互补。也正是这种在系统上的异质性、多样性，才使整个团队生机勃勃，充满活力。

4.增强弹性，主动补位

从一般意义上而言，要组建一支成功的团队，必须在团队成员中形成集体决策、相互负责、民主管理、自我督导的氛围，这是团队区别于传统组织及一般群体的关键所在。除此之外，从团队角色理论的角度出发，还应特别注重培养团队成员的主动补位意识——即当一个团队在上述八种团队角色出现欠缺时，其成员应在条件许可的情况下，能够增强弹性，主动实现团队角色的转换，使团队的气质结构从整体上趋于合理，以便更好地达成团队共同的绩效目标。事实上，由于多数人在个性、禀赋上存在着双重甚至多重性，使这种团队角色的转换成为可能。

5.平等合作，利益共享

在体育组织中，按照指挥链形成由上而下的指挥系统，从而产生职位和职级职务的高低差别，各个职位上的权力是不一样的，但都要遵守组织的原则。而团队角色是自发的，自然形成的，团队中的各个角色是完全平等的，并不因为你是领导，就拥有高于其他团队成员的特权。现实中团队角色和组织角色很容易混淆在一起，导致一些管理者搞不清自己在团队中的角色，不能平等地对待其他团队成员，造成团队角色系统紊乱，进而影响团队的有效运行。团队绩效是由团队成员共同创造的，因此，利益也应由团队成员共享，既不能由少数人(往往是团队的领导者和核心人物)获得绝大部分利益，导致利益分配不公，也不能盲目地进行平均分配。

本章小结　　在体育管理实践中，管理者一般需要扮演人际关系、信息传递和管理决策等三类共十种不同的角色。从管理层级上看，体育管理者通常同时承担着上级、下属和同级这三种不同的角色，不同的角色有着不同的要求、管理特点和应对策略。现实中，很多体育工作是由团队来承担的。完美的团队通常需要有八种不同的角色，即实干家、协调员、推进者、智多星、外交家、监督员、凝聚者、完善者。团队角色管理要做到角色齐全，组建团队，容人短处，用人所长，尊重差异，实现互补，增强弹性，主动补位，平等合作，利益共享。

思考与练习　　1.如何理解体育管理者的基本技能？

2.体育管理者角色错位有哪些类型？应如何防范？

3.体育管理者如何管理不求上进的下属？如何指导总是说"不"的员工？

4.体育管理者如何与同级部门同事相处？

5.体育管理者如何处理团队成员之间的冲突？

参考文献

［1］苗雨君,李亚民,邵仲岩,等.管理学——原理·方法·实践·案例[M].2版.北京:清华大学出版社,2013.

［2］斯蒂芬·P.罗宾斯,玛丽·库尔特.罗宾斯管理艺术[M].李原,孙健敏,黄小勇,译.北京:中国人民大学出版社,2015.

［3］钟秉枢.做No.1的教练——团队管理与领导艺术[M].北京:北京体育大学出版社,2012.

［4］王凤彬,李东.管理学[M].北京:人民大学出版社,2011.

［5］何炜东.十项全能管理者[M].成都:成都时代出版社,2010.

［6］威廉·安肯三世.别让猴子跳回背上[M].陈美岑,译.杭州:浙江人民出版社,2013.

第三章
体育管理职能

【学习任务】

通过本章的学习,掌握体育计划的要素和制订步骤与方法;掌握体育组织设计、组织运作和组织变革的基本理论,熟悉常见的体育组织结构类型;理解领导与管理的区别与联系,掌握领导权力的来源,管理沟通的常见障碍和应对措施,理解现代激励理论,把握体育管理实践中常见的激励方法和艺术;掌握体育控制的基本类型和基本过程。

【学习目标】

通过本章的学习,理解和掌握管理者的三种基本技能,熟练掌握体育管理计划、组织、领导、控制四项基本职能相关理论,初步形成体育管理思维方式,掌握体育管理案例分析的基本方法,能够运用所学知识分析和解决体育管理实践中的相关问题。

【案例导入】

张帅的烦恼

A 中心是中部某省体育局下设的运动项目管理中心之一,该中心开设有五个奥运项目,长期以来,该中心都承担着本省体育局关于奥运会和全运会重要项目的备战任务。A 中心下设办公室、人事科、训练科、后勤科、伙食科、财务科、团委、医务室等部门。张帅三个月前刚刚由训练科副科长提拔为训练科科长。上任伊始,张帅意气风发,踌躇满志,决心把训练科的工作提升到一个新台阶上,使大家对自己和训练科有一个新的认识。经过一段时间的准备,张帅很快制订出了一系列改革方案,并付诸实施,主要有三个方面:①狠抓考勤。张帅对训练科人员进行严格的考勤,有事需提前请假,否则按照单位相关管理制度执行,月底将考勤结果主动报送人事科,作为绩效工资的参考。②紧盯训练。张帅要求,训练科除了一名内勤人员外,其他人员每人联系1～2支运动队,每周在训练场上盯训练不少于三天,其他正常工作利用中午、晚上和周末完成。看训练时,不是以前的走马观花,而是认真记录教练员、运动员、领队、队医、科研人员出勤情况,认真检查各运动队的训练计划,并将检查情况在中心每周的训练例会上进行通报。③全力保障运动队。中心李主任经常在各种场合强调,训练和比赛工作是单位工作的重中之重,一切工作都要围绕运动队来开展,各科室要切实保障运动队。张帅制订了运动队需求表,主动搜集运动队需要解决的问题与困难,经整理后,将相关问题反馈给后勤科、伙食科、医务室、财务科等科室,并督促相关科室及时研究解决，对于不能及时解决的问题，要求相关科室做出解释和说明，明确最迟解决问题的期限。

新的方案经过近两个月的实施，张帅看到了一些变化：①训练科工作人员出勤情况有所好转，以前经常发生的迟到、早退甚至缺勤情况迅速下降；②各运动队的出勤情况也有所好转，尤其是队医和科研人员的到位率有所提升；③运动队训练计划的规范性有所提高，教练员上课不带训练计划的情况明显减少；④他在训练科的"领导"地位迅速确立，科室人员大事小情都向他请示、汇报，他一天到晚都忙个不停；⑤训练科部分人员工作经常拖拖拉拉，效率不高，而且经常出错；⑥运动队反映的问题越来越多，吃喝拉撒睡等大事小情都向训练科反映，张帅大部分时间和精力都要与其他科室人员协调、沟通，督促其他科室解决运动队反映的问题，有时因为意见分歧还会发生不愉快的情况；⑦训练科近段时间成为项目管理中心最繁忙的科室，经常加班加点使得科里面的员工怨声载道，原来与张帅关系比较紧密的几个员工开始有意无意地疏远他。其他科室的几位科长私底下议论：现在张帅是领导的"红人儿"，训练科的人整天牛哄哄的，看来我们都得配合好、服务好训练科的工作，否则说不定哪天我们就要挨领导的批评了。

周一上午，项目管理中心李主任把张帅叫到办公室，问了一些工作情况，对训练科近期的工作给予了肯定，尤其是表扬了张帅以身作则、主动加班、工作认真和敢于较真的工作精神和态度。最后，李主任提醒张帅工作要有张有弛，多学习一些管理知识，提高管理技能，处理问题要把握好度，尤其是要处理好内部和外部的各种关系。

从李主任办公室出来后，张帅感到有点失落、沮丧，甚至有点迷惘：自己到底哪里做错了呢？怎么才能提高管理技能，处理好内外部关系呢？改革是否要继续推行下去？

分析与讨论：

1. 你如何评价张帅的管理改革？

2. 你认为张帅在管理改革中遇到哪些方面的障碍或阻力？

3. 你认为张帅应提高哪些方面的管理能力？

体育管理工作纷繁复杂，每位体育管理者所从事的工作千差万别。但是，不论体育管理者负责的工作和活动如何，管理层级和职位高低如何，所处的管理部门重要与否，都必须从事制订目标、管理组织（或部门）、指挥和激励员工、衡量工作结果等这些基本活动，而这些活动可以概括为计划、组织、领导、控制四大职能。

第一节　计划职能

无论是作为自然人，还是作为组织人，每个人都会有意无意地制订计划。计划是所有管理者(高层、中层和基层员工)都需要去做的事情。虽然他们计划的内容及方式可能各不相同,但事实上他们都要制订计划——有些是正式的,有些是非正式的;有些是形成文字的,有些是未形成文字的;有些是相对完善的,有些是不够完善的。本节主要探讨什么是计划,体育管理者为何需要制订计划,有些体育管理者为什么不愿制订计划,以及体育管理者如何制订计划。

一、体育工作计划的含义

计划是关于组织未来的蓝图,是对组织在未来一段时间内的目标及其实现途径的策划与安排。通常而言,人们可以从动词和名词角度来定义计划:①作为动词,计划是指对各种组织目标的分析、制订和调整,以及对组织实现这些目标的各种可行方案的设计等一系列相关联的活动或行动;②作为名词,计划指上述行动的成果,包括各种明确的书面化的使命和目标,以及战略、政策、预算等。管理者的计划工作就是规划组织在未来一段时间内所要实现的目标以及实现这些目标的途径[1]。

二、制订体育工作计划的意义

通过制订体育计划,可以明确组织成员行动的方向和方式,从而成为协调组织各方面行动的有力工具。体育计划工作迫使各级主管人员花时间和精力去思考未来的各种情况,从而促进各种沟通、思考、预测等行为。体育计划工作能促使人们改善组织运行的效率,还为组织各层管理人员的日常考核和控制工作提供基本依据。

三、体育管理者不愿制订工作计划的原因

虽然计划对体育管理工作有着重要意义,但实践中,体育管理者不愿制订计划或者不愿花费更多的时间和精力去认真制订计划的情况时有发生。究其原因,主要有以下几方面:

(一)认为计划过程过于复杂

将总目标分解为各领域、各部门及各层级目标的整个过程,可称为目标金字塔。上端为整个组织的总目标,顺此而下,是组织各层次的目标,所有目标的设定都是由上下级之间通过沟通形成的。所以,仅仅是计划中"做什么"的制订过程就相当复杂。组织目标的设定通常经过多次"由上而下"和"由下而上"的沟通。

"由上而下"就是每一位管理者在设定目标之前,都要与他的直接下属进行磋商,然后拟妥目标草案,经直接上司同意后才算正式定案。最重要的是,上下级共同磋商能够调动目标执行者的积极性,使他们乐于接受此项任务,并同意承担达成绩效目标的责任。

"由下而上"就是由基层团队或员工上报目标计划,上级领导根据汇总的计划进行平衡,进而形成组织总目标。所以目标设定的程序应该是先"由上而下",将总目标分派到担负执行责任

---

[1] 王凤彬,李东. 管理学[M]. 4版. 北京:中国人民大学出版社,2011.

的"单位目标或个别目标",然后"由下而上",从个别目标的达成开始,一级一级地累积成单位目标与总目标的预期成果。

由此可见,就计划制订和实施的复杂性而言,的确会让许多懒人望而却步。

(二)认为计划缺乏灵活性

灵活性,指的是结合实际情况,找到实现目标所必需的具体方法和步骤。灵活性必须服从组织的总目标。在管理实践中,贯彻计划工作的灵活性原则,既要"量力而行,留有余地",又要"尽力而为,不留余地"。

1.量力而行,留有余地

灵活性原理是计划工作中最主要的原理,主要针对计划的制订过程,使计划本身具有适应性,要求计划的制订"量力而行,留有余地"。英国有句谚语:"目标刻在水泥上,计划写在沙滩上。"意思是:目标不能轻易改变,但实现目标的计划却能随时调整。犹太民族有一条至理名言:"断然放弃赚大钱。"德鲁克先生说:进行一项工作,先确定预期成果。一定时间后,回过头看看,你的预期成果与实际成果相差多少。如果实际成果大于预期成果,说明你发挥出了自己的长处,应该在这个方向上"加大投入,设置更大目标";如果实际成果小于预期成果,说明"这是你的弱点"所在,要及时调整自己的"目标"。发现此路不通时,要设法另谋出路,使自己顺应环境,适应潮流。组织的灵活性策略,是为了适应不断变化的外部环境而产生的。

2.尽力而为,不留余地

至于计划的执行,则必须严格准确,要"尽力而为,不留余地"。实践中,有计划没行动等于零;有机会没抓住等于零;有落实没完成等于零;有任务没沟通等于零;有能力没发挥等于零;有知识没应用等于零;有目标没努力等于零;有付出没效益等于零;有原则没坚持等于零;有意志没持久等于零;有承诺没执行等于零;有价值没体现等于零。

(三)认为制订计划浪费时间和精力

那些"不愿意"制订计划的人认为"计划赶不上变化"。制订计划常被人们认为是一件很"麻烦"的事情,所以不愿去想,也不想去做,即使他们有时间,也不愿触及到"计划"这件事上。有人说:"这有计划,不就是在电脑上写上几页纸吗,这又有什么用?"还有一些人认为"行动"是最主要的,"做计划"根本就是浪费时间和精力,还不如用"做计划"所浪费的时间去执行,去行动。所以,即使制订计划他们也是敷衍了事。其实,计划的核心点在于决策,可人们偏偏忘记了这最重要的一点,把注意力全部放在操作步骤上。没有决策,计划失去了意义。最常犯的错误是,列出了一大堆方案,可是当行动开始后,因为没有统一的决策,不知道该怎么做,当事人根本就不知道哪个方案才是行之有效的,其结果只能是失败。事实上,制订计划是管理者最基本的能力,没有"计划"就等于已经失败了。

(四)不懂得如何科学地制订计划

有部分体育管理者之所以不愿制订工作计划,是因为他们不懂得如何科学制订工作计划,不会科学地对组织所拥有的资源和信息进行梳理、分析和整合,既不能客观、系统、准确地对组织的现状和过去进行分析判断,也不懂得如何预测组织面临的形势、机遇和发展趋势。有时,即便拥有相关信息,囿于体育管理者能力,其也不清楚各类计划的基本要素和编制基本程序。

四、制订体育工作计划的要素

体育计划的制订涉及目标、时间、地点、人选、原因、方法等要素。

（1）目标（What to do）。组织或部门的目标是什么？完成这些目标需要采取哪些行动？

（2）人选（Who to do）。哪些部门或人员来完成上述目标？

（3）时间（When to do）。在何时达成组织或部门的目标？

（4）地点（Where to do）。在什么地点范围内执行任务来完成目标？

（5）原因（Why to do）。为什么这是目标？为什么需要这些部门或人员来完成任务？为什么需要花费这么长的时间？为什么需要在特定的地点来工作？

（6）方法（How to do）。部门或人员如何在既定的时间期限和特定的地点,通过什么途径,采取什么方法和方式,充分利用既定的资源来完成任务,实现组织或部门的目标。

五、制订体育工作计划的步骤

(一)收集资料,确定计划的基本前提

体育计划是为体育决策的组织落实而制订的,了解决策者的选择,理解有关决策的特点和要求,分析决策制订的环境特点和决策执行的条件要求,是编制体育计划的前提。由于体育计划安排的任务需要组织内部不同环节的组织成员利用一定的资源去完成,因此体育计划的编制者还需要收集反映不同部门和活动环节以及外部有关资源供应情况的资料,为编制体育计划提供依据。

(二)分解目标,形成合理的目标结构

目标或任务分解是将决策确定的组织总体目标分解落实到各个部门、各个活动环节,将长期目标分解为各个阶段的分目标。通过目标的层层分解、落实,可以确定组织的各部分在未来各个时期的具体任务,以及完成这些任务应达到的具体要求。对体育组织而言,制订分部门和分阶段目标具有重要的作用:①促使组织通过目标的分解而把活动任务分配到各个责任点,以保证组织内部各方面行动和目标的一致性;②为调配组织的各种资源提供依据;③便于形成组织内部良好的工作秩序,培养良好的组织氛围;④为组织成员指明工作努力方向;⑤形成完善的组织目标和任务体系。

在目标分解过程中,还要进行目标结构合理性分析,重点研究低层次目标能否保证高层次目标的落实,分析组织在各个时期的具体目标是否保证长期目标的达成,组织各个部分的具体目标能否保证整体目标的达成等。

(三)综合平衡

1.任务之间的平衡

要分析由目标结构决定的,或与目标结构对应的组织各部分在各时期的任务是否相互衔接和协调。

2.组织活动与资源供应的平衡

分析组织能否在适当的时间筹集到适当的资源,从而保证组织活动连续、稳定地进行。

3.工作环节在时间和能力之间的平衡

分析组织的各个部分是否能够保证在任何时间都有足够的能力去完成规定的任务。由于组织的内外环境和活动条件经常发生变化,从而可能导致任务的调整,因此在任务与能力平衡的同时,还应留有余地,以保证这种将会产生的调整在必要时有可能进行。

(四)制订工作方案,选择方案

围绕总体目标和各个部分目标,根据体育组织和部门资源情况,制订多个可供选择的行动方案,并结合体育组织实际情况和外部环境,从中择优确定一种行动方案,或者通过优化组合形成一种新的行动方案。

(五)编制体育计划并下达执行

在综合平衡的基础上,体育组织就可以为各个部门(如人事、财务、训练、后勤、宣传、监察等)编制各个时段(长期、年度、季度、月等)的行动计划,并下达执行。

第二节 组织职能

任何一个机构都要将总体的任务分配给各个部门、各个成员去承担,建立起他们之间相互分工同时又相互协作的关系,这种关系就形成了一种框架或结构。体育管理者需要掌握的技能之一就是要建立这种能产生有效分工又相互协作的关系的结构。

体育管理实践中,组织工作主要包括三种活动:组织设计、组织运作和组织变革。

一、体育组织设计

组织设计是通过对组织成员在实现组织目标中的工作分工协作关系作出正式、规范的安排,建立一种有效的组织结构框架。组织设计的目的就是要形成实现组织目标所需要的正式组织。

（一）体育组织设计的关键要素

1.工作专门化

工作专门化是指把工作活动划分为各项单独的工作任务。个体员工"专攻"一项活动的某个部分而不是从事整项活动，以提高工作生产率。绝大多数管理者认为工作专门化是非常重要的，它可以帮助员工变得更有效率。但是过度的专门化和高强度的专门化也会带来一些负面的效果——枯燥、疲劳、压力、低生产率、糟糕的质量、更高的辞职率等。

2.部门化

在确定由谁来从事什么工作任务之后，相同的工作活动必须组合到一起，从而使员工能够以协调的、整体的方式来完成它们，这种工作岗位组合到一起的方式就是部门化。[1] 在体育管理实践中，有五种常见的部门化形式可供借鉴（表3-1）。当然体育组织也可以结合自身实际创造出独特的部门化形式。

表3-1　五种常见的部门化形式

部门化形式	特征描述	优点	缺点
职能部门化	根据职能来组合工作岗位	• 把相似的专业及拥有相同技能、知识和定位的人员组合到一起可以带来更高的效率 • 使职能领域内部具有协调性 • 获得高水平的专门化	• 不同职能部门间沟通不畅 • 对组织整体目标认识有限
地区部门化	根据地理区域来组合工作岗位	• 更加有效率、有效果地处理特定区域内发生的事项 • 更好地满足区域市场的独特需要	• 重复设置职能 • 可能会觉得与其他组织领域彼此隔离
产品部门化	根据产品线来组合工作岗位	• 促进特定产品和服务的专门化 • 管理者能够成为他们所在行业的专家 • 更加贴近顾客	• 重复设置职能 • 对组织整体目标认识有限
过程部门化	根据产品或顾客的流动来组合工作岗位	• 促进工作活动的更高效流动	• 只适用于某些特定类型的产品
顾客部门化	根据顾客特定或独特的需求来组合工作岗位	• 可以由本组织的专业人员来妥善处理顾客的需求和问题	• 重复设置职能 • 对组织整体目标认识有限

3.指挥链

指挥链是从组织的最高层延伸到最底层，用以界定谁向谁汇报工作的职权链。指挥链涉及三个问题：职权、职责和统一指挥。

---

[1] 斯蒂芬·P.罗宾斯,玛丽·库尔特.罗宾斯管理艺术 [M].李原,孙健敏,黄小勇,译.北京:中国人民大学出版社,2015.

（1）职权。是指某个管理职位所固有的发布命令和希望命令得到执行的权利。职权可以往下授予更低级别的管理者，在给他们提供某些特定权利的同时也施加某些特定限制。

（2）职责。是指员工所承担的、需要履行的由管理者所分配的工作任务。

（3）统一指挥。是指一个人应该只向一位管理者汇报工作。

虽然早期的管理学家（如法约尔、韦伯、泰勒、巴纳德等）认为指挥链、职权、职责、统一指挥至关重要，但在当今社会中，由于信息技术的发展，以及新的组织形式不断被创造出来，这些元素已远不如以前那么重要。

4.管理跨度

一个管理者直接领导的下属数量称为管理跨度。在组织中，管理跨度与管理层级存在反比关系。传统的观点认为管理者无法、也不应该直接监管五六个以上的下属。当今的观点认为并不存在某个魔力数字，许多因素会影响到一位管理者能够有效率、有效果地管理员工的数量。近年来，许多体育组织更倾向于更大的管理跨度减少管理层次，形成扁平化组织，以追求更快的决策速度，提高灵活性，更加贴近顾客，向员工授权以及减少成本。当然，信息技术的发展为这种组织形式的变革提供了技术支撑。

5.集权和分权

集权是指决策权在组织系统中较高层次的一定程度的集中。与此相对应，分权是指决策权在组织系统中较低管理层次的一定程度的分散。随着组织变得越来越灵活，并且更快速地应对外部环境变化和市场竞争，当今出现了一种决策层向员工授予决策权的趋势。

6.正规化

正规化是指一个组织中各项工作的标准化程度以及员工行为受规则和程序指导的程度。高度正规化的组织拥有清晰的工作描述、大量的规章制度以及涵盖各方面工作内容的明确程序。

（二）体育组织结构类型

传统的组织结构主要有直线结构、职能结构和事业部结构。随着管理理论和实践的不断发展，许多非传统的组织结构形式被不断创造出来（表3-2）。

表3-2　几种主要组织结构类型

组织结构类型	定义	优点	缺点
简单结构	一种部门化程度低、管理跨度大、权力主要集中于某一人、正规化程度较低的组织结构	快速；灵活；维护成本低；责任明确	当组织成长时，该结构并不适用；依赖某个人是有风险的
职能结构	一种把从事相似或相关职业的专业人员组合在一起的组织结构	专门化带来的成本节约优势；将从事相似工作任务的员工组合到一起	追求职能目标可能导致管理者不清楚什么最有利于整个组织；不同类型的职能专家相互隔离，因而对其他工作单元正在做的事情了解甚少

续表

组织结构类型	定义	优点	缺点
事业部结构	一种由相对独立的事业部或业务单元组成的组织结构	聚焦于结果——事业部经理对他们的产品或服务负责	行动和资源的重复设置会增加成本并降低效率
团队结构	整个组织由工作小组或工作团队构成的一种组织结构	员工参与和员工授权的程度更高；组织内各职能领域之间的壁垒或障碍更少	没有清晰的指挥链；工作小组或团队承受较大的绩效压力
矩阵结构和项目结构	矩阵结构是指来自不同职能领域的专业人员被组织分派从事某个工作项目，并且在该项目完成之后返回他们原来的职能领域。项目结构是指员工持续不断地从事各种项目，即当某个项目完成之后，转而从事另一个项目	拥有流畅的、灵活的组织设计，从而能够快速应对外部环境的变化，更快速地决策	为工作项目分派合适的人员时所面临的复杂性；工作任务和员工性格之间的冲突
无边界结构	不受各种预先设定的横向、纵向或外部边界所定义或限制的一种结构，包括虚拟组织和网络组织	拥有极高的灵活性和快速应对能力；能够有效利用自己在任何地方发现的人才	缺乏控制；沟通困难
学习型结构	能够使员工持续不断地获得和分享新知识并应用这些知识的一种结构	在整个组织内共享知识，这是竞争优势的可持续来源	有些员工由于担心失去他们的权势而不愿分享知识；大量经验丰富的员工即将退休

（三）体育组织设计的步骤

1.确定组织的目标和实现目标所必需的活动

对组织生存发展影响重大的关键性活动，应该成为组织设计工作关注的焦点，其他各种次要活动应该围绕关键活动来配置，以达到次要活动服从、服务和配合主要活动，确保组织目标的实现。

2.对实现目标所必需的活动进行分组

分组通常有两种方法：一种是由小而大的组合法，即先将实现组织目标所必需的活动细分为各项工作，然后将若干工作项目归类形成各种工作岗位或职位，再按一定的方式将某些工作岗位或职位组合成相对独立的部门，并根据管理跨度的要求设置各个管理层次。另一种是由大而小的组合法，即先确定管理的各个层次，再确定每个层次上应设置哪些部门，然后将每个部门所承担的工作任务分解为各个职位的工作。实践中，这两种方法通常结合起来使用。

3.为各职位配备合适人员,确定每个职务所拥有的职责和权限

工作和人员相匹配,职位和能力相适应,即人与事相结合,这是组织设计和人员配备工作中必须考虑的重要原则。另外,组织设计还必须设法使职务和职责权限保持一致。

4.设置各层次、各部门之间纵向与横向联系的方式和手段

前几个步骤重点在于把整个体育组织的活动分解为各个组成部分(层次、部门、职位),而此步骤就是通过合理的纵向和横向联系,把各个组成部分联结成一个整体,以使整个体育组织能够协调一致地实现总目标。

5.设计业务流程和确定运行规范

对业务流程进行合理设计,能够促使组织各方面工作走向规范化、标准化、正常化,同时可以简化员工培训,促进组织的分权化管理。

二、体育组织运作

组织运作是指使设计好的组织运行和运转起来。组织为了在各种正式和非正式关系交叉的动态运作过程中能取得各方面力量的协调配合,首先需要合理地选聘人员,并鼓励上级管理者向下级人员适当授权、下级向上级全面负责,同时积极有效地进行上下左右的信息沟通联系。此外,组织还要将已制定的各类规章制度落到实处,使之成为规范和约束员工行为的有效标准,以实现组织运行的正常化、规范化和制度化。

三、体育组织变革

组织变革就是对组织的调整、改革与再设计。组织变革是任何体育组织都不可回避的问题,而能否抓住时机顺利推进组织变革则成为衡量体育管理工作有效性的重要标志。诱发体育组织变革的主要因素有:组织战略调整、环境变化、技术革新、组织规模和成长阶段的变化等。

组织变革实质上是对资源和利益的调整和再分配,是一个破旧立新的过程,自然会面临动力和阻力相互交错和混合的状态。组织变革动力来源于人们对变革的必要性及变革所能带来的好处的认识;组织变革阻力主要来源于个体和群体的阻力、组织自身的阻力和外部环境的阻力。成功有效的组织变革通常需要经历解冻、改革、冻结这三个有机联系的过程。

第三节 领导职能

"何谓领导?""领导者需要哪些基本素质?""领导者的权力来自何处?""怎样才能成为一个好领导者?"这是每个体育管理者都会经常问的一些问题。

一、领导与管理

所谓领导就是指挥、带领、引导和鼓励部下为实现目标而努力的过程。由此可见,"领导"是作为一个动词,指一种或一系列活动。而领导者就是实施"领导"行为的人。

那么,领导和管理是一回事吗? 领导者和管理者可以相互替代吗? 从本质上说,管理是建立在合法的、有报酬的和强制性权力基础上对下属命令的行为,而下属必须遵循管理者的指示。在这一过程中,下属可能尽最大努力去完成任务,也可能不尽全力去工作。领导则不同,领导虽然可能建立在合法的、有报酬的和强制性的权力基础上,但更多的是建立在个人影响力和专长权以及模范带头作用的基础之上。因此,一个人可能既是管理者,也是领导者。但是这两种角色也有分离的情况,比如在非正式组织中的领导者可能并不是管理者。

领导的本质就是通过人与人之间的相互作用,使被领导者能义无反顾地追随他前进,自觉自愿而又充满自信地把自己的力量奉献给组织,促进组织目标的有效实现。

领导作为一种相互交往和作用的过程,其工作主要包括权力或影响力的形成与运用、激励和沟通三个方面。

二、体育领导者的权力来源

领导的核心在权力。权力是一个人主动影响他人行为的潜在能力,权力是领导者对他人施加影响的基础[1]。之所以说"潜在",就是一个人拥有一定的权力,尽管他可能根本没有行使这种权力。比如,一个篮球队主教练有权开除表现不好的队员,但是由于队员意识到教练员拥有这种权力因而严格要求自己,这样教练实际上就很少真正行使这方面的权力。没有行使权力,并不意味着他不拥有这种权力。

那么,体育领导者的权力从哪里获得的呢? 根据法兰西和雷温等人的研究,领导者的权力主要有五种来源:法定权力、奖赏权力、强制权力、专家权力和感召权力。

(一)法定权力

法定权力是指组织内领导职位所固有的合法的、正式的权力。这种权力由个人在组织中的职位所决定。法定权力会影响到人们对于职位权力的接收和认可,没有法定权力作为基础,领导者的管理行为往往就会名不正、言不顺。但是,拥有法定权力的权威,并不等于就是领导。如果一个人没有自愿的追随者,只凭手中的权力发号施令、作威作福,那么他充其量只是一名管理者,并不是真正的领导者。

(二)奖赏权力

奖赏权力是指提供报酬、晋升、表彰、赞扬、理想的工作安排和其他任何令人愉悦的事物的权力。领导者可以通过奖励的方式来吸引下属,让下属重视自己,从而愿意服从自己的指挥。

---

[1] 王凤彬,李东.管理学[M].4版.北京:人民大学出版社,2011.

领导者所控制的奖赏手段越多,而且这些奖赏对下属越重要,领导者拥有的影响力就越大。奖赏权力是否有效,关键在于领导者要确切了解对方的真实需要,并根据需要来进行针对性的奖赏。

(三)强制权力

强制权力是指采取扣罚薪酬、降职、批评乃至开除等惩罚性措施的权力。强制权力和奖赏权力都与法定权力密切相关。例如,足球比赛裁判员有权判定运动员是否犯规、是否得分,并有权用出示黄牌或红牌对某一队员(包括临场指挥教练员)进行警告或处罚,被处罚者必须服从等。应当注意,强制权力虽然十分必要,见效也快,但毕竟是一种消极性的权力,也不是万能的,如果使用不当,可能产生消极的后果。例如,本章开篇案例中张帅科长严格考勤,并将考勤情况报人事科,按照单位考勤管理制度处理,这样的结果是员工出勤率提高了,但也造成员工的消极怠工、出工不出力、经常犯工作性错误的消极后果。

(四)专家权力

专家权力是指由个人的特殊技能或某些专业知识而产生的权力。一位培养多名世界冠军的教练员可能没有行政职务,但在训练单位管理者、工作人员和运动员中具有巨大的影响力。体育组织中的营销专家、财务专家、谈判高手、服务明星等都可能拥有某种专长性权力,而在一定领域内发挥较大的影响。

(五)感召权力

感召权力是指个人所拥有的独特智谋或个人品质对他人产生独特的影响力的权力。由于领导者拥有的个性、品德、作风而引起人们自愿地追随和服从。拥有这种权力的人往往被认为是具有领袖魅力的人,他的一举一动都可能对他人产生很大的影响力,特别是对其上级、下级和同事的工作会产生直接的影响。感召权力的大小与职位高低无关,只取决于个人的行为。不过具有高职位的人、社会名人、体育明星等,其模范行为会有一种放大的乘数效应。一些行为对于普通人来说可能是很平常的事,但对于某些高层领导、体育明星、社会名人就会变成非常感人的模范行为,进而产生巨大的感召权力。

总之,体育领导者获得影响力的途径是多样的。我们将主要依靠法定权力、奖赏权力和强制权力而形成的影响力统称为职位权力(或制度权力),而与个人因素相关的专家权力、感召权力统称为个人权力。体育组织中的领导者应该兼具职位权力和个人权力。

▋▋ 三、管理沟通

体育管理者每天都会从事大量的沟通工作,但并不是每个体育管理者都能有效地进行沟通。在世界各大商学院和商业研究机构对成功管理者的调查中,对"什么是他们工作中最重要的技能"的回答,"沟通能力"始终排在首位。美国前总统福特曾说:"生活中没有什么比有效沟通更重要的了。"有效沟通能力是处理好人际关系的关键,更是获得成功的钥匙。

(一)沟通的含义

沟通是指为达到一定目的,将信息、思想和情感在个人和群体间进行传递与交流的过程[1]。沟通包括沟通主体、沟通对象、沟通内容和沟通渠道四个基本要素。在任何组织中,信息的传递都是非常重要的。通过信息传递,可以把组织抽象的目标和计划转化成能够激发员工行动的语言,使员工明白应该做什么和怎么做才有利于组织目标的实现。信息沟通是一个信息发送者(沟通主体)通过选定的渠道(沟通媒介)把信息(沟通内容)传递给信息接收者(沟通客体)的过程,这个过程包括编码、传送、解码和反馈四个基本步骤(图3-1)。

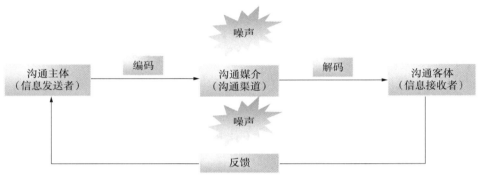

图 3-1　沟通过程

(二)沟通的基本方式

信息沟通可以通过多种方式进行,其中最常见的有口头交谈、书面文书、非语言和非文字的形式、电子媒介等(表3-3)。

表 3-3　不同沟通方式比较

沟通方式	举例	优点	缺点
口头沟通	交谈、座谈、讨论、电话	快速传递、快速反馈、信息量大	事后无据,容易忘记;经过多人传递时,信息容易失真
书面沟通	报告、备忘录、信件、内部期刊、布告	持久、有形、可以核实	效率低、缺乏反馈;难以确知信息是否送达或是否被正确理解
非口头和非书面沟通	体态、光信号、手势、目光、表情	信息内涵丰富,含义隐含灵活	传递距离有限,界限模糊
电子媒介	传真、闭路电视、网络、录像、电邮	传递快速、信息量大,可以同时传递给多人	单向传递,难以反馈

---

[1] 苗雨君,李亚民,邵仲岩,等 . 管理学——原理·方法·实践·案例 [M]. 北京:清华大学出版社,2013.

（三）人际沟通

1.个体行为对人际沟通的影响

人际沟通是各层次体育管理者都需要掌握的基本技能。人际沟通是指通过两个或两个以上的人之间的信息沟通。人际沟通效果与所进行沟通的人之间的思维能力、情感、动机、精神状态和态度等密切相关。从信息接收过程看，个体行为对沟通的影响主要表现在以下几方面：

（1）个人倾向——态度。态度是与目标、人或事相联系的评价性陈述。每个人都会有由其价值观、信念、立场和偏好等构成的对某一特定事物的某种特定倾向。这种倾向会影响一个人对他所接触到的人或事物采取的态度，从而影响到他与其他人之间的沟通。一般而言，人们对于自己感兴趣的事物会较关注，而对自己不喜欢的事物会加以反对或采取疏远的态度。

（2）个人品性——个性。一个人的个性会影响其沟通的方式和效果。例如，权力欲比较强的人在与人沟通的过程中所考虑的重点往往是如何制服对方，总想通过各种沟通渠道、施展各种沟通技巧去控制与支配对方；自我感觉良好的人常常刚愎自用、自以为是，无视客观事实和逻辑分析，听不进别人的意见；比较刻板的人则对每件事都要求精确的表述，不允许含糊不清，甚至不能容忍沟通中出现"大概""可能"之类的词语。

（3）自卫机制——情绪。当人的内心情感与外在的客观事实发生矛盾时，就会产生对结论的困惑，当这种困惑严重到相当程度时，人的自卫机制就会发生作用：对于事实证明是错误或不合适同时内心又无法接受的事物，自己竭力寻找出一些理由作出"合理化"的解释（辩解、狡辩、胡搅蛮缠）或坚持己见（固执、认死理、一意孤行），用发牢骚等办法拒绝接收信息；被迫接收那些自己不愿接收的信息，故意偏激地执行指令；竭力控制自己的不满和情绪。这些行为都会使人对外界的信息接收打折扣，从而影响沟通的效果。

（4）理解能力——知觉。知觉力表现为个人认识周围事物的能力，即理解能力。理解能力在很大程度上影响着信息接收者所采取的行为。对同一信息，由于理解力的不同，会产生不同的理解，从而产生不同的行为。

2.人际沟通中的主要障碍

研究表明，我们工作中 80% 的错误或误解都是不善于沟通或沟通效果不好造成的。人际沟通中的主要障碍有三大类：个人原因、人际原因和结构原因。

（1）个人原因。主要包括三种情况：①对人对事的态度、观点和信念的不同造成沟通的障碍；②每个人的个性特征差异引起的沟通障碍；③语言表达、交流和理解造成的沟通障碍。信息在传递过程中，在外界因素（信息沟通的噪音）干扰下，信息发送者和信息接收者之间会出现编码和解码的误差，进而造成信息内容得不到有效传递和理解，导致沟通障碍。对沟通者来说，如果你心里想的是 100% 的东西，当你在众人面前或开会的场合用语言表达心里 100% 的东西时，这些东西已经漏掉了 20%，你说出来的只剩下 80%。而当这 80% 的东西进入别人的耳朵时，由于文化水平、知识背景等关系,只存活了60%。实际上,真正被别人理解、消化了的东西大概只有40%。等到这些人遵照领悟的40%具体行动时,则变成了20%。这种现象在管理学上被称为沟通漏斗(图3-2)。

（2）人际原因。沟通主体与客体之间性格、性别、年龄、智力、种族、社会地位、兴趣、价值观、能力等相似程度的高低也直接影响着沟通效果。工作中,人们之间的相互信任程度较低是造成沟通障碍的重要原因之一。

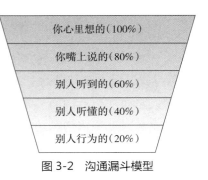

图3-2　沟通漏斗模型

【课堂检测】

真诚的眼神——一位软网运动员的心声

我的教练是一位非常严格的教练,我在训练中因为害怕一个球的失误而被他骂,所以,我至今为止养成了一个习惯,就是每打一个球都会去看一眼教练。我经常会在教练的眼睛里见到他对我的不信任,导致我自己每时每刻都在怀疑自己的能力与技术。

有一段时间我见到他对我充满信心的眼神和表情。那时候,什么运动成绩、选拔比赛,我都抛到脑后。我努力打好每一个球,就是想见到教练信任我的眼神和见我打出一个好球时脸上的笑容。对于我来说这比什么都重要。我每天都会给自己定一个目标,但大多数还是为了见到教练对我充满信任的笑容。那段日子里,我每天都有一种强烈的成就感。

在2005年全国比赛上,我又一次见到他怀疑的眼神。在关键的比赛场次中,他不断地鼓励我,让我不要有压力。然而,我从他的眼神里见到的全部是欺骗。其实,他对我一点信心都没有。

在参加东亚运动会集训的日子里,我用尽所有的努力只想去换他那脸上真诚的笑容,最后,他还是没有改变一直以来对我有着怀疑的心理。

我不再这样训练下去了,我已经没有任何信心和动力再去训练了。最终,我选择了放弃,结束了我的网球生涯。教练至今也不知道我为什么会选择放弃。或许,他永远也不会知道。

（资料来源:钟秉枢.做No.1的教练——团队管理与领导艺术[M].北京:北京体育大学出版社,2012.）

思考与分析:

1.你认为导致上述情况发生的真正原因是什么?

2.分别从教练员和运动员角度,谈一下如何改进沟通效果?

（3）结构原因。沟通是一个信息传递的过程,这个过程经过的环节越多,越容易造成信息失真,直接影响到沟通效果(图3-3)。

《博弈论》中讲了美军1910年的一次命令传递笑话:

营长对值班的军官说:"明晚八点钟左右,将可能在这个地区看到哈雷彗星,这颗彗星每隔76年才能看见一次。命令所有士兵着野战服在操场上集合,我将向他们解释这一罕见的现象;

如果下雨的话,就在礼堂集合,我为他们放一部有关彗星的影片。"

值班军官对连长说:"根据营长的命令,明晚八点哈雷彗星将在操场上空出现。如果下雨的话,就让士兵穿着野战服列队前往礼堂,这一罕见的现象将在那里出现。"

连长对排长说:"根据营长的命令,明晚八点,非凡的哈雷彗星将军穿野战服在礼堂中出现,这是每隔76年才出现的事。如果操场上下雨的话,营长将下达另一个命令,这种命令每隔76年才会出现一次。"

排长对班长说:"明晚八点,营长将带着哈雷彗星在礼堂中出现,这是每隔76年才出现的事。如果下雨的话,营长将命令彗星穿上野战服到操场上去。"

班长对士兵说:"在明晚八点下雨的时候,著名的76岁的哈雷将军将在营长的陪同下身着野战服,开着那辆彗星牌汽车,经过操场前往礼堂。"

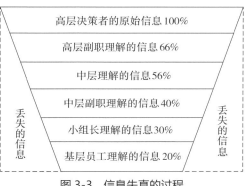

图 3-3　信息失真的过程

3.改善人际沟通的方法

人际沟通效果的提高有赖于那些影响人际沟通障碍的消除。为此,从信息发送者和信息接收者都要努力提高自己的沟通水平。

作为信息发送者,要注意以下几点:①要勇于开口,把心里想的表达出来;②提高自己的表达能力,要准确地表达自己的意思;③态度诚恳,坦诚相待,消除彼此之间的隔阂和不信任感,从而寻求对方的合作;④注意选择合适的沟通时机;⑤注重双向沟通;⑥积极进行劝说。

作为信息接收者,则要注意仔细聆听,努力提高倾听的能力,要听清内容,注意要点,理解含义,记住重点。

(四)组织沟通

组织沟通是指在组织内部进行的信息交流、联系和传递活动。体育管理者除了注重搞好人际沟通外,还要关心部门与部门间的沟通问题,做好组织沟通工作。良好的组织沟通是疏通组织内外部渠道、协调组织内各部分之间的关系的重要条件。由于体育组织中的人们各自有不同的角色并且受到权力系统的制约,因而组织沟通比单纯的人际沟通更为复杂。

1.组织沟通的类型

组织沟通可以分为正式沟通和非正式沟通两大类。正式沟通指通过正规的组织程序,按权力等级链进行的沟通,或完成某项任务所必要的信息交流,主要包括由上而下的沟通、由下而上的沟通、横向沟通和斜向沟通四种形式。非正式沟通指没有列入管理范围,不按照正规的组织程序、隶属关系、等级系列来进行的沟通,主要包括单线式沟通、偶然式沟通、流言式沟通和集束式沟通四种形式。

2.组织沟通的主要障碍

在体育组织沟通过程中,无论采取何种沟通网络方式,除了会发生人际沟通过程中同样的问题外,还会遇到一些组织沟通所特有的问题。

(1)等级观念的影响。由于在组织中建有等级分明的权力系统,不同地位的人拥有不同的权力。同样的信息,由不同地位的人来发布,效果会大不一样。这种等级观念常使地位较低的人传递的重要信息不被重视,而地位较高的人发布的不重要的信息则得到了不必要的过分重视,从而造成信息、传递的失误。

(2)小群体的影响。由于每个群体都有其自己的利益,因此在组织信息传递过程中,为了维护自身的利益,他们可能会扭曲信息、掩盖信息,甚至伪造信息,使信息变得混乱而不真实。

(3)利益的影响。由于信息的特殊作用,人们在传递信息时常常会考虑所传递的信息是否会对自己的利益产生影响。当人们觉得某些信息对自己会产生不利影响时,就会自觉或不自觉地从心理上和行动上对此类信息的传递采取对抗或抵制的态度,从而妨碍组织的沟通。此外,某些体育管理者(尤其是高层管理者)因为拥有一些特殊的信息,为了增加自己的影响力,常常会截留或有目的地修改某些信息,从而导致信息的失真。

(4)信息过载。现代体育组织中的信息传递一是快,二是多,三是杂。在快节奏的工作环境中,体育管理者整天被大量鱼龙混杂的信息所包围,使得其难以抉择,无所适从。信息过载不仅造成了"文山会海",而且还导致人们对所传递信息的麻木不仁。

3.组织沟通的改进策略

组织沟通的改善需要依据体育组织的具体情况制订相应的对策,在组织设计时明确各部门间的分工合作关系,经常进行信息沟通检查,完善信息沟通的准则,改进信息沟通的手段等都可以改进组织中的信息沟通。

(五)高效沟通的原则与步骤

1.高效沟通的原则

(1)谈论行为不谈论个性。谈论行为就是讨论某一个人所做的某一件事或所说的某一句话;谈论个性就是讨论对某一个人的观点,诸如我们通常所说的这个人是个好人或坏人之类的判断。有效的沟通需要遵循"谈论行为不谈论个性"的原则,做到"就事论事,对事不对人"。现实中,人们经常进行着一些无效的沟通,例如人们习惯于私下议论:某某同事非常热情,某某同事非常自私,某某同事非常大方或小气等。

(2)明确沟通。"明确"就是要确保在沟通过程中你所说的话非常明确,让对方有一个准确的、唯一的理解,避免出现模棱两可、含糊不清、前后矛盾、不知所云等问题。例如,某领导拍着下属下王的肩膀说:"你今年表现很好,工作积极努力,工作成绩不错。"这听起来明显是在表扬小王,但这位领导接着又说:"希望你明年更加努力。"这句话好像是在鞭策小王,对小王的工作表现和努力程度还不够满意。这样的沟通很容易使人产生迷茫,到底沟通者想要表达什么意思呢?工作中,有些领导经常会就某些人与事发表一些模棱两可的观点、评判和表态,看上去是一种"圆滑、世故、老好人"的表现,却起不到沟通的实际效果。

（3）积极聆听。信息发送完毕后,需要对方接收——听、看、读、思、悟等,这里我们统称为聆听。在聆听的过程中,聆听者要做到以下几点:适应讲话者的风格;眼耳并用;要理解他人,不要过多评论他人;表现出聆听的兴趣,鼓励他人表达观点,不要表现出不耐烦;要聆听全部信息,不能断章取义等。

2.高效沟通的步骤

（1）事前准备。沟通事前准备包括三方面的内容:①设立沟通目标——希望通过沟通达到的效果;②制订沟通计划（5 W1H）——沟通什么（What）、为什么需要沟通（Why）、与谁沟通（Who）、在什么地方沟通（Where）、什么时间沟通（When）、通过什么渠道和方式沟通（How）;③预测可能遇到的分歧或争执,并做好相关应对措施。

（2）确认需求。提问和聆听都是沟通的常用技巧。沟通过程中,首先要清楚对方的需求是什么,否则就无法达成共同的协议。确认需求通常通过提问来获得,提问也可以帮助我们了解更多、更准确的信息。当对方表达的信息含糊不清,或者你未能准确理解对方的信息时,一定要再次确认,以便获得准确的信息。如"你说的是不是这样……""你看,我们这样做行不行……""我是不是可以这样理解"等。

（3）阐述观点。阐述观点要简洁明了地把自己的观点准确地传递给对方,并尽可能地采用恰当的表达使对方容易理解、接收你的观点。在阐述观点时,有一个非常重要的原则可以遵循——FAB 原则,即 Feature 所阐述、推介的事物的属性,Advantage 事物的作用,Benefit 能够带来哪些利益。

（4）处理异议。沟通就是一个传递信息、消除误解和分歧、达成一致的过程。异议、分歧也是造成沟通障碍或导致沟通失败的重要原因之一。处理异议时,态度要表现出"同理心"。解决人际关系的撒手锏之一就是"我理解"。沟通过程中,要给对方创造一个畅所欲言、表达意见的环境,展现出理解、支持、肯定的态度,尊重对方的情绪和意见,让对方觉得与你交谈是件轻松愉快、获益良多的事情。

（5）达成协议。沟通的最好结果就是沟通双方达成协议或一致。在达成协议时,要表示感谢、鼓励、赞美、庆祝等。

（6）共同实施。达成协议是一种沟通的结果。工作中,任何沟通的结果往往意味着一项工作的开始,要按照协议共同实施。达成协议后,如果一方没有按照协议去实施,就会失去对方的信任,而信任是沟通的基础。失信将会使今后的沟通变得更加困难。

四、激励

有效的管理者能够使员工尽最大努力认真工作。了解员工如何受到激励以及为什么会被激励,并且选择最合适的激励方式来满足员工的需求,是体育管理者的基本技能之一。

(一)激励与行为

沙托认为,激励是一种能够被感知的驱动力和紧张状态,促使人们为了完成目标而采取行动。人的一切行动都是由某种动机引起的。动机是一种精神状态,它对人的行动起到激发、推动、加强的作用。人类有目的的行为都是出于对某种需要的追求。未满足的需要是产生激励的起点,进而导致某种行为。行为的结果可能使需要得到满足,接着产生对新需要的追求;行为的结果也可能遭受挫折,需要未得到满足,会产生两种态度:一种是积极的态度,越挫越勇,重新激励,屡败屡战;另一种是消极的态度,灰心丧气,沮丧绝望,放弃行动(图 3-4)。

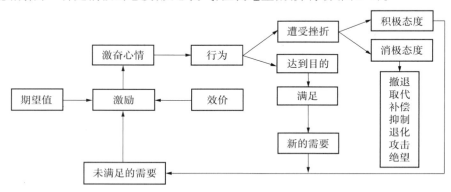

图 3-4 激励过程

(二)激励理论

早期的激励理论主要有马斯洛需求层次理论、麦格雷戈的 X 理论和 Y 理论,赫茨伯格的双因素理论和麦克莱兰的三种需要理论。随着管理学科和管理实践的不断发展,当代出现了一些新的激励理论,比较著名的有目标设置理论、强化理论、工作设计理论、公平理论、期望理论以及高参与型工作实践等。现代激励理论中的许多思想是相互补充的,如果将各种理论融合起来,则有助于我们更好地理解如何激励员工(图 3-5)。

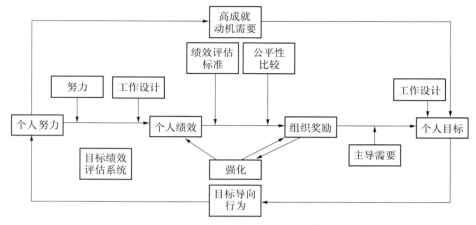

图 3-5 当代激励理论的整合 [1]

---

[1] 斯蒂芬·P. 罗宾斯,玛丽·库尔特. 罗宾斯管理艺术 [M]. 李原,等,译. 北京:中国人民大学出版社,2015.

该模型整合了目标设置理论、期望理论、强化理论、成就需求、公平理论等现代激励理论。从个人努力到个人目标实现,与目标设置理论的观点一致。目标——努力链表明了目标对行为的指导作用。期望理论认为,如果个人觉得努力与绩效之间,绩效与奖励之间,奖励与个人目标满足之间存在密切联系,个人就会努力工作。反过来,每种联系又受到一些因素的影响。从图3-5中可以看出,个人的绩效水平不仅取决于自己的努力,而且取决于自己完成工作的能力水平,以及组织中有没有一个公正、客观的绩效评估系统(期望理论)。对于高成就需求者而言,只要他们所从事的工作能够提供责任感、信息反馈、中等程度的冒险,他们就会产生完成工作的内在驱动力。这些人并不关心努力—绩效、绩效—奖励以及奖励—目标的联系。如果管理者设计的奖励系统在员工看来是致力于奖励出色的工作绩效,那么这种奖励就会进一步强化和激励良好的绩效水平(强化理论)。个人经常会将自己的努力(付出)与得到的奖励(所得)的比率与其他相关人员的相应比率进行对比,若觉得存在不公平,则会影响个体的努力程度(公平理论)。

(三)体育管理工作中常用的激励方法

激励从调动人的积极性开始,给人自信,让人舒畅,心情开朗,人的创造性才能发挥出来,才会出成效,出成果。体育管理实践中激励方法多种多样,常用的有薪酬激励、目标激励、期望激励、培训激励、竞争激励、参与激励、授权激励、赞美激励等。

1.薪酬激励

设计与管理薪酬制度是最困难的管理事务之一。薪酬激励的关键在于建立一个公平竞争的薪酬机制。一个组织的薪酬管理制度应遵循以下三大原则:外部竞争性、内部公平性和成本合理性。外部竞争性强调的是薪酬支付与外部组织特别是同行业竞争组织之间的关系,通过与竞争对手相比保持组织薪酬水平的竞争力。内部公平性是指薪酬结构要支持工作流程,对员工公平,与其所在的岗位的技能与素质要求紧密结合,与员工的绩效和贡献相结合。在做到以上两个原则的基础上,组织尽量控制人力成本。当然薪酬不是激励员工的唯一手段,也不是最好的办法,却是一个非常重要、非常容易被人接受的手段。薪酬激励尤其是要注意公平量化的原则。管理者给予员工任何不公平的待遇,都会影响他们的工作效率与情绪,进而影响激励效果。对于取得同样成绩的员工,一定要获得同样层次的奖励,否则,宁可不奖励。

2.目标激励

目标激励就是把组织的需求转化为员工的需求,使员工在工作中时刻把自己的行为与目标紧密相连。任何一个体育组织都会有自己的目标,同样,组织中员工也都有自己的目标,但如果组织的目标无法与员工的目标相一致,那么再好的目标也显得苍白无力。目标激励要重点把握以下几方面:①以统一的目标引导员工同舟共济;②把组织的目标分解到每一个人;③制定的目标要具体、可量化;④制定的目标要适度,使员工能"跳起来够得着";⑤目标要进行考核评价,并与薪酬、荣誉、职务晋升等挂钩。

3.期望激励

罗森塔尔实验得出的结论与中国的一句古话非常一致——说你行,你就行。"说你行"就是体育管理者对员工表达出来的高期望值、高信任度。当这种高期望和高信任通过各种明示和暗示传达给员工时,就会调动起员工的积极性,使员工想方设法调整自己,发挥创造性,实现管理者对他们的期望,变成"你就行"。心态对于行为也很重要。有什么样的想法,就有什么样的未来。早晚能成功的人一定是那些认为自己能够成功的人。拳王阿里说过:"冠军不是在体育馆里造出来的。冠军来自他们自己深层次的东西——愿望、梦想和想象。冠军必须具有技能和意志,但意志一定要强于技能。"因此,管理者对员工一定要多鼓励,给予高期望值、高信任度,管理手段以激励为主、约束为辅。

4.培训激励

当今社会,竞争日益激烈,每个人都要不断学习,不断提升自我修养和能力,只有这样才能在竞争中立于不败之地。对于体育组织而言,培训的目的是促进员工成长,从而实现组织对他们的期望。因此,体育组织开展员工培训时,应关注员工的培训需求,了解他们的关注点,在因材施教的基础上,更加注重培训方式和内容的针对性与有效性,这样才能够激发员工参与培训的积极性,提高培训的效果。海尔集团的培训原则为"干什么学什么,缺什么补什么,急用先学,立竿见影"。员工培训可以分为外部培训、内部培训和自我培训。

5.竞争激励

竞争激励就是创造比、学、赶、帮、超的氛围,让员工感觉到差距的存在,感觉到落后的危机,不断进取,激发组织的活力,从而提高工作效率。管理实践中,可以运用以下几种竞争激励方式:运用"鲇鱼效应"激活员工;利用同级的压力,让员工自己跑起来;适时为组织添加新鲜的血液引发竞争;工作业绩统计数据展示使竞争更有说服力和可比性。

6.参与激励

作为社会人,每个人都在寻求社会认同感。参与激励就是通过给予员工参与组织管理的机会,来调动员工积极性的激励方法。正确运用参与激励方法既能对个人产生激励作用,又会为组织目标的实现提供有力的保障。

7.授权激励

授权是一种最好的激励手段。成功的管理者都知道充分的授权是调动下属积极性、提高工作效率的最有效办法。作为领导者,当你放手让下属在其职责范围内独立开展工作的时候,你就在不知不觉中采用了授权激励。使用授权激励策略,要注意以下几方面:①盯紧目标,尽量减少管理,大胆让下属去做,培养更多的管理者。②信任是授权的前提,疑人不用,用人不疑。③授权要人尽其用。④给员工更多的自主权,不以权压人,强调民主精神。⑤合理处理集权与分权的关系,大权集中,小权分散。⑥有效授权与合理控制相结合,确保授权工作沿着正常的轨道发展并实现管理者的授权意图。⑦在授权的同时明确责任,确保责权一致,避免出现有权无责导致滥用权力、不负责任的局面。

8.赞美激励

研究显示,积极的话语不仅能够愉悦人的心情,还能够改变血液成分——增加能量和提高细胞免疫力,也能够改变脱氧核糖核酸的结构。医学专家由此得出结论:人听到的好话越多,身体就越健康,事业也就越成功。

足球教练朱广沪带队在巴西训练期间曾参观当地学校的一堂绘画课。老师给每个学生发了一张纸,告诉学生想到什么,愿意画什么,就画什么。

第一位学生画完后到老师面前,画的是足球比赛,球打进了,球员跳起来手在上面。尽管画得不怎么样,但老师说太好了,优秀。再叫上来一个学生,孩子就把他想的什么东西画在纸上面,并说出来。老师说很不错,三年后你肯定比这还要画得好。

通过这个事情,他看到巴西老师在教学中一直在鼓励学生、激发学生创造力和想象力,反思自己过去训练中急躁时会打骂球员,甚至可能挫伤球员自尊心的教育方式的差距。巴西教练员在球场上对球员也多是鼓励、表扬、激励,因此他们的球员放得更开,敢于做动作、敢于表现自己。

9.榜样激励

榜样的力量是无穷的。榜样激励法在体育管理实践中经常被采用,尤其是竞技体育领域,每个运动队的训练场馆都会悬挂、张贴一些优秀运动员的比赛、训练、领奖时的大幅宣传海报,在多种场合向队员积极宣讲优秀运动员努力拼搏、刻苦训练、为国争光的先进事迹。

【知识拓展】

不同类型员工的激励技巧

员工类型	典型特征	激励技巧
指挥型	喜欢命令他人做事,比较强势,人际关系容易紧张	• 支持他们的目标,赞扬他们的效率 • 要在能力上胜过他们,使他们服气 • 帮助他们通融人际关系 • 让他们在工作中弥补自己的不足,而不要指责他们 • 避免让效率低和优柔寡断的人与他们合作 • 容忍他们不请自来的帮忙 • 别试图告诉他们怎么做 • 当他们抱怨别人不能干或不会干时,问他们的想法
关系型	重视人际关系,轻视工作任务	• 对他们的私生活表示兴趣,使他们感到受尊重 • 给他们安全感 • 给他们机会,充分地与他们分享感受 • 别让他们感觉到受到了拒绝,他们会因此不安 • 把关系视为团体的利益来建设 • 强调工作的重要性,指明不完成工作对他们的影响
智力型	擅长思考和分析,有主见,喜欢用事实和数据说话	• 肯定他们的思考能力,对他们的分析表示兴趣 • 提醒他们完成工作目标,别过分追求完美 • 避免直接批评他们,让他们自己发现错误 • 不要用突袭的方法打扰他们,他们不喜欢惊奇 • 多表达诚意 • 多用事实和数据与他们交流,使他们产生信服感 • 别指望说服他们,除非他们的想法与你一致 • 赞美他们的一些发现,少泼冷水

续表

员工类型	典型特征	激励技巧
工兵型	喜欢埋头苦干,做事谨慎细致,程序性强,人际关系一般	• 支持他们的工作 • 给他们相当的报酬,奖励他们的勤勉,保持规范性 • 多给他们出主意,想办法,指导他们工作 • 协助他们处理人际关系

五、提升领导力的技巧

(一)识别员工需求

体育管理实践中,我们经常会听到某些领导抱怨下属"推一下动一下""给多少钱干多少活,一点儿也不愿多付出""一不满意就撂挑子"等。形成这种问题的原因有很多,比如体制因素、文化差异、个体心理、市场经济等。但对于领导者而言,与其抱怨,不如从提升自己的领导力角度尝试一些有益的改变。

盖洛普公司经过大量的调查研究,从上千个问题中最后筛选出 12 个简单的问题,来测评组织员工的需求和敬业度。该公司通过大量的研究,最后得出结论:员工只有获得了必备的工作条件,有机会因充分施展才华而取得成就,对组织氛围有很高的认同度,并且能够使自己的能力素质保值增值,才能够在工作中找到快乐和情感归属,并积极投身于自己所专注的事业(图 3-6)。

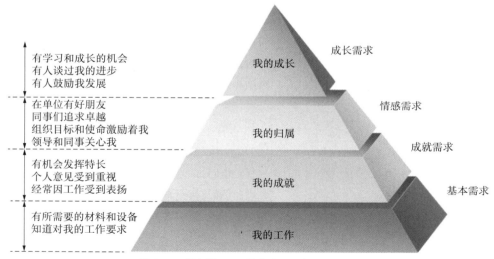

图 3-6　盖洛普 Q12 的内容解析与员工需求

(二)提升领导力的技巧

根据上述研究结果,我们可以从以下几个方面来提升领导力。

1.明确表达对下属的工作要求

根据目标管理中的SMART原则,与员工协商制订明确、可衡量、能实现、与组织战略相关、有具体时间表的工作目标,使他们清楚地知道上级对他们的期望和要求。这样一来,员工在上班时间就不会盲目"空转";在完成既定任务、满足上级期望之后,还可以随时放松一下,以使自己始终保持旺盛的精力。

2.确保工作所需的材料与设备

"工欲善其事,必先利其器。"有了必备的材料和设备,员工就能朝着目标顺利前行,而不是把宝贵的时间浪费在无谓的等待上。

3.让下属每天都有机会做自己擅长的事

做自己擅长的事,一方面可以达成卓越绩效;从另一方面看,下属最擅长的往往也是他们最喜欢的,这样就可以使下属把工作当作满足自己兴趣、实现自身价值的过程,工作动力自然十足。

4.经常以不同方式表扬员工

很多人努力工作,也许并不是为了赢得上司的表扬,但如果上司能够及时发现下属所做的贡献,并以适当方式予以鼓励和表彰,当然也会使员工获得心理上的满足感和成就感。慢慢地,下属就会形成这样的认识:只要我努力工作、创造佳绩,上司就不会视而不见。

5.主动并发动同事关心员工

人是一种社会动物,在满足基本的生理需求和安全需求之后,对情感的需求就会越来越迫切。特别是在浮躁、冷漠、信任缺失的社会转型期,在困难、挫折、甚至是失败面前,一声普普通通的问候,一个发自内心的微笑,都会使人得到莫大的安慰。下属对所在组织的归属感,也会在一点一滴的小事上慢慢积累、发酵,并最终升华为领导者普遍希望看到的"主人翁精神"。

6.鼓励下属发展,为他们建立清晰的职业发展通道

一项研究证明,"令人敬佩的领导"和"能够令员工快乐而高效工作的领导"的一个共同做法是:能够指导员工什么该做、什么不该做,帮助他们分析未来可能的发展路径,并鼓励他们去大胆尝试。

7.无论下属的意见正确与否,都要给予足够的重视

重视下属的意见,其实就是重视下属本人——让他们觉得自己重要,对所在部门、单位都很有价值。

8.及时向下属传达组织的使命和目标

帮助下属分析他们所从事的工作对促进组织目标实现的重要性。如果能做到这一点,一方面可以确保下属正确理解组织发展的大方向,同时也能够使他们认识到自己工作的重要性,其工作劲头就会截然不同。

9.以身示范,树立精益求精、追求卓越的风气

大量的管理实践表明,领导者最初对追求卓越的尝试会给下属带来诸多不便,诸如:工作难度提高、工作时间延长、心理压力增大等,因此会受到部分下属或明或暗的抵制。而一旦形成了追求卓越的良好风气,员工们从致力于高质量工作的过程中学到了东西、积累了经验并养成了

好的工作习惯,那前所未有的成就感和自豪感就会油然而生。

10.为员工的交往创造条件,形成互信、互助的人际氛围

心理学研究表明,职场中的朋友在信息上互通有无、在事业上相互支持。他们在有所成就时,会及时与朋友分享;在困难和挫折面前,会主动寻求朋友的帮助或安慰。因此,在职场中有一个或几个要好朋友的人,离职率普遍停留在相对较低的水平上,心理健康水平则停留在相对较高的水平上。而在组织或部门里建立互信、互助的氛围,主动为员工创造人际交往的机会,一方面是团队建设的内在要求,同时也会使志同道合的员工成为要好朋友的可能性大大增加。

11.定期主动和员工谈谈他们的进步

被誉为"美国商界偶像第一人""风头盖过杰克·韦尔奇"的克莱斯勒汽车公司前总裁李·艾柯卡成功的秘诀之一,就是每隔三个月就同属下们坐下来,找到工作中的不足,肯定所取得的进步和成就,并共同制订下一步的工作计划。在烦琐、平淡的日常工作中,如果下属能够真正认识到他们所取得的进步,就无异于在黑夜漫长而孤独的旅行中突然看到了一点光明,其激励作用不言而喻。

12.为员工创造在工作中学习和成长的机会

为下属创造学习和成长机会,既可以促使他们不断创造更好的业绩,也会因为确保了其人力资本的保值增值而降低人才的流失率,进而使组织的平稳、快速发展成为可能。

第四节 控制职能

2010年冬季奥运会在加拿大温哥华举行。在这届冬奥会上,发生了一起悲剧事件:年轻的无舵雪橇运动员诺达尔在训练时意外受伤导致身亡。到底是哪里出了差错呢? 国际无舵雪橇联合会(FIL)的报告声称,诺达尔在训练中犯了一系列错误,这导致他的雪橇在过第16号弯道时猛烈撞到赛道侧墙上,这一致命撞击和"非常复杂的一系列关联事件"导致了悲剧的发生。人们质疑的是其他许多因素,其中包括该赛道的设计。这条滑雪赛道的速度比最初的估计要快13%,这引起了FIL的警觉。虽然第16号弯道的侧墙已经被加高和加长,以保护运动员因为失控而偏离赛道,但这并不足以防止这次致命撞击事件的发生。时任国际奥委会主席罗格说:"国际奥委会对发生此次死亡事件的滑雪赛道承担道德责任,但不是法律责任……应当由国际无舵雪橇联合会和建造这条赛道的温哥华奥组委共同承担责任。"

温哥华冬奥会上发生的这起事故说明了控制对体育管理者是何其重要。恰当的控制能够帮助体育管理者准确发现具体的绩效差距以及需要改进的领域。

一、体育管理控制的定义

控制是体育管理工作的重要职能,体育管理控制技能是管理者应具备的重要能力。体育管理控制就是由管理人员对体育组织实际运行是否符合预定的目标进行测定并采取措施,确保组织目标实现的过程。体育管理控制工作实际上包括纠正偏差和修改标准两个方面的内容。

二、体育管理控制的必要性

现实中,尽管组织计划可以制订出来,组织结构可以调整得非常有效,员工的积极性也可以调动起来,但是仍然不能保证所有的行动按计划执行,不能保证体育管理者追求的目标一定能达到。无论计划制订得如何周密,由于各种原因,人们在执行计划时总是会或多或少地出现与计划不一致的现象。体育管理工作之所以需要控制,主要由三个方面的原因决定。

(一)环境变化

任何体育组织都是处在一个动态的环境中,政策、技术、政局、法律法规、竞争者、消费者、公众、供应商、社会文化、社会经济发展状况等众多因素都是变量,时刻都在发生着变化,这些变化必然要求组织分析原先制订的计划,从而对组织的战略、战术、目标、政策、运行方式等作出相应调整。

(二)管理权力的分散

只要体育组织达到一定的规模,能力再强的管理者也不可能直接地、面对面地指挥全体员工的工作,于是分权和授权就必不可少。因此,体育组织的管理权限都制度化和非制度化地分散在各个管理部门和层次。体育组织的分权程度越高,控制的必要性就越强。每个管理层次的主管都必须定期或不定期地检查直接下属的工作,以保证授予他们的权力得以正确地运用,以及利用这些权力开展的业务活动是否符合计划和组织目标的要求。如果没有管理控制,没有为此建立起来的相应的控制系统,体育管理者就无法检查下级的工作情况,即使出现权力的滥用或活动不符合计划的要求等情况,体育管理者也无法发现,更无法采取及时的纠正行动。

(三)工作能力的差异

即使体育组织的计划制订得非常完善,所处的环境在一定时期内也相对稳定,但管理控制还是必要的。由于不同组织成员的认知能力和工作能力存在差异,员工对组织战略、计划、措施的理解和认知不同,工作能力、执行能力和责任心不同,可能造成实际工作结果在质和量上与计划的要求不符,进而影响到组织目标的实现。因此,加强对员工的控制是非常有必要的。

三、体育管理控制的基本类型

体育管理控制按照不同的分类标准有不同的分类方法,最常见的是根据控制信息获取的方式和时间节点不同,将管理控制分为前馈控制、现场控制和反馈控制三类(图3-7)。

图 3-7　管理控制的类型

【知识拓展】

恰到好处——罗雪娟雅典奥运会赛前控制与赛中调整

北京时间 2004 年 8 月 17 日凌晨,雅典奥运会游泳比赛继续在奥林匹克水上运动中心进行,在中国观众较为关注的女子 100 米蛙泳决赛中,两届世锦赛冠军、中国名将罗雪娟发挥出色,以 1 分 06 秒 64 的成绩获得金牌,并且打破奥运会纪录。赛后总结,教练组对罗雪娟进行的赛前控制和赛中调整效果较理想,成为罗雪娟最终夺冠的至关重要因素。

大赛前的调整是大赛能否充分发挥甚至超越平时训练水平的关键。这种赛前调整就是一系列复杂的控制活动,体现在训练安排、心理准备、能力分析、比赛方案设计、营养保障、身体恢复、主要对手的分析、运动员作息安排、比赛场地情况了解等诸多方面。

罗雪娟雅典奥运会赛前控制和赛中调整主要体现在以下几方面:

（1）训练安排方面。主教练张亚东为罗雪娟安排的方案如下:训练三周(6 月 28 日—7 月 18 日),调整一周至两周(7 月 19 日—7 月 28 日),练调结合两周。任务是保持罗雪娟良好的身体状况,在三周时间计划安排好速度训练,并力争有所提高。

（2）情绪控制方面。由于赛前适应性训练安排在室外,因罗雪娟怕光照而产生了一些情绪,导致她与教练员配合不佳,也造成奥运会期间水感不是最佳。在赛前三天安排的 8×50 米的快慢逐渐加速游中,最后一个接近全力游成绩达到了预定状态。但第二天上午在练习池的训练中,阳光过于强烈,加之环境过亮反射光,罗雪娟出现晕眩,不愿训练,情绪低落,训练状态非常低迷。张亚东当时着急,差一点儿发火,但经过冷静思考,考虑是否可以先改变训练环境,不行再做思想工作。通过协调,最终将罗雪娟安排到室内小池训练,结果罗雪娟情绪马上好转,训练水平也正常了。

（3）战术安排方面。赛前通过对主要竞争对手情报的分析,结合罗雪娟自己的情况,教练组制订了合理的战术安排,并配合细致的心理训练。基于前期罗雪娟在训练中都只能进行一次高强度训练课的情况,加上对世界游泳水平及对手情况的了解,张亚东要求罗雪娟在预赛中游出 1 分 09 秒～1 分 08 秒 5,即在第六至第十的位置,半决赛要求游出 1 分 08 秒～1 分 07 秒 5,大概排小组第三的位置,以便稳妥地进入决赛。但在半决赛时,罗雪娟有点大意,游出 1 分 08 秒 5 的成绩,排小组第四总排名第七,非常惊险地挺进决赛。

（4）赛中调整方面。根据罗雪娟在半决赛时的心理反应过于轻敌、兴奋度不高的情况，张亚东认为必须改变以往在晚上决赛检录时才加压及分析对手情况的惯例，在中午就开始给罗雪娟分析对手情况、安排战术（前50米要求31秒），并把前期训练的情况给她回顾了一遍，告诉她要相信自己的能力，在训练水平提高的前提下，她担心的后程没有问题，一定能游得很好。张亚东分析对手前50米就是半决赛的成绩，决赛100米的成绩不会比半决赛好。通过交谈，使罗雪娟开始兴奋起来，且不紧张。晚上决赛前的准备活动中，张亚东和罗雪娟一起做操，与周围的人闲聊，欢声笑语营造出一种轻松的气氛，但又用肢体语言告诉罗雪娟——我充满力量、充满斗志、充满自信、充满必胜的信心，这种气氛感染了罗雪娟。在进入检录室前，张亚东对罗雪娟说："记住，你是最好的，没有人比你更好；你是最棒的，绝不允许别人比你棒。"然后用力地拍她的后背，并喊"加油"。

案例点评：合理安排运动员的赛前训练，对于运动员在比赛的关键时刻发挥出最佳竞技水平至关重要。无数的案例表明，平日训练得再好，如果赛前训练安排失当就会功亏一篑。赛中状态控制是赛前控制的延续，且操作更加精细，与最后成绩的取得直接关联。

（资料来源：杨桦，池建. 竞技体育实战制胜案例 [M]. 北京：北京体育大学出版社，2006.）

四、体育管理控制的基本过程

不论控制的对象如何，体育管理控制的过程都包括三个基本环节：制订控制目标，建立控制标准；衡量实际工作，获取偏差信息；分析偏差原因，采取矫正措施（图3-8）。

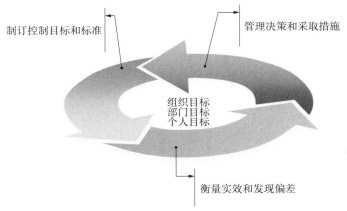

图 3-8　管理控制过程

（一）制订控制目标，建立控制标准

控制目标、控制标准是控制工作得以开展的前提，是检查和衡量实际工作的依据和尺子。没有控制目标和标准，便无法衡量实际工作，控制工作也就失去了目的性。

（二）衡量实际工作，获取偏差信息

偏差信息是实际工作情况或结果与控制标准要求之间所发生偏离程度的信息。了解和掌

握偏差信息,是控制工作的重要环节。

(三)分析偏差原因,采取矫正措施

任何控制行动都是针对问题及其产生原因而采取的应对措施。管理控制措施、办法、政策的提出必须建立在对偏差原因正确分析的基础上,不正确的归因会导致控制行动的低效、无效甚至负效。

针对工作中的偏差,管理者通常有三种可能的行动方案可供选择:①什么也不做,维持现状;②纠正差错,确保工作按照标准和目标执行;③修改标准,以适应变化(图3-9)。

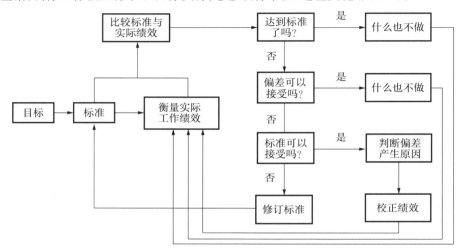

图3-9 控制过程中的管理决策

本章小结 ——　　不论身处哪个管理层级,体育管理者都需要具备三种基本的管理技能:技术技能、人际技能和概念技能。在体育管理实践中,管理者承担着计划、组织、领导、控制等职责,为更好地履行这些管理职责,他们应努力提升自己在计划、组织、领导、控制、激励、沟通等方面的技能。计划是体育管理者的首要能力。组织工作一般包括组织设计、组织运作和组织变更三个方面。体育管理者的领导权力包括法定权力、奖赏权力、强制权力、专家权力和感召权力五个方面,通过了解和满足下属的基本需求、成就需求、情感需求和成长需求,体育管理者可以不断提升自己的领导技能。沟通是信息在沟通主体之间的一种双向传递过程,消除沟通障碍,提升沟通技能,增强沟通效果,是体育领导技能的内在需求。激励技能对于管理者而言同样也不可或缺。离开有效控制,体育管理工作必将走向衰败,组织目标也将无法实现。从控制的时间节点看,体育管理者通常需要进行事前(前馈)、事中(现场)和事后(后馈)三种类型的控制。体育管理控制基本过程包括:制订控制目标,确立控制标准;衡量实际工作,获取偏差信息;分析偏差原因,采取矫正措施。

思考与练习

1. 你如何评价本章开篇案例中张科长的管理举措和管理效果？
2. 请你帮开篇案例中的张科长拟订一份年度工作计划。
3. 你认为本章开篇案例中张科长在推行改革中可能遇到哪些方面的阻力？他应该如何解决？
4. 你认为本章开篇案例中张科长应该处理好部门内外部的哪些关系？应采取哪些措施来应对？
5. 你认为本章开篇案例中张科长可以采取哪些措施来解决部门员工"出工不出力"的问题？
6. 请你为学校田径运动会拟定一份赛事组织方案和赛事招商方案。

参考文献

［1］斯蒂芬·P.罗宾斯，玛丽·库尔特.罗宾斯管理艺术[M].李原，孙健敏，黄小勇，译.北京：中国人民大学出版社，2015.

［2］钟秉枢.做No.1的教练——团队管理与领导艺术[M].北京：北京体育大学出版社，2012.

［3］苗雨君，李亚民，邵仲岩，等.管理学——原理·方法·实践·案例[M].北京：清华大学出版社，2013.

［4］王凤彬，李东.管理学[M].北京：人民大学出版社，2011.

［5］何炜东.十项全能管理者[M].成都：成都时代出版社，2010.

［6］安肯三世.别让猴子跳回背上[M].陈美岑，译.杭州：浙江人民出版社，2013.

［7］陈默.每天学一点管理艺术[M].北京：北京理工大学出版社，2011.

［8］刘振中，王海东.高效管理的50个心理工具[M].北京：电子工业出版社，2008.

［9］爱德华·T.赖利.管理者的核心技能[M].徐中，梁红梅，译.北京：机械工业出版社，2014.

［10］都英麒.激励团队的15种方法[M].北京：中华工商联合出版社，2013.

［11］杨桦，池建.竞技体育实战制胜案例[M].北京：北京体育大学出版社，2006.

［12］韩开成.优秀运动队复合型教练团队管理模式及运行机制[J].首都体育学院学报，2011（5）：446-449.

第四章
学校体育管理

通过本章的学习,了解学校体育管理的概念与特征,了解学校体育管理的体系和主要内容,掌握学校体育管理工作的原则和方法,掌握学校体育管理工作的评价意义、内容及程序。

【学习目标】

通过本章的学习,初步掌握学校体育管理理论的相关知识,掌握学校体育课程体系的内容及管理形式,能够对学校体育工作的管理进行科学评价,能够运用相关体育管理理论,分析和指导学校体育管理工作实践问题。

【案例导入】

这是我们见过的最"惊险"运动会

"小学生很多不会做前滚翻",本报日前这则报道,曾经引发很多人的感慨。昨天上午举行的杭州拱墅区第 26 届中小学生田径运动会,却让钱报记者为之一"震",也让在现场观摩的近 400 位来自全省各地的校长和体育教师惊呼:这是我们见过最壮观的区级运动会,也是最"惊险"的区级运动会!

来自全区 26 所中小学校的 6 000 余名运动员轮番登场,他们各自亮出绝活:有足球、排球、篮球等传统项目,也有冰球、网球、珍珠球等新兴校园体育项目,甚至还有集体劈叉、叠罗汉等高难度动作。只见一群小学生分作 6 人一组,3 人站最下面,2 人踩上去搭第二层,1 人登顶做"塔尖"。

拱墅区的学生运动会,为什么这么牛?

这次运动会,其实也是浙江省学校体育综合改革现场会。全国学校体育联盟主席、北师大体育学院原院长毛振明,为这种大胆实践点赞。他说:"中国的体育教学现在需要这种眼光和胆量。"

为什么这么说?毛振明的理由很充分:"中国学生体质连续 30 多年下降,强化体育课和课外锻炼,促进青少年身心健康,现在被列为国家重点工作之一。像锻炼柔韧性最佳时间是 12 岁之前,这个年纪再不让他们练劈叉、倒立,以后再补就晚了。"

如今,运动带来的危险伤害,被人为地夸大。跳箱、单杠、双杠等,现在已很难在学校里看到。

但越不练习,学生就越容易受伤。这样下去,孩子们将来可能因为今天的惧怕,而变得越来越脆弱。

"这种害怕,有些来自体育老师的顺水推舟,因为不会教,不知道该怎么教前滚翻,怎么教跳箱,索性找借口,不教了。"毛振明说。

运动带来的危险伤害,没想象的这么可怕,后果也没有想的那么严重。他举了个例子,北京有所学校推广椅子操,有个孩子不小心摔断了锁骨,班主任和校长一起上门看望时,家长却说:"我知道学校让孩子锻炼身体,是为孩子好,孩子不注意而受伤,我们不会责怪学校的。"

"所以我认为,拱墅区现在的大胆实践就很好。"毛振明说。

钱报记者了解到,拱墅区教委全力推进区域体育综合改革,出台了系列政策举措,摘掉了体育"副科"的帽子,包括将学校体育纳入学校年度绩效考核,分值与"学科质量"同等。

运动会上,拱墅区北秀小学展示体育特色项目——花样跳绳。全校上千名学生集体参加,跳得很开心,也很精彩。数学老师出身的校长范晓红,一度被家长误解为"只会搞体育,不懂学科建设的校长"。直到看到近三年学生身体素质测试成绩单,优秀率从66.5%增加到75%,同事和家长才逐渐理解她的做法。

拱墅全区各中小学开发出了更多适合学生身心发展的新型运动项目,让每个学生都动起来,爱上体育。"人人运动,全员参与"是该区体育综合改革的重要命题,从小学一年级学生到初三学生,一个都不落下。全员运动会上,既有50米集体跑等经典项目,也有学校特色项目软垒跑垒争先、垒棒接力、有民族体育特色的旱龙舟等。

运动会上学生全员展示,也是考核体育老师教学成果的方式之一。

拱墅区还以信息技术为基础,研发区域学生健康成长信息管理平台,通过平台网站可以查询个人、班级、学校以及整个区域学生的体质健康测试状况和发展趋势,为学生提供针对性的健身锻炼"处方"。

现在,拱墅区义务教育段学生体质健康标准达标率,从2011年的94%提升至2015年的98%,优秀率从24%大幅提升至54%。2015年3月,拱墅区成为全国首批13个学校体育综合改革试点区之一。

(资料来源:钱江晚报,2016-10-30.)

分析与讨论:

1.浙江省杭州市拱墅区学校体育改革体现了哪些特色?

2.当前学校体育改革有哪些趋势?

第一节　学校体育管理概述

学校体育教育作为学校教育的重要组成部分,是国民体育的基础,是我国体育发展的重点,是关系着学生体质健康与否的基础性教育内容。2006 年,教育部、国家体育总局、共青团中央联合发出了《关于开展全国亿万学生阳光体育运动的通知》,学校体育工作在促进学生身体素质方面发挥着重要的作用。2016 年 5 月,国务院办公厅印发了《关于强化学校体育促进学生身心健康全面发展的意见》,明确指出:强化学校体育是实施素质教育、促进学生全面发展的重要途径,对于促进教育现代化、建设健康中国和人力资源强国,实现中华民族伟大复兴的中国梦具有重要意义。《关于强化学校体育促进学生身心健康全面发展的意见》为学校体育改革指明了方向。

一、学校体育管理概念

学校体育管理是指遵循学校体育和教育的基本规律,为了达到学校体育管理的目标,充分发挥有限的人力、财力、物力、信息和时间等因素,以最佳的手段和方法,对学校体育工作过程及其内外部各种因素和环境条件,所进行的计划、组织、领导、控制、评估等一系列的综合活动[1]。

二、学校体育管理的原则

学校体育管理原则是学校体育管理者和被管理者为实现学校体育工作的预定目标进行共同活动的基本准则,也是处理各种体育事务的依据。

(一)整体性原则

一方面,学校体育管理是学校教育管理这个整体的重要组成部分,学校体育管理应服从并服务于学校教育管理,要与学校教育管理相适应;学校领导及相关部门在抓学校教育管理的同时,重视学校体育管理,给予学校体育管理应有的位置。另一方面,学校体育管理自身也是一个整体。学校体育管理可以分为体育教学管理、体育竞赛管理、课外体育活动管理、运动训练管理等方面,这些内容有各自的特点和规律,所采用的管理方法也有区别,但是又相互联系、相互促进,构成学校体育管理的整体。

(二)科学化原则

科学管理对于提高学校体育工作质量起着举足轻重的作用。学校体育管理应遵循学校教育和学校体育的基本规律,涵盖教育学、管理学、体育学等多种学科内容,各个科学的发展,为学校体育管理提供了可借鉴的理论基础和实践经验。学校体育管理应结合学校实际情况,遵循教育的基本规律,采用先进的管理方法对学校体育进行科学化管理。

(三)规范性原则

学校应在国家有关教育的法律和法规的指导下建立完善的学校体育管理规章制度。合理的规章制度和工作章程,既可以保证学校体育管理者正常稳定的工作秩序,又可以使受管理者

---

[1] 张瑞林,秦椿林.体育管理学[M].北京:高等教育出版社,2008:6.

自觉地遵守,以维护和保证学校各类体育活动正常合理地进行。

(四)创新性原则

1.管理模式要创新

应摒弃不适应学校体育发展的传统的管理模式,采用科学、合理的教学管理手段,改进教学水平。

2.管理体制要创新

要运用科学的方法和手段激活管理人员的创新思维,盘活学校体育管理工作,努力提高学校体育管理质量。

3.教学内容要创新

根据社会需求,增加学生喜欢的体育项目,提高学生上体育课和进行课外活动的积极性。

(五)协调性原则

学校体育管理要深入贯彻落实国家和地方的教育方针、政策,既要完成国家和地方要求的"规定动作",做到整齐划一,又要做好"自选动作",创建校本特色,切实做好以下几个坚持:坚持课堂教学与课外活动相衔接,坚持培养兴趣与提高技能相促进,坚持群体活动与运动竞赛相协调,坚持全面推进与分类指导相结合。

三、学校体育管理的方法

(一)行政管理方法

学校体育行政管理方法是指依靠行政组织的权威,运用行政手段对各级学校体育实施管理的一种方法。行政管理方法是学校体育管理工作中最常用、最普遍的方法之一,具有权威性、垂直性、强制性和时限性等特点。宏观上,各级教育和体育行政部门通过向所属学校或体育机构下达相关的指令和行政法规来监督和控制学校体育工作开展。在学校内部,学校体委或体育部(组)通过发布指令、规定条例,并通过书面或口头的方式,直接对体育教师或学生产生影响。

(二)政策法规管理方法

学校体育政策法规管理方法是指运用国家有关学校体育的法律、法规、条例、决议、制度、意见等来规范和管理学校体育的方法,该方法具有普遍性、规范性和强制性的特点,在其适用范围内具有普遍的约束力。它有利于维护学校体育管理秩序,确保体育工作在学校的应有地位与作用,以促进学校体育事业的发展。"依法治校、依法治体"是学校体育管理科学化的重要标志之一,强化"依法治体"观念,有利于促进学校体育管理由经验管理向科学管理、规范管理、制度管理转变。就各个学校而言,一方面要积极贯彻落实国家和地方有关学校体育法律法规;另一方面要完善校内各种体育规章制度,以维持学校体育工作正常规范地运行。

(三)宣传教育管理方法

学校体育宣传教育管理方法是运用宣传教育的手段和形式,对学校体育进行管理的方法,具有先行性、滞后性、疏导性、多样性、灵活性和表率性等特点。人们对学校体育工作重要性的认识在很大程度上取决于宣传教育的力度。宣传教育管理要做到以理服人、以情管人,并根据不同的对象和场合,采取不同的教育方式。

(四)考评奖惩管理方法

考评奖惩管理方法是根据考评结果进行表彰、奖励先进,批评、惩戒落后的一种管理方法。该方法行之有效,它既能对学校体育管理工作进行评价,又能有力推动学校体育管理工作向更高的目标发展。表彰、奖励要及时、公平、公正、公开;批评、惩戒要实事求是、以理服人、惩前毖后。

【课堂检测】

青年教师的早操

某中学为了调剂教师的课余生活,规定教师必须和学生一起参加早操,可是新进的部分青年教师却经常不出操。一天下操后,校长非常生气地来到一位没有出操,但其他方面表现都不错的青年教师的宿舍。他在窗外看到,这位青年教师睡得正香,书桌上摆放着许多教学材料。看到这种情形,校长顿时气消了不少。晚上十点以后,校长亲自察看教师宿舍。大部分宿舍已经熄灯了,但有些青年教师的宿舍还亮着灯光:有的教师在看书,有的教师在钻研教材,有的教师在备课,还有的教师在谈心。第二天下午,校长主持召开了青年教师座谈会,会上他通报了调查情况,表扬了青年教师好学上进,并风趣地检讨了自己差点犯下的错误,同时对青年教师提出了希望。他希望青年教师珍爱自己的身体,早睡早起,加强锻炼,更好地为人民教育事业作贡献。会后,这些青年教师深受感动,备受鼓舞。

从此以后,青年教师出操的问题基本解决了,他们参加体育锻炼的积极性明显提高。偶尔有人没出操,校长不是批评,而是登门探望,关心他们的身体和工作。几位青年教师说:"校长对我们这么好,这么关爱我们的身体,我们要努力工作,为提高学校教学质量作贡献。"

思考与分析:

1.校长规定青年教师必须与学生一起参加早操,你是否同意校长的这一做法?

2.你是否同意校长针对部分青年教师不出早操而采取的态度?

3.请对校长的管理行为和领导风格进行分析?

四、学校体育管理体制

学校体育管理体制是学校体育管理的机构设置、权限划分、运行方式等方面的体系和制度的总称。我国学校体育管理体制分为校外管理体制和校内管理体制。

（一）我国校外学校体育管理体制

1.国家行政组织管理系统[1]

我国学校体育国家行政组织管理系统是由教育部(教育行政部门)和国家体育总局(体育行政部门)两大系统构成的(图4-1),主要职能有:

①制定各级各类学校的体育工作指导思想、政策、规划和有关制度。

②实施、监督、检查、评估各种法规的贯彻落实情况。

③制定学校体育课程教学指导纲要、体育课程标准、学生体质健康标准等指导性文件。

④审定体育教材。

⑤审定全国学生运动会竞赛计划。

⑥组织世界性学生体育竞赛。

⑦指导体育学术交流。

⑧指导学校体育科研机构及社会团体的业务工作等。

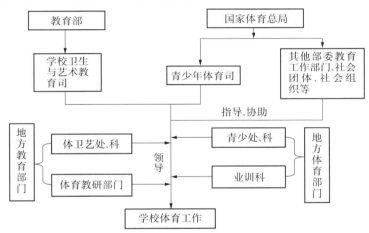

图4-1　我国学校体育国家行政组织管理系统 [2]

2.社会组织管理系统

社会组织管理系统由中国体育科学学会、中国学校体育研究会和中国学生体育协会构成,主要职能有:

①对学校体育教学、课外群体、业余竞赛和管理进行政策性调研和业务咨询。

②举办各级体育学术研讨会。

③举办各级学校体育竞赛、制定竞赛制度。

④组织、开展体育师资培训等。

（二）我国校内学校体育管理体制

目前,我国校内学校体育管理的方式是由校领导和分管学校体育工作的部门具体执行

---

[1] 张瑞林,秦椿林.体育管理学[M].北京:高等教育出版社,2008.

[2] 全国体育院校教材委员会.体育管理学[M].北京:人民体育出版社,1999.

（图 4-2）。

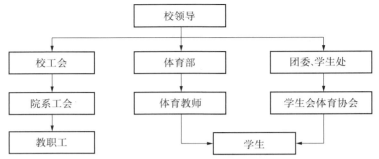

图 4-2　学校体育校内管理体制示意图[1]

1.校领导的主要职能

①负责对学校体育工作的决策、指导、布置和检查，并根据上级有关文件精神，结合本校的实际，提出开展本校体育工作的总体规划。

②协调与发展学校体育工作相关部门的工作关系。

③制定本校的体育工作计划。

④检查、督促学校体育工作的开展情况等。

2.体育部、教育组的主要职责

①根据上级文件，拟订本校体育工作计划和有关规章制度，提出学校体育工作发展建议。

②制定体育课程建设规划，落实体育教学任务，组织课外群体活动，开展课余训练竞赛工作及学生体质测试工作。

③加强场馆器材建设与管理。

④拟订体育师资队伍建设计划。

⑤做好体育宣传、科研、校内运动会、学生体育档案和数据库管理工作等。

（三）体育教师的主要职责

体育教师是学校体育的具体组织者和执行者，其主要职责有：

①积极参与讨论制订学校体育工作计划和有关规章制度。

②深入钻研教材，不断改进，备好课，组织好每节体育课，保证教学质量。认真组织好课外体育活动，努力搞好课余训练竞赛工作。

③按照《学生体质健康标准》做好各项体育测试工作。

④自觉维护体育器材设施。

⑤培训体育骨干，做好体育宣传工作。

⑥为人师表，教书育人。

⑦积极开展体育教学研究，为学校体育改革创新献计献策等。

---

[1] 张瑞林，秦椿林 . 体育管理学 [M]. 北京：高等教育出版社，2008.

(四)工会、学生处、体育协会等的主要职责

①举办各种体育竞赛活动;组织各种裁判员等级培训和技术培训活动。

②根据学生的兴趣爱好和学校的传统项目优势,积极组织成立各体育协会,吸收更多的协会成员;选择内容丰富的体育竞赛活动,以充实学生的业余文化生活。

③宣传学校体育工作等。

第二节 学校体育管理的具体内容

学校体育管理包括校外的宏观管理和校内的微观管理,本节主要探讨校内具体的学校体育管理工作,主要有体育教学工作管理、课外体育活动管理、课余运动训练和课余体育竞赛管理等。

一、体育教学工作管理

体育教学工作管理是指按照体育教学规律和特点,对体育课教学工作进行的计划、组织、控制、监督,以不断提高教学质量为目的的过程[1]。体育教学工作管理是学校体育管理系统的重要内容,它是提高体育教学质量、实现体育教学科学化的重要途径。体育教学工作管理主要包括制订体育教学计划、组织体育课教学、管理体育课成绩、控制体育课教学等内容。

(一)制订体育教学计划

依据教育部颁布的《体育与健康课程标准》和《全国普通高等学校体育课程教学指导纲要》,制订学校体育教学计划,明确体育教学的指导思想、任务和质量目标,并规定计划完成的时间。学校印制统一的体育教学计划表格,以便格式的统一,并为教师制订计划提供方便。教师在拟订体育教学计划时,分析现有的因素,科学预测;区分教学层次,确立各种教学目标、科学决策,编写最佳方案。教研组(室)对计划进行集体审议或讨论,教师对计划修正定稿后,由教研组(室)审核批准,方可实施,其副本交教研组(室)收存备查,并归入教师业务档案。

(二)完善体育课程

以培养学生兴趣、养成锻炼习惯、掌握运动技能、增强学生体质为主线,完善国家体育与健康课程标准,建立大中小学体育课程衔接体系。各地中小学校要按照国家课程方案和课程标准开足开好体育课程,严禁削减、挤占体育课时间。有条件的地方可为中小学增加体育课时。高等学校要为学生开好体育必修课或选修课。科学安排课程内容,在学生掌握基本运动技能

---

[1] 张瑞林,秦椿林.体育管理学[M].北京:高等教育出版社,2008.

的基础上,根据学校自身情况,开展运动项目教学,提高学生专项运动能力。大力推动足球、篮球、排球等集体项目,积极推进田径、游泳、体操等基础项目及冰雪运动等特色项目,广泛开展乒乓球、羽毛球、武术等优势项目。进一步挖掘整理民族民间体育,充实和丰富体育课程内容。

(三)组织体育课教学

管理的组织职能贯穿于体育课教学的全过程。没有科学、严密的组织工作,就无法实现体育课教学预定的目标任务。建立类似于普通高校现行组织管理模式的体育教学部(教研室)、教研组、专项组,以及与之相配套的场馆器材室等学校体育组织管理机构。要对每一层次和每一类人员进行职权分工,确定职责范围,明确各层次或横向间的协调关系。优化配置各层次和每一类组织管理人员,做到人尽其才,比如哪位教师可以担任教研室主任,哪位教师可教授健美操课,哪位教师可担任某一项目的学科带头人等。建立各层次体育课教学管理制度,做到有规可循、有章可依,比如制订体育课教学考勤制度、教法研究制度、体育课考试管理制度、器材借用制度、教案检查评比制度等。在具体的体育课教学过程中,要注意对“三自主”教学方式的组织管理,即学生根据自己的兴趣和爱好自主选择课程内容、自主选择体育教师、自主选择上课时间,这种教学方式,对体育教学的管理工作提出了更高的要求,各个学校要根据自己的实际情况提出具体的可操作的方案。

(四)提高教学水平

体育教学要加强健康知识教育,注重运动技能学习,科学安排运动负荷,重视实践练习。研究制订运动项目教学指南,让学生熟练掌握一至两项运动技能,逐步形成“一校一品”“一校多品”教学模式,努力提高体育教学质量。关注学生体育能力和体质水平差异,做到区别对待、因材施教。研究推广适合不同类型残疾学生的体育教学资源,提高特殊教育学校和对残疾学生的体育教学质量,保证每个学生接受体育教育的权利。支持高等学校牵头组建运动项目全国教学联盟,为中小学开展教改试点提供专业支撑,促进中小学提升体育教学水平。充分利用现代信息技术手段,开发和创新体育教学资源,不断增强教学吸引力。鼓励有条件的单位设立全国学校体育研究基地,开展理论和实践研究,提高学校体育科学化水平。

(五)管理体育课成绩

体育课成绩的管理,分为教研组(室)对体育课成绩的管理和教师对体育课成绩的管理。

1.体育课程考核的基本要求

要构建课内外相结合、各学段相衔接的学校体育考核评价体系,完善和规范体育运动项目考核和学业水平考试,发挥体育考试的导向作用。体育课程考核要突出过程管理,从学生出勤、课堂表现、健康知识、运动技能、体质健康、课外锻炼、参与活动情况等方面进行全面评价。中小学要把学生参加体育活动情况、学生体质健康状况和运动技能等级纳入初中、高中学业水平考试,纳入学生综合素质评价体系。学校体育测试要充分考虑残疾学生的特殊情况,体现人文关怀。

2.教研组(室)对体育课成绩的管理

根据体育教学大纲,制订与学校实际相符合的体育课考核内容、评分标准和计分方法;组织教师统一对技评类项目评分标准与尺度的掌握;规定完成成绩考核及成绩汇总的时间;审核成绩汇总表,及时上报校教务部门,并按期对体育成绩不及格学生组织补考;定期开展对考核内容、标准、办法的研讨和改进。

3.体育教师对体育课成绩考核的管理

端正对成绩考核的认识和态度,按教学进度和考核标准、方法进行考核,客观、公正、准确地测评;及时登记、计算成绩,并按时上交。

(六)意外伤害事故防范与管理

学校体育意外伤害事故是指在学校体育教育教学活动期间发生的学生和老师人身伤害事故。

一方面,要健全学校体育运动伤害风险防范机制,保障学校体育工作健康有序开展。强化"预防为主、安全第一"的意识,制订相应的措施积极防范意外伤害事故的发生。对学生进行安全教育,培养学生的安全意识和自我保护能力,提高学生的伤害应急处置和救护能力。加强校长、教师及有关管理人员的培训,提高学校体育从业人员运动风险管理意识和能力。学校应当根据体育器材设施及场地的安全风险进行分类管理,定期开展检查,有安全风险的应当设立明显警示标志和安全提示。学校开展大型文体活动要做好人群控制、消防、医疗等方案和应急预案。完善校方责任险,探索建立涵盖体育意外伤害的学生综合保险机制。积极探索推行学生体育安全事故第三方调解办法。

另一方面,要做好意外伤害事故的现场处理及应急管理。当意外伤害事故发生时,首先,要正确判断并实施相应的抢救措施,根据实际情况选择送伤者到学校医务室或校外医院治疗;其次,要及时汇报和通报,重大意外伤害事故应立即通知家长、学校领导、上级教育行政部门、当地警方等,并详细汇报伤害事故发生的时间、地点、原因、后果及处理措施等;最后,要填写有关意外伤害事故情况报告,报告内容应实事求是,必要时提供人证和物证。

【课堂检测】

学生体育课受伤　　学校(教师)是否担责

苏州某区小学六年级学生陈某,在体育课上进行400米分组考核时不慎摔倒,造成左手桡骨骨折,家长和学校就医药费等费用协商不成,诉讼至法院。区法院调查表明,对学生进行400米考核是六年级学生必考项目。考核当天,天气晴好,塑胶跑道上无积水和杂物。考核前,教师带领学生进行慢跑、做徒手操等一些必要的准备活动。陈某自己称,当时没有人推拉,跑道也干净,只觉得自己往前倾,意外摔倒了。陈某跌倒后,体育教师当即上前进行检查,并未发现有任何异常,学生自己也无任何不良反应。到傍晚家长把陈某送至医院,才发现骨折了。

思考与分析:

1.本案例中,学生在体育课上受伤,学校(教师)要承担责任吗? 为什么?

2.在教学中,怎样避免和减少发生伤害事故?

二、课外体育活动管理

课外体育活动是体育课的延伸,是培养学生养成终身体育习惯的重要途径,是学校体育工作的重要组成部分。体育课主要完成体育教学的目标任务。课外体育活动是学生在课余时间里,通过早操、课间操、班级活动、俱乐部活动、个人活动和社区体育服务等多种形式完成除体育课之外的其他学校体育任务。

(一)强化课外锻炼,健全学生体育锻炼制度

学校要将学生在校内开展的课外体育活动纳入教学计划,列入作息时间安排,与体育课教学内容相衔接,切实保证学生每天一小时校园体育活动落到实处。幼儿园要遵循幼儿年龄特点和身心发展规律,开展丰富多彩的体育活动。中小学校要组织学生开展大课间体育活动,寄宿制学校要坚持每天出早操。高等学校要通过多种形式组织学生积极参加课外体育锻炼。职业学校在学生顶岗实习期间,要注意安排学生的体育锻炼时间。鼓励学生积极参加校外全民健身运动,中小学校要合理安排家庭"体育作业",家长要支持学生参加社会体育活动,社区要为学生体育活动创造便利条件,逐步形成家庭、学校、社区联动,共同指导学生体育锻炼的机制。组织开展全国学校体育工作示范校创建活动,各地定期开展阳光体育系列活动和"走下网络、走出宿舍、走向操场"主题群众性课外体育锻炼活动,坚持每年开展学生冬季长跑等群体性活动,形成覆盖校内外的学生课外体育锻炼体系。

(二)制订课外体育活动计划

课外活动计划包括全校活动计划、班级活动计划、俱乐部活动计划、个人活动计划、社区体育服务计划等。制订计划时,根据包含范围的不同,安排不同的活动内容和措施,以保证计划的全面性和科学性。在制订社区体育服务计划时,一定要把学生的安全放在首位,再结合学生和社区的特点,选择有针对性的体育活动,并派专人负责,积极争取学校各部门和社区相关部门的支持。

(三)科学管理课外体育活动

课外体育活动包括早操、课间操、大课间体育活动、班级课外体育活动、体育节庆活动等。科学管理是保证课外体育活动有效实施的基础,计划制订后,认真组织、明确职责和工作范围,建立学校的课外体育活动管理网络,提高管理效率;精选课外体育活动项目,保证课外体育活动质量,鼓励、引导学生积极参加课外体育活动。

三、课余运动训练管理

学校课余训练与管理是学校体育工作的有机组成部分。它不仅能为国家培养和发现优秀体育后备人才,而且还能活跃学校的课余文化生活,培养一大批体育骨干积极分子,达到以提高促普及的学校体育工作发展目的。学校应通过组建运动队、代表队、俱乐部和兴趣小组等形式,

积极开展课余体育训练,为有体育特长的学生提供成才路径,为国家培养竞技体育后备人才奠定基础。要根据学生年龄特点和运动训练规律,科学安排训练计划,妥善处理好文化课学习和训练的关系,全面提高学生身体素质,打好专项运动能力基础,不断提高课余运动训练水平。办好体育传统项目学校,充分发挥其引领示范作用。

(一)课余训练与管理的特点

1.双重性

学生运动员具有双重角色,既是学生,又是运动员。角色的双重性决定了他们必须完成相应的学业任务,又要提高自己的竞技水平。学习与训练之间的矛盾,是校运动队训练竞赛管理中很难解决的问题,要注意把握好尺度。

2.课余性

学校课余训练一般都安排在课外活动时间,特别是假期之间,其具有阶段性、时效性的特点。因此,在学习、训练过程中,结合学校教育规律的特点,合理利用学校的资源,体现一定的灵活性和特殊性。

(二)学校运动队运行的模式

学校运动队的组织是以教育体制中各种组织单元自然构成的,包括班级代表队、年级代表队、学院代表队、学校代表队等。这类代表队的成绩直接关系到本单位的荣誉,因此组织结构较为严密、各项工作有保障,训练也颇有成效,尤其是学校代表队。现阶段,学校运动队办队模式主要有以下几种形式:

1.学校自办模式

学校自办运动队是传统的学校竞技体育模式,学校自行负责学生的学习和训练,并对运动队进行管理,得到外界资助的机会很少,也受制于自身教练员和学生的水平,使得学校运动队的整体竞技水平较低。

2.校体结合模式

校体结合模式是采取学校和体校双重管理,学校负责学生的文化课管理,体校负责学生的竞技训练,学生既可以代表学校参加各种比赛,又可以代表省市乃至国家参加专业性比赛。校体结合办运动队体现了优势互补原则,有利于学生的全面发展。

3.校企合作模式

校企合作模式是以学校投资为主,企业以赞助的形式介入,运动队的管理权属于学校,企业可以获得社会效益和广告效益,树立企业在社会上的形象。

4.混合管理模式

混合管理模式是一部分运动员挂靠学籍,同时学校还招收一部分体育尖子。学校平时训练自己招收的队员,比赛时挂靠运动员回校参加比赛。

【知识拓展】

我国高校高水平运动队办队模式

◆ **自主培养模式——清华大学跳水队**

1994年,清华大学进行运动员培养体制改革,开始培养高水平学生运动员。一方面发挥大学、附中、附小一条龙教育资源整合的优势,保证学生的文化教育;另一方面加强和体育系统的合作,获取政策等支持,并不断提高学生的运动水平。清华体育代表队是清华体育的一个典型代表,现已成为全国高校中最大最完整的学校体育代表队,有26个项目共36支队伍,分为A、B、C三类队,共有500多名队员。A类为高水平运动队,是代表队中的领头羊,在推动群众体育的同时,还肩负着培养国家高水平高素质学生运动员的使命。清华竞技体育的特点是:育人至上、追求卓越;大、中、小学相衔接;进入竞技体育主战场;注重教练选拔与培养;提倡在校在读与在训;充分发挥大学的优势。清华的自主培养模式是一种尝试,坚持以我为主,是探索中国竞技体育举国体制的有益补充形式,是探索适合中国国情的培养高素质高水平优秀竞技体育人才的新途径。清华大学跳水队的管理模式为:实行分散学习,集中训练,集中住宿,开放环境、闭环管理;由领队、教练员、辅导员、管理人员参与的全员管理,制订了一系列规章制度和管理流程。坚持"育人至上"的方针,严格要求和管理运动队、运动员,坚持"不吃'药'(兴奋剂)、不作假、不点钱(即不搞金钱刺激)"的"三不政策"。

◆ **本土草根模式——中国农业大学橄榄球队**

1990年12月15日,中国农业大学成立了国内第一支橄榄球队,这是在中国内地诞生的第一支橄榄球队。1994年5月27日,中国大学生橄榄球协会在中国农业大学成立,这是中国橄榄球运动发展的重要历史阶段。在大学生橄榄球运动的推动下,原国家体委于1996年10月正式宣布成立中国橄榄球协会。1997年3月,国际橄榄球理事会正式接纳中国加入国际橄榄球理事会,中国成为该理事会第96个会员国。从此,中国橄榄球运动全面与国际橄榄球运动接轨,得到了迅速发展。这支本土的草根队伍既代表大学生,又代表国家队,真正地探索了体教结合的实施途径,成为国内高校中比较成功的模式。其管理模式为学校与体育部共同管理。

◆ **"一条龙"培养模式——华东理工大学乒乓球队**

自20世纪80年代中期,华东理工大学就确立了以乒乓球为特色项目的学校体育人才培养目标。1988年招收第一届乒乓球高水平学生运动员,女队自1992年起一直代表国家参加各级各类国际大学生乒乓球赛事,并获得了所有的冠军。同时,俱乐部积极探索大—中—小"一条龙"培养乒乓球后备人才的崭新模式,先后与上海中学、华育中学、启新小学、逸夫小学等签署"一条龙"培养协议。1996年正式成立华东理工大学乒乓球俱乐部,并参加了第二届中国乒乓球俱乐部超级联赛,同时探索市场化运作的道路。俱乐部先后与上海电信、上海能化、圣雪绒、山西大土河等公司签约,作为唯——支业余球队连续多年征战中超联赛。2007年俱乐部两支队伍同时跻身中超联赛,并于2008年夺得联赛第一阶段第三名、总决赛第四名的好成绩,被媒体称为"乒坛奇迹"。该乒乓球队实行俱乐部制的管理模式,乒乓球队除文化课学习在本校体育科学与工程学院进行外,训练、比赛包括经费来源等是完全独立的。

◆ **校、体联合办队模式——上海金融学院击剑队**

上海金融学院是普通高校与地方体育局联合办队模式的成功典范。2007年,上海金融学院成为全国首家承办省级一线运动队的高校,与上海体育职业技术学院一线击剑队联合培养优秀击剑运动员。这一模式的特点是:在体育系统负责训练和承担主要经费的情况下,将专业运动队建制放在普通高校,由体育系统委派教练员或由学校自聘教练员组织训练和管理。其管理模式为:市教委、市体育局给予政策上的扶持和帮助,管理体制和运行由学校制订各项规章制度,具体负责实施。市体育局每年核拨击剑队100万元人民币作为共建专项经费,学校按1∶1配套100万元人民币/年的共建经费,接受社会和地方政府及企业的赞助约30万元人民币/年。

◆ **特色项目发展模式——华东师范大学健美操队**

非奥运项目——健美操,自2007年在上海华东师范大学建队以来,一直代表上海市和国家队参加国际、国内比赛。这项运动最初就像花园中的种子一样生长,在高校的人文环境中生根,它丰富了校园文化生活,加强了运动训练专业学科的建设,为国家和上海市培养了优秀的健美操、啦啦操、技巧、健身健美等项目的优秀运动员、教练员、大中小学校的专业师资力量,作出了突出的贡献。其管理模式为:学校实行三级管理,校一级成立了由主管校长负责,并由体育与健康学院、教务处、招生办、纪检委、研究生院、学工部、后勤处、校医院、体育馆、校大学生活动中心等有关院系和职能部门组成的高水平运动队领导小组,全面负责、协调运动员的招生、学习、训练、生活管理、学籍管理、毕业分配、思想教育等事宜;院系一级由体育与健康学院全面具体负责运动队的日常训练与教学;运动队一级,实行教练员负责制,由教练员负责管理队伍,并根据队员的实际情况制订训练计划和比赛任务。

(资料来源:闫燕.我国高校高水平运动队发展的实证研究[D].上海:上海体育学院,2014.)

(三)课余运动训练管理

1.选择优势项目

每所学校都有自己的优势项目,在组建运动队之前,选择好适合自己学校的运动项目。一方面要考虑学校办运动队客观条件的限制,另一方面也受到学校所在地项目生源情况的影响,遵循学校教育规律和运动训练竞赛规律以及自身优势,从众多竞赛项目中作出合适的项目选择。

2.组建校运动队

基础招生是校运动队建设的重要环节。合理、科学、高效的招生管理制度和方法,对校运动队水平的提高和发展起到很大的推动作用。招生时应严格选材,身体形态、机能、心理、素质等符合项目选材标准,经专项技术和运动素质测试合格后方可入队。

3.建立训练竞赛机制

(1)建立学校运动队训练竞赛机构。由学校领导、教务处、体育学院(部)、团委(学生处)、财务处、校医院组成(图4-3)。各级管理机构应根据学校自身的发展情况制订相应的发展规划。

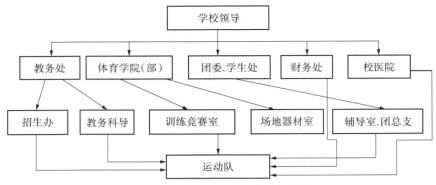

图 4-3　学校运动队训练竞赛管理机构

（资料来源：张瑞林，秦椿林. 体育管理学 [M]. 北京：高等教育出版社，2008.）

（2）形成学校运动训练竞赛体系。构建和完善小学→中学→大学的三级训练网络，形成小学打基础、中学逐渐成才、大学出尖子的培训体系，逐级建立"挂钩"关系，明确彼此间的权利与义务。如某大学在一些有培养条件的中学建立对口输送关系，这些中学专门招生和培养某一项目的特长生，同样，某些重点中学也可与一些有培养能力的小学建立对口输送关系[1]。

（3）制订严格的训练管理制度。学校依据相关的法规文件，结合学校自身的实际情况，制订严格的管理制度，比如学籍管理、招生管理、训练竞赛补助、运动服装管理、竞赛奖励、教练员训练竞赛要求等制度。在运动队内部实行干部选举，发挥学生的作用，以必要的纪律和组织保证运动队成为一个听从指挥的整体。

4. 制订训练竞赛计划

运动队的训练竞赛计划要围绕竞赛目标而定，依据不同年龄段的生长发育规律和认知规律，遵循不同年龄组教学训练的要求，制订年训练计划、学期训练计划、周期训练计划以及每次训练的计划等，科学地安排运动负荷。注重基础训练，与职业化和专业化训练区别开来。

四、课余体育竞赛管理

学校体育竞赛包括校内竞赛和校际竞赛。校内体育竞赛一般由体育教研室（组、部）或有关专门机构负责，校际体育竞赛一般由上级教育主管部门负责组织。课余体育竞赛管理要做好以下几方面的工作：

（一）完善课余体育竞赛体系

建立常态化的校园体育竞赛机制，广泛开展班级、年级体育比赛，学校每年至少举办一次综合性运动会或体育节，通过丰富多彩的校园体育竞赛，吸引广大学生积极参加体育锻炼。制订学校体育课余训练与竞赛管理办法，完善和规范学生体育竞赛体制，构建县、市、省、国家四级竞赛体系。各地要在整合赛事资源的基础上，系统设计并构建相互衔接的学生体育竞赛体系，积极组织开展区域内竞赛活动，定期举办综合性学生运动会。推动开展跨区域学校体育竞赛活动，

---

[1] 邓雪震. 高校高水平运动队管理研究 [J]. 中国市场，2011（18）.

全国学生运动会每三年举办一届。通过完善竞赛选拔机制,畅通学生运动员进入各级专业运动队、代表队的渠道。

(二)加强领导,完善体育竞赛组织机构

学校体育竞赛应在主管体育工作的校领导直接领导下,由相关部门和人员共同形成组委会,下设竞赛组、秘书组、后勤保障组、宣传组、安全保卫组、成绩统计与奖品发放组等小组。

(三)做好体育竞赛的流程管理

学校运动会一般规模较大,参加人数众多,是检查学校体育工作和学生训练成绩的体育盛会,对体育运动的普及,提高学生参与运动的积极性,推动群众性的体育竞赛有明显的影响。我国各级各类学校,都把组织好一年一度的全校性的田径运动会列入学校体育工作计划。学校运动会组织管理的流程如下[1]:

①运动会的筹备和组织。

②制订运动会的竞赛规程。

③运动会的竞赛编排管理。

④运动会开、闭幕式的管理。

⑤运动会人员管理。

⑥运动会场地器材的管理。

⑦运动会播音的组织。

(四)积极做好体育赞助招商工作

学校体育赞助是商业资本与学校体育活动和体育组织等资源之间所形成的一种支持和回报的商业关系,二者通过平等合作、公平交易,以达到互利互惠的双赢目的,它具有较强的公益性。企业对学校体育竞赛提供赞助,有利于提高企业的知名度和美誉度,促进其产品和服务的销售。学校通过体育赞助不仅可以获得经济回报和物质支持,还可以扩大社会影响,因此学校应积极主动寻求社会赞助。当前制约学校开展体育赞助营销的因素有:①赞助金额较低,对学校吸引力小;②学校领导观念滞后,缺乏体育产业开发和市场营销意识;③责权利不清,缺乏有效的赞助营销激励机制;④学校体育赞助运作水平较低,学校体育赞助策划不力,赞助回报不对等,赞助营销手段单一;⑤社会企业赞助学校体育的意识不强,预期赞助效果不好影响赞助商的积极性等。为了更好地开展学校体育竞赛赞助营销,学校应采取以下策略:①积极转变观念,树立体育赞助营销意识;②积极开展市场调研,选准目标企业,提高赞助营销的针对性;③提高赞助策划水平,丰富赞助回报内容,提升赞助营销的吸引力;④树立契约意识,认真组织实施,确保赞助回报内容的落实;⑤及时认真总结,开展学校体育赞助效果评价,做好增值服务。[2]

---

[1] 王德炜.学校田径运动会的策划与组织[M].西安:西安交通大学出版社,2007.

[2] 韩开成,房淑珍,张晓春,等.论高效体育赞助的制约因素和营销策略[J].山西师大体育学院学报,2004(2):21-25.

五、学校体育其他工作管理

学校体育管理工作，除了以上四个方面外，还包括体育教师管理、体育经费管理、体育场地器材管理等工作。

（一）加强体育教师队伍建设

加强师德建设，增强广大体育教师特别是乡村体育教师的职业荣誉感，坚定长期致力于体育教育事业的理想与信心；要利用现有政策和渠道，按标准配齐体育教师和体育教研人员；办好高等学校体育教育专业，培养合格体育教师；鼓励优秀教练员、退役运动员、社会体育指导员、有体育特长的志愿人员兼任体育教师；实施体育教师全员培训，着力培养体育骨干教师和体育名师等领军人才，中小学教师国家级培训计划（国培计划）重点加强中西部乡村教师培训，提升特殊教育体育教师水平；科学合理确定体育教师工作量，把组织开展课外活动、学生体质健康测试、课余训练、比赛等纳入教学工作量；保障体育教师在职称（职务）评聘、福利待遇、评优表彰、晋级晋升等方面与其他学科教师同等待遇；高等学校要完善符合体育学科特点的体育教师工作考核和职称（职务）评聘办法。

（二）推进体育设施建设

各地要按照学校建设标准、设计规范，充分利用多种资金渠道，加大对学校体育设施建设的支持力度；把学校体育设施列为义务教育学校标准化建设的重要内容，以保基本、兜底线为原则，为体育教师配备必要的教学装备；通过实施"全面改薄"和解决大班额问题，按国家标准建设好学校体育场地设施，配好体育器材，为体育教师配备必要的教学装备；进一步完善制度，积极推动公共体育场馆设施为学校体育提供服务，向学生免费或优惠开放，推动有条件的学校体育场馆设施在课后和节假日对本校师生和公众有序开放，充分利用青少年活动中心、少年宫、户外营地等资源开展体育活动。

（三）完善经费投入机制

各级政府要切实加大学校体育经费投入力度，地方各级人民政府在安排财政转移支付资金和本级财力时要对学校体育给予倾斜；各级教育部门要根据需求将学校体育工作经费纳入年度预算，学校要保障体育工作的经费需求；财政资金重点支持体育改革、校园足球、体质监测、学生运动会和各级联赛，支持学生积极参加全国运动会；体育彩票公益金要支持学校体育联赛、体育传统项目学校建设，支持教育、体育部门合作开展中小学生体质监测等工作；鼓励和引导社会资金支持发展学校体育，多渠道增加学校体育投入。

学校体育管理工作评价

一、学校体育管理工作评价意义

学校体育管理工作评价是学校体育管理的重要环节,是管理控制职能的具体应用,是学校体育工作决策化、科学化的前提,它根据学校体育目标,建立科学的评价指标体系,通过对学校体育工作信息的收集,进行定性和定量的分析,对学校体育的各项工作进行判断。因此,对于学校提高管理的质量和效果有着重要的意义。

二、学校体育管理评价的原则

(一)方向性原则

对学校体育管理评价必须建立在正确的方向(指导思想)上,党和国家制定的对学校体育发展的各种法律法规、条例、实施纲要、指导意见、发展规划、管理制度等是学校体育评价的重要依据。

(二)客观性原则

在制订评价指标体系时,要尽量采取那些能够定量的、公认的和可测量的评价指标和测定方法,通过评价能够比较公正、客观地反映学校体育工作实际情况。另外,还要严格控制评价体系的标准化,把握评价尺度的一致性,确保评价的公平性。

(三)以评促建原则

学校体育评价的最终目的是以评促建,通过检查学校体育工作绩效,对比标准和有关要求,查找工作中存在的问题和差距,分析问题产生的原因,制订整改方案,明确整改措施和整改期限,切实落实整改工作,"以评促建、评建结合、重在建设",切实推动学校体育工作的健康开展。

三、学校体育管理工作评价内容

对学校体育管理工作进行检查与评价,就是对学校体育管理所包括的内容进行检查与评价。其检查与评价的方式,既可以是综合性的,也可以是针对某项内容进行专门的检查与评价。如:教育部对全国各普通高等院校开展的教学质量评估,属综合性检查、评价;某校开展的针对课堂教学质量的检查与评价,则是专项性的。

(一)学校体育管理体制评价

学校体育管理体制评价主要包括以下方面:学校是否已设立各层学校体育管理机构;学校体育管理各层次的职责是否明确;学校体育的重大发展规划能否及时提交校长办公会讨论;分管校领导能否经常关心学校体育工作的发展情况;学校体育规章制度是否已建立和健全等。

(二)学校体育教学评价

学校体育教学评价主要包括以下方面:各类教学文件是否齐备;体育课教学质量是否得到保证;《体育(与健康)课程标准》的贯彻与落实情况等。

(三)学校体育课外活动评价

学校体育课外活动评价主要包括以下方面:学生锻炼的出勤率;《学生体质健康标准》测试率和通过率;早操、课间操的组织与实际开展情况等。

(四)课余训练与竞赛评价

课余训练与竞赛评价主要包括以下方面:传统项目的优势程度;训练计划的制订与实施情况;训练条件配备;竞赛计划的制订与实施情况;运动队伍建设;后备人才培养的质量与输送情况;运动竞赛的成绩等。

(五)体育师资队伍评价

体育师资队伍评价主要包括以下方面:体育师资队伍的群体结构;体育教师的个体结构;体育教师的敬业精神和教书育人效果;工作量完成情况;体育教师的业务培训情况、教师待遇等。

(六)学校体育科研评价

学校体育科研评价主要包括以下方面:体育科研计划;体育科研成果的获取情况;体育科研情报的拥有情况;体育教育教学科研成果的应用情况等。

(七)学校体育教学条件评价

学校体育教学条件评价主要包括以下方面:体育场馆器材的配备是否符合《学校体育场馆器材配备目录》的要求;体育经费占教育经费的比例等。

(八)学校体育宣传评价

学校体育宣传评价主要包括以下方面:学校各类出版物对体育宣传的占有比例;校内各传播媒体、墙报、宣传栏等对体育新闻、科技、技术等知识与技能的宣传量;各宣传管理部门是否有专门的体育宣传管理人员等。

全国高等学校体育工作"硬伤"：评价体系缺失

近日，为总结交流中央7号文件实施五年来全国高等学校体育工作取得的经验和做法，宣传展示高校阳光体育运动成果，促进大学生体质健康水平的提高，由教育部体育卫生与艺术教育司主办、北京大学承办的"全国高校阳光体育运动展示及经验交流会"在京举行。来自全国80多所高校体育部负责人、北京市各区县教委领导和中小学校长近150位代表参加了会议。

评价体系缺失是关键

在会议中，有专家指出，自《中共中央 国务院关于加强青少年体育增强青少年体质的意见》（中发〔2007〕7号文件）印发五年来，全国学校体育工作虽然取得了阶段性成果，中小学生体质健康下降趋势初步得到了遏制，但学校体育的一些根本难题还没有得到解决。特别是根据2010年全国学生体质健康调研结果表明，大学生身体素质还在继续下降。

其认为，由于评价体系、校园文化、社会舆论等原因，体育正成为大学教育中相对薄弱的一环，特别是评价体系的缺失，已经成为目前大学体育工作相对薄弱的重要原因，导致大学生群体对参加体育课和增强体育锻炼的集体忽视。其强调，在高校进行人才培养和学生评价中，一定要根据教育规划纲要要求，把体育素质作为其中必不可少的元素之一，这样才能实现大学生的德智体美全面发展。

此外，师资、场地和器材短缺，学生体育活动安全，舆论宣传缺乏，以及缺乏有意义、有价值的体育课等，也成为制约学生体育锻炼、影响体质问题的因素。其也表示，下一步教育部准备出台大力推进学校体育工作的通知，研制实施普通高等学校体育工作标准，进一步提升大学生体质健康水平，丰富大学校园体育文化。

推进课程改革突破困局

本次会议恰逢阳光体育运动开展五周年之际举行，来自全国高校的代表们汇聚一堂，总结和交流了过去五年实施高校阳光体育计划的经验和意义。会上，来自上海交通大学、北京大学、东南大学和北京师范大学的代表还分享了各自学校参与和实施阳光体育计划五年来的重要感受和经验。北京师范大学体育与运动学院院长毛振明表示，目前大学体育已经出现许多危险的征兆，"比如学科建设中大学公体方向迷失，很多高校体育教学水平低下，甚至有取消大学体育课的声音出现等"，必须引起充分重视。

他认为，大学体育想要走出困境，一方面要大力推进大学体育课程改革，让体育课程同其他公共课程一样，完成人才培养任务，确立牢固的公共基础课地位。另一方面也要改善大学公共体育教师科研现状，重点开展体育课程教学改革、校园体育文化建设、高水平运动队管理、大学生身心健康、学生体育社团管理、高校教师健康促进等方面的研究，而不应开展过于理论远离本职的研究。此外，还应注重提升大学体育的社会服务质量，大力开展与校园体育为中心的师生体育服务。

经验交流提供学习样本

北京大学副校长刘伟也在会上介绍了北京大学的阳光体育教育理念,北大体育以蔡元培校长提出的"完全人格,首在体育"为指导思想,形成了独具特色的校园体育文化特点。在北大,体育社团数量和参与人数居各学科之首,以山鹰社、自行车协会为代表的50余个体育社团极大地丰富了学生的课外体育生活。为落实每天锻炼一小时,北大实行了《课外体育锻炼考勤制度》,要求学生除体育课外,每周保持至少一次早操、两次课外锻炼、开展阳光体育长跑活动。并通过建立"思博优体质健康管理平台",研发体育健康与阳光长跑管理系统,实行科学化、系统化管理。2012年,《国家学生体质健康标准》测评及格率达86%。

上海交通大学、东南大学也从优化资源、鼓励社团、学区共建、丰富文化、坚持早操等方面介绍了各自开展阳光体育的经验与做法,受到了与会代表的一致肯定。代表们纷纷表示,此次交流会为各校开展阳光体育工作提供了学习样本,拓宽了工作思路,也提出了更高要求。

此外,会议期间,全国各高校代表还前往清华大学和北京林业大学观摩了两校"阳光体育"的开展情况,观看了北京大学第19届体育文化节及2012年运动会开幕式和大型团体操表演,并对高校体育管理相关文件进行了研讨。

(资料来源:中国知网.)

思考与分析:

1. 你认为大学体育评价体系缺乏的原因有哪些?
2. 你认为大学体育管理工作效果应从哪些方面进行评价?
3. 你认为大学体育课程应该如何进行改革?

四、学校体育管理工作评价实施

(一)组织准备阶段

学校体育管理评价组织准备阶段的工作内容主要包括:①明确组织检查与评价部门和被检查与评价范围(单位、个人)。②确定检查与评价的目的。③选择检查与评价方法。④制订检查与评价指标体系。⑤安排检查与评价进度。⑥组织遴选检查与评价成员。⑦准备检查与评价用具等。

(二)检测实施阶段

检测实施阶段是学校体育管理评价工作的中心环节,它关系到评价工作成败与否。该阶段的主要工作任务有:①全面搜集检查与评价信息。②处理检查与评价信息。③作出检查与评价结论。

(三)总结阶段

学校体育管理评价工作结束后,要及时进行总结,对检查与评价结果作出客观的分析,肯定成绩,找出问题,帮助指导被评单位作出相应的调整决定,以便实现最终目标。检查与评价结果应用定性语言描述和定量分析相结合。要及时向被检查与评价对象反馈检查与评价结果和原因分析,并向有关部门提交检查与评价报告。

本章小结 ———— 学校体育教育是学校教育的重要组成部分,对学校体育进行有效的管理是保证学校体育工作顺利开展的前提。本章从学校体育管理的原则入手,重点阐述学校体育管理的各项内容,包括学校体育管理的校内校外管理系统、学校体育课程管理、课余运动训练和课余体育竞赛管理以及校运动会等。最后,阐述学校体育管理的评价内容和方法。

思考与练习 ———— 1.简述学校体育管理的原则。

2.简述学校体育管理的校内校外组织系统。

3.简述体育课程的结构。

4.简述体育教师的岗位职责。

5.阐述如何组织体育教学。

6.结合素质教育的实际,分析如何实现学校体育课程的管理。

7.简述学校体育管理评价的一般步骤和方法。

8.根据高校自身情况,分析高校运动队的运行模式。

参考文献

[1] 张瑞林,秦椿林.体育管理学 [M].北京:高等教育出版社,2008.

[2] 全国体育院校教材委员会.体育管理学 [M].北京:人民体育出版社,1999.

[3] 王则珊.学校体育理论与研究 [M].北京:北京体育大学出版社,1995.

[4] 闫燕.我国高校高水平运动队发展的实证研究 [D].上海:上海体育学院,2014.

[5] 邓雪震.高校高水平运动队管理研究 [J].中国市场,2011(18).

[6] 王德炜.学校田径运动会的策划与组织 [M].西安:西安交通大学出版社,2007.

[7] 胡爱本.体育管理学导论 [M].北京:高等教育出版社,2004.

[8] 毛振明.体育教学论 [M].北京:高等教育出版社,2005.

[9] 龚正伟.学校体育改革与发展论 [M].北京:北京体育大学出版社,2002.

[10] 董俊,刘雪冰.高校体育教学论 [M].北京:人民体育出版社,2004.

[11] 徐东.管理评价学 [M].长沙:国防科技大学出版社,1997.

[12] 张超慧.学校体育评价 [M].成都:四川大学出版社,2005.

[13] 阎智力.试析新体育课程标准的目标体系 [J].课程·教材·教法,2005(10).

[14] 吴志宏.学校管理理论与实践 [M].北京:北京师范大学出版社,2004.

[15] 徐国富.我国高校高水平运动队建设的成功案例分析 [J].沈阳体育学院学报,2011(2).

[16] 李聪.学校体育管理体制中的微观管理的探究 [J].体育研究与教育,2013(6).

[17] 丁小虎.大学体育教师岗位职责简析 [J].体育文化导刊,2012(11).

［18］肖林鹏.现代体育管理学[M].北京：北京体育大学出版社,2005.

［19］刘兵.新编体育管理学教程[M].上海：复旦大学出版社,2004.

［20］高雪峰,刘青.体育管理学[M].北京：人民教育出版社,2009.

［21］韩开成,房淑珍,张晓春,等.论高校体育赞助的制约因素和营销策略[J].山西师大体育学院学报,2004（2）:21-25.

第五章
社会体育管理

【学习任务】

通过本章的学习,掌握社会体育管理的概念与特征,目标与任务以及社会体育管理的体制。了解城市社区体育管理的基本原则和注意事项,农村体育管理的组织形式、基本要求及发展模式。

【学习目标】

掌握社会体育管理概念、特征和管理体制,把握社会体育管理的基本原则,熟练掌握社区体育、农村体育管理的原则与要求,能够运用体育管理理论和方法分析、解决社会体育管理中的相关问题。

【案例导入】

用脚步丈量申城魅力

以城市为赛道,用脚步丈量申城魅力,用运动谱写生活质量。日前,万名选手倾情参与上海坐标·城市定向挑战赛,享受一场与众不同的户外盛宴。

品牌效应日渐扩大

以"定向越野"的运动形式为起源,融入上海这座摩登都市的秀丽风光、历史文化、人文风俗等元素。作为市民体育大联赛的重要项目之一,2015年是上海坐标·城市定向挑战赛连续举办的第五个年头,从2011年举办至今,这项健身赛事越来越受市民喜爱,赛事的品牌效应也进一步得到体现,被国家体育总局授予"中国创新城市户外赛事"称号。今年比赛共吸引了2 192支队伍,近11 000名选手报名参赛,创下了新纪录,所有名额一经推出,立刻就被热心市民一抢而光。有的世界500强企业是定向赛的忠实粉丝,每年都会为员工报名二三十支队。来自同济设计院的同心圆队队员们,一人一台电脑,终于在最后时刻抢到参赛名额。

参赛门槛低、参与人群广、融休闲与竞技为一体的赛事特色使其被列入上海市十二大精品赛事,已经成为沪具有深厚群众基础和很高知名度的全民健身品牌赛事。

这天,在这座城市的大街小巷,穿着鲜艳的红、黄、蓝、绿、橙、紫各色T恤的跑者,成为一道特别的风景。来自平凉街道的翼之梦队吸引了人们的目光,一身迷彩装扮的他们都是退役军人,他们希望通过城市定向越野的比赛找回当年的英姿飒爽。

24 条线路辐射全城

城市定向挑战赛基本由5人组队参赛,每支队要求包括至少1名异性队员,每条线路由5～8

个点标串联而成。比赛时,选手们发挥团队协作能力,在综合比拼脑力、体力和创造力的同时,依次寻访若干点标、完成趣味任务,以用时多少排定最终名次。今年的开幕式主会场设在上海体育场内场,同时在静安、普陀、闸北和嘉定四个区设置了分会场,形成"以上海体育场为核心,区县全方位互动"的格局。

赛事共设立了 24 条各色主题线路、158 个点标,这比去年的 17 条线路、115 个点标有了较大幅度的增长。除了"艺术人文""体育健身"等传统线路外,还特别加入了"拉风造型""都市酷跑"等创新线路以及"大爱上海""神奇 5 侠"等公益线路。主题线路更多、城市覆盖面更广,也让选手们更进一步感受到上海这座摩登都市的别样风情。市登山运动协会副秘书长徐超说,不管是菜鸟还是达人,只要你有一颗运动的心,就能参与。

可复制的赛事模式

从第一年的 70 支队伍、350 人,到今年 2 192 支队伍近 11 000 名选手,城市定向赛为何广受欢迎?

上海是个有历史文化积淀的城市,把一些城市地标和定向越野运动结合起来,同时利用上海便捷的地铁系统,让原本只有专业选手参加的定向越野变成大众参与的项目。

上海坐标·城市定向挑战赛定位于"城市景观全民健身嘉年华",满足了广大市民希望快乐运动、趣味健身的内心需求。各路选手激情参赛,充分展现团队合作精神,为上海打造创新赛事、景观体育的整体方向注入了新能量。也有专家认为,城市定向赛有更多不同的点,能更好地整合城市资源,让选手有很好的参赛体验。

市登山运动协会秘书长祁伟表示,作为一个成熟、创新的比赛项目,城市定向赛此次吸引了不少外地同行来观摩学习。河南也将推出河南坐标·城市定向挑战赛。

(资料来源:中国体育报,2015-06-11.)

分析与讨论:

1.请分析,此类社会体育赛事从哪些方面提升当地居民的体育意识和体育行为?

2.这种将赛事移植到城市之中的做法,对社会体育的有效管理和开发能带来什么样的启发?

第一节 社会体育管理概述

一、社会体育的概念

1918 年的提案《推广体育计划案(呈体育部)》提出:"社会体育者,指学校、军队以外一般社会之运动而言,期以锻炼身心,养成坚实之国民也。"[1] 目前国内学者对社会体育并没有统一的概念,存在不同的看法。如"社会体育是指以城乡居民为主要参加对象的,以丰富文化生活、提高适应社会的能力、保持与增进健康为目的,以家庭、单位和社区为活动空间,以各种身体练习为内容而展开的组织灵活、形式多样的体育活动"。[2] 卢元镇教授认为社会体育指职工、农民和街道居民自愿参加的、以增进身心健康为主要目的的,内容丰富、形式灵活的群众体育活动。[3] 吕树庭等则作了如下的定义:"社会体育是与学校体育、竞技体育相对应的概念,是我国社会主义体育事业的重要组成部分。它是以全社会参与为特征,以丰富人们的文化生活、提高适应社会的能力、保持与增进健康为目的,以从幼儿到老年人为对象,以家庭、单位和社区活动空间,以各种身体练习为内容,而展开的组织灵活、形式多样的体育活动。"[4] 刘俊等又从社会体育的下属概念方面分类,指出了社会体育主要指的是:健身体育(健身运动、身体锻炼)、娱乐体育(快乐体育、余暇体育和消闲体育等)、企事业体育(职工体育、工人体育等)、乡村体育(农民体育等)、社区体育、城市体育、家庭体育、脑力劳动者体育、体力劳动者体育、民族体育、民间体育、残疾人体育和终身体育(生涯体育等)。[5]

本书将社会体育界定为:指社会成员利用余暇时间,以身体运动作为主要手段,以增进健康、满足娱乐消遣为主要目的的体育活动。与学校体育和竞技体育相比,社会体育具有如下特征:参与者最为广泛,参与目的以健身、娱乐、消遣为主,参与形式具有多样性与灵活性,参与时间具有余暇性与主动性,参与范围具有公益性与社会性等。随着现代科学技术的飞速发展,生产力的不断提高,现代生产方式和人文环境等客观条件将对社会体育的性质、内容、范围、结构、对象产生巨大影响。

二、社会体育管理的概念

社会体育管理是指社会体育组织中的管理者通过一定的方式整合资源,为实现社会体育发展目标所进行的计划、组织、协调、控制和创新的综合活动过程。社会体育组织是指各级各类组织中专门承担开展体育活动的专门机构。一般来说,我国社会体育组织不仅包括各种政府行政部门的专门、非专门组织,还包括各种非政府部门的社会体育管理组织。社会体育组织中的管理者是指在社会体育活动中起支配作用的团队或个人。

社会体育管理是以社会体育目标作为出发点。对于不同层次的社会体育组织而言,其组织目标存在一定的差异性,同一个组织不同的时期目标也可能不同,但是作为管理活动,都需要采取一系列管理方法、管理措施整合人、财、物、时间、信息等资源,其实现既定社会体育发展目标都是相同的。

[1] 董新光,曹彧,童义来,等.社会体育术语源流初探 [J].体育科学,2003,23(1):8.

[2] 中国体育科学学会,香港体育学院.体育科学词典 [M].北京:高等教育出版社,2000.

[3] 卢元镇.中国体育社会学 [M].北京:北京体育大学出版社,1999.

[4] 吕树庭,饶纪乐,王旭光.社会体育概念管窥 [J].天津体育学院学报,1996,11(3):8-11.

[5] 刘俊,赵蕴.社会体育理论要素 [J].广州体育学院学报,1996,16(4):46-51.

三、社会体育管理的特点

社会体育的涵盖面较为广泛,层次极其丰富,影响因素又极其众多。它与学校体育、竞技体育相比,具有一些较明显的不同之处,因而社会体育管理也表现出某些独特的特点。

(一)管理目标的多样性

社会体育主体的多元性,以及活动形式和内容的多样性,客观上决定了社会体育管理目标的多样特征。一般而言,社会体育工作目标包括提高国民体质及健康水平,发展体育人口和扩大体育参与比率,筹措社会体育经费,创建社会体育活动场地设施,培训社会体育干部、社会体育指导员以及骨干力量,组建社会体育组织,开展各种类型的社会体育活动等。因此,各级各类社会体育组织的管理目标也应遵从以上社会体育工作目标来确定。

(二)管理边界的模糊性

社会体育活动过程中,常常涉及多个部门、多种组织、多个行动主体的合作与配合。社会体育管理者需要协调各级各类组织之间的目标与行动,需要沟通和协调各个行动主体的认识与行为。在实践中,社会体育组织经常与文化、教育、旅游、公安等组织发生联系,与这些社会系统的管理活动交叉在一起,难以划清它们的组织边界。

(三)管理系统的复杂性

在社会体育管理系统中,有政府体育部门、非正式的社会体育组织、各行业单位的体育机构和分散在社会各界的社会体育指导员等。加之参与社会体育活动的人分布地域、职业性质、社会地位、活动目的等差异较大,使得社会体育管理变得更为复杂,由此对管理水平和管理艺术提出了很高的要求。

(四)管理主体的多元化

随着我国体育体制改革不断深化,体育行政职能不断规范化,长期以来政府包办社会体育发展的基本格局被打破,社会力量以多种形式进入体育领域,这决定了我国社会体育管理主体呈现为多元化特征。同时,社会体育的管理资源大多来源于社会,受到多种社会因素的影响,这也进一步增强了社会体育管理主体的多元属性。

(五)管理体制的社会化趋势

社会体育的管理体制是在政府体育部门的宏观管理下,以社会体育组织为主体,广泛依托社会积极开展工作。社会体育管理体制的社会化趋势要求管理者从实际出发,采取灵活的组织形式,以分散管理为主,这在社会主义市场经济体制下显得尤为重要。

四、社会体育管理的目标

目标是任何管理活动的出发点和落脚点,在我国社会体育管理实践中,管理目标的多样性与管理主体的多元性之间构成了我国社会体育管理活动的基本特征。比如提高体育参与率,增强人民体质,提高人民的健康水平,创建和谐向上的团队氛围,推广某项运动,刺激人们的体育消费等,构成了不同主体实施社会体育管理的不同目标。同时,这些目标还可以进一步分解为一系列子目标。但从社会体育发展规律和社会体育管理的内涵看,社会体育管理目标可以归纳为以下几点:

①提高社会中经常参加体育活动的人数或体育人口占社会人口的比例。

②动员社会力量增加社会体育的经费投入。

③以行政立法的形式在城乡规划和建设过程中规定新建居民社区的体育场地面积和体育设施的数量,鼓励社会和学校的体育场地设施在条件允许的情况下免费向公众开放。

④壮大社会体育管理和指导队伍,增强社会体育服务功能。

⑤定期开展公民体质监测和全民健身活动情况调查,促进国民体质发展水平。

五、社会体育管理的任务

(一)壮大体育参与人群

体育人口是衡量一个国家或地区社会体育发展规模和水平的最基本指标,因此,吸引更多的人参加体育活动,扩大体育人口的数量和规模,是社会体育管理的一项长期工作。一是要使正在参与的人坚持下去,二是要使中断参与的人重新参与,三是要使尚未参与的人尽快参与。

(二)改善人们健身活动的环境

为了使更多的人参与体育健身活动,不仅需要营造一定的舆论氛围,还需要提供一定的物质保障条件。要通过各种宣传活动,引导激励人们崇尚体育健身、积极参与体育健身、科学健身的理念,使全民健身成为社会的普遍共识;要为人们参与健身活动创造更好的条件,不断建设和完善体育设施、体育组织、社会体育指导员队伍和法规制度等组成多元化体育服务体系,以支持、吸引、动员更多的人参与全民健身活动。

(三)引导人们健康投资

健康是人们生存、享受与发展的基础和资本,向体质与健康投资,进行体能与健康储备,如同知识储备与能力储备一样重要。进行体质与健康消费,就如同人们进行教育消费一样,应当成为人们日常消费的一部分。社会体育工作应当在开展群众性体育活动中引导人们进行体质投资,不断满足人们的不同体育需求。

(四)传播优秀体育文化

我国体育在其历史发展进程中创造了灿烂的体育文化。当今的社会体育工作,一方面要继承我国优秀的民族、民间传统体育,另一方面要学习和借鉴外国的体育文化、知识技术,同时在实践中创造具有我国特色的体育知识和技术,在新的基础上延续中华体育文明。

(五)不断完善社会体育管理体制

社会体育必须服务于我国经济社会发展的需要,社会体育管理活动必须以满足于增强和改善全体人民健康体质为目标。因此,必须建立起与社会主义市场经济体制相适应的社会体育管理体制和运行机制,进一步规范和明确各级各类政府部门的权力与责任,完善管理制度与管理方法,逐步形成政府管宏观、社会具体办、国家与社会共同兴办的社会体育发展模式,不断扩大和提高提供公共体育产品和服务的范围与质量。

六、社会体育管理的方法

(一)基本方法

管理的基本方法也称一般方法,是指对各种领域的管理都具有普遍适用性,只是在与具体领域的管理问题和管理对象相结合而加以运用时,才表现出其独特之处。社会体育管理的基本方法主要有行政方法、法律方法、经济方法和宣传方法。

1.行政方法

行政方法是指按照一定的职权范围,直接指挥管理对象的方法。它的核心是用非经济手段指挥下属的活动。在实行行政方法时,下达指令的方式包括命令、条例、规定、通知和指令性计划等。

2.法律方法

法律方法是指利用各种法规、法令有效规范和协调社会体育活动中各种关系的方法。体育是关系到全民健康的大事,应该做到"有法可依"。除了体育法以外,社会体育的管理法规中,还包括各种规章制度、条例等。其中最重要的是责任制和赏罚制。责任明确,就可以提高工作效率。赏罚分明,是一种巨大的管理能力。规章制度要形成文件,以便有章可循,有据可查。在社会体育管理活动中,各体育组织之间、体育管理者和体育活动的参与者之间都可以合同的方式规定各自的权利和义务,以做到有章可循,各司其职。

3.经济方法

经济方法是指使用经济手段,利用经济利益的后果影响或控制被管理者的方法。采用经济的方法进行管理时,可以采用拨款、投资、赞助、奖金、罚款等经济手段和经济责任制、承包制、招标制等经济制度。采用经济方法进行管理时,要特别注意不能脱离主要的管理目标,还应注意不要忽略社会效益。实际上,只要满足了人们的体育需求,社会体育活动才会取得经济利益。

4.宣传方法

宣传方法是社会体育活动组织与管理的一个重要方法。由于社会体育活动大多以人们组员参加为主,因而通过有效的宣传,可以使人们加强对体育的理解,从而自觉地投身到体育活动中来。宣传可以采用各种不同的形式,除了大量的口头宣传外,还可以通过广播、网络、报纸、壁纸等进行宣传。宣传工具运用得越广泛,就能收到越好的宣传效果。

加强广场舞的管理

在公园、社区里,每天早晚都有好几拨人在放广场舞音乐、跳广场舞,声音一个比一个大。株洲神龙、石峰公园、中心广场、滨江广场等数十个广场每天早上四点多钟就有人唱歌、放广场舞音乐,让周围小区住户苦不堪言。市民多次投诉也没多大效果。如今,公园、小区广场舞的噪音扰民已经成为城市管理中衍生的新问题。广场舞是全民健身的一种新形式,由于场地的原因,广场舞给人带来身心愉悦的同时也成了"扰民舞"。如何解决这一问题考量着城市管理者的智慧与能力。广场舞扰民了,怎么办?泼粪、鸣枪、砸音响、放藏獒来解决问题吗?不。我认为,广场舞扰民是因为噪音大,是因为同一块地上有多支"方阵"共同健身,声音共鸣造成的。这从中也反映出一个关键问题,就是城市公共空间的缺乏和政府管理的缺失。正像市民们所说的那样:"如果政府当初在规划建设和卖地给开发商的时候把这些因素考虑进去,多留出或规定开发商必须设置一定的公共绿地和空间,广场舞就不会成扰民舞了。"

广场舞的兴起是中国的一个特殊现象。广场舞有利于民众业余生活的丰富,市民缺少大型活动场所,但却喜欢群体活动。广场舞从太极拳、民族舞蹈渐渐发展成目前集体舞蹈的形式,可以说是一种有中国特色的群众文化,尤其对老人们来讲,广场舞是他们生活、交友、娱乐、休闲的活动,有益于他们的身心健康。目前广场舞发展很蓬勃,有越来越多的年轻人参与其中,形式也越来越多样化,所以,广场舞事实上促进了群众文化多样化。但扰民也是一个大问题,各团体之间在划地盘上、竞相高音喧哗上、是否存在牟利行为,等等,也有灰色地带,而由谁来管更是一大难题。

政府要制订公园、小区广场使用管理细则,规范、指导、加强广场舞文化的管理。

①政府出台小区广场、公园管理细则明确管理者,让社区有管理权、执法权。政府应该制订细化和具体的规则,限制广场、公园活动的时间以及音量标准,而当广场、公园使用者严重影响别人生活的时候,管理者必须作出处罚。

②要建立联合管理执法部门,环保、城管、文化、公安部门联合执法。城管部门、环保部门、文化部门、公安部门都有管辖权。所以,小区广场、公园整顿广场噪音时,应根据不同情况出动公安、城管、环保、文化进行综合治理。为方便管理,小区广场、公园活动的团体都要在环保、文化、公安相关部门进行登记备案。

③按照属地属性原则,小区广场、公园可以授权由街道管理和公园自己管理。政府建议出台小区广场、公园管理细则让社区有管理权、执法权。政府部门牵头,根据广场、公园的分布特点划出片区,每个片区制订出社区规约,比如广场活动的时间段,音量,让居民一起遵守。如果有人违反的话,就由社区管委会按照规则给予惩罚。

④处理"扰民舞"有法可依。《中华人民共和国环境噪声污染防治法》第七章第五十八条规定,违反当地公安机关的规定,在城市市区街道、广场、公园等公共场所组织娱乐、集会等活动,使用音响器材,产生干扰周围生活环境的过大音量的,由公安机关给予警告,可以并处罚款。《中华人民共和国治安管理处罚法》中的第五十八条"违反关于社会生活噪声污染防治的法律规定,

制造噪声干扰他人正常生活的,处警告;警告后不改正的,处二百元以上五百元以下的罚款。"

⑤加大小区广场、公园的宣传管理力度。城市管理者要做好引导与管理工作,让不同的人群都能接受公序规范,和谐相处。规范和管理广场舞的重点在疏而不在堵。城市管理者应不惧琐碎,切实在"时间的选择""音量的控制""地点的规范"上下功夫,引导居民共同制订各方认可的公约,共同参与城市管理。

⑥政府要继续加大对公共基础建设的投资力度,多建几个公园。

⑦在规定时间开放一些机关、学校、单位广场及小区广场,但要以不影响办公、学习和其他居民生活为前提。

⑧文化体育部门及办事处、居委会等有关部门要对"广场舞"组织者、场地、电、设备、费用以及过程中发生的矛盾进行协调、管理、解决,制订管理办法,使"广场舞"有个"婆家"。

⑨政府部门可培训一些舞蹈爱好者当老师,让这些老师成为"广场舞"教育志愿者,并组织一些比赛活动,让"广场舞"调动市民的参与积极性,达到全民健身的目的。

(资料来源:中国人民政治协商会议湖南省株洲市委员会,第S2082045号提案.)

思考与分析:

提案中对广场舞运用了哪些管理方法?侧重于哪些管理手段?你认为预期效果如何?

(二)具体方法

1.竞赛方法

竞赛方法是推动社会体育活动开展的一个低成本、见效快的好方法。社会体育中的竞赛活动对大众有着极大的鼓舞、激励、宣传和号召作用,是推动社会体育发展的有效措施,可起到掀起社会体育高潮的"杠杆"作用。组织社会体育活动的竞赛时,要注意竞赛与平时锻炼相结合,以赛促练,做到社会体育活动经常化。竞赛方式要机动灵活、简便易行、有利于社会体育活动的广泛开展。加强赛风、赛纪教育,防止伤害事故的发生。竞赛项目选择和规模的确定要符合当时、当地的条件,符合社会群众的体育水平。

2.评比方法

评比方法是多年来我国社会体育工作中广泛采用的重要措施。评比与竞赛一起被誉为社会体育工作的两大"杠杆",对于促进竞争机制发挥着重大的推动作用。随着体育事业的发展,我国社会体育工作的评比、表彰日趋规范化、制度化。前国家体委从第三届全国运动会开始,将表彰群众体育工作先进集体和先进个人列为全运会的一项内容;1984年起,国家体委在全国范围内开展了命名为"全国体育先进县"评选活动,两年一次。国家体育总局群众体育司于2002年开始举办"全国先进社区"评选活动。此外,职工体育、少数民族体育等,都开展了评选活动。这一系列评比表彰活动产生了极大的社会影响。例如,"体育先进县"评选活动不仅带动了农村体育,也推动整个群众体育事业的发展,成为社会办体育、全党全民办体育的一股原动力。通过评比表彰,树立了一大批典型,总结出许多先进经验。这些典型和经验,引导着群众体育以更快的速度向前发展。他们的实践和经验,往往成为制定社会体育政策和规划的理论依据。

3.社会调查方法

社会调查方法是指运用各种社会调查形式,及时掌握社会体育活动中的信息,正确制订和调整计划,保证社会体育目标实现的方法。社会调查方法的形式较多,主要有全面调查、专题调查、民意测验、社会统计等。为了指导群众体育工作健康发展,一定要注意及时、深入地进行调查研究,管理者要亲自掌握第一手资料,经过分析判断,总结经验,使之升华为理论。

4.分类指导方法

分类指导方法是指根据不同情况采取不同的政策和策略,不搞一刀切。我国幅员辽阔,地大物博,人口众多,社会、经济、文化、思想、风俗、习惯差异很大,要分析不同情况,采取不同措施,因地制宜地做好社会体育活动的组织与管理工作。

七、社会体育管理体制

(一)社会体育管理体制的定义

社会体育管理体制是社会体育管理的机构设置、权限划分、运行机制等方面的体系和制度的总称,是实现社会体育总目标的组织保证。一个国家或地区的社会体育管理体制往往受该国或地区的政治、经济、文化以及国家制度、历史传统等多方面因素的影响。世界上社会体育管理体制一般有三种类型:一是政府管理型。其特点是由政府设立专门的机构管理社会体育。政府的权力高度集中,并采取行政的方式从宏观到微观对各个层次进行全面管理。二是社会管理型。其特点是社会体育工作主要由各种社会体育组织进行管理,政府一般不设立专门的社会体育管理机构,政府对社会体育事务很少介入或干预。三是结合型。结合型体制是由政府和社会体育组织共同管理社会体育的体制。

(二)我国社会体育管理体制的现状

我国现行的社会体育管理体制处于政府管理型体制向政府与社会结合型管理体制改革过渡阶段。从层次上看,它包括宏观、中观和微观三个层次,其中宏观和中观管理系统由社会体育政府管理系统和社会体育社会管理系统共同组成,它的微观管理系统由体育活动点、辅导站和俱乐部构成。

1.政府管理系统

政府管理系统又分为政府专门社会体育管理系统和政府非专门社会体育管理系统。政府专门社会体育管理系统由政府体育行政管理系统中各级社会体育管理机构组成,是社会体育管理的主系统。国家体育总局群体司是社会体育的最高职能部门,它具有研究拟定社会体育工作的政策法规和发展规划;推行全民健身计划,监督国家体育锻炼标准实施,开展国民体质监测;指导和推动学校体育、农村体育、城市体育及其他社会体育的发展的职能。各级体育行政机构中都设置了主管社会体育的群众体育机构,并配备了一定的专、兼职社会体育干部。他们对应主管本行政区域内的体育工作,包括社会体育工作。

政府非专门社会体育管理系统是指国务院其他有关部门在各自的职权范围内管理体育工

作,其中包括社会体育工作。这类管理有两种类型:一种是国务院有关部门按照国务院体育行政部门的统一部署,直接管理本部门的体育工作,比如教育部主管学校体育工作,国家民族事务委员会负责少数民族体育工作等;另一种是国务院有关部门在自己职权范围内开展与体育有关的业务管理工作,比如民政部依法对全国性体育社会团体进行登记和管理,公安部依法对群众性体育活动中的治安问题进行管理。

2.社会管理系统

社会管理系统由体育社会组织与其他社会组织组成。我国现有体育社会组织主要有各级体育总会、单项运动协会、行业体育协会和各种人群体育协会等。各级体育总会包括中华全国体育总会和县级以上地方体育总会,是体育工作者的群众性体育组织,是在民政部门登记的体育社会团体。各省、自治区、直辖市体育总会,全国性单项体育协会,全国性行业系统协会,中国人民解放军的群众性体育组织可以申请加入中华全国体育总会,成为其团体会员。省、自治区、直辖市、地级市、地区、自治州、盟、县、县级市、区、自治旗、旗可以成立地方体育总会。

其他社会组织主要是指某些社会组织虽然不是专门的体育组织,但他们下设体育部门,如工会、共青团、妇联等都设有体育机构,负责组织职工、青年和妇女的体育活动。工会、共青团、妇联等社会团体作为某一部分人群的群众性组织,与这些人群有着密切的联系并能够对他们产生较大的影响。同时,这些社会团体具有完善的组织系统和健全的组织机构,这些社会团体对本团体成员的体质与健康负有一定的责任,成为组织其成员开展体育活动的一支力量。

3.基础社会体育组织

基础社会体育组织可以分为公益性组织和经营性组织两类。公益性社会体育基础组织主要是指群众体育活动点,它是由具有共同体育兴趣或体育目的的人们自愿组织起来的松散的区域性体育组织。我国的公益型社会体育组织主要包括街道社区体育组织、乡镇体育组织、基层单位体育协会、体育指导站和青少年体育俱乐部。

(1)街道社区体育组织。街道办事处作为市或市辖区政府派出机构,是城市管理的基础层次。街道办事处负有开展群众性体育活动、增强当地人民体质的政府职责。街道办事处不设立体育行政部门,因此,以街道办事处为依托的社区体育协会(或称街道体育协会等)应运而生。目前,我国大多数街道都成立了社区体育协会,这是最普遍的基础体育组织。此外,还有依托某一区域管理机构或驻地实力和条件优越的企事业单位的地区体育协会,依托住宅区管理机构的居住小区体育协会等。这些群众性的基础体育组织,作为街道办事处、区体育行政部门或某些机构行政的助手,负责组织、协调或管理当地社会体育工作。

(2)乡镇体育组织。乡、民族乡、镇政府是我国农村基层政府。由于我国法定体育行政部门设在县级以上政府,乡级政府不设立体育行政部门。为了发展当地的体育事业,各地根据实际情况建立了不同类型的体育组织。有乡镇领导任组长的乡镇体育领导小组或全民健身领导小组;有依托乡镇政府的乡镇体育协会或乡镇体育总会等。这些基础体育组织或代表乡镇政府行使体育管理职权,或作为乡镇政府的助手,组织协调当地体育工作,开展群众性体育活动,成为我国农村体育的重要组织力量。

(3)基层单位体育协会。基层单位体育协会是指我国基层企业、事业、机关单位的体育协会,是群众性业余体育组织。基层单位体协由单位具体组织领导,它的任务是在单位内部开展体育活动,吸引和组织职工经常参加体育锻炼,活跃职工业余生活,提高职工健康和运动技术水平。

（4）体育指导站。是指在当地体育行政部门或街道、乡镇政府领导或指导下,开展群众性体育活动的体育组织。体育指导站一般有三种职能:一是组织的职能,即吸引和组织体育爱好者前来参加体育活动;二是指导的职能,即对前来参加体育活动的体育爱好者进行体育指导;三是阵地的职能,为活动者提供场地,并保证体育活动科学、健康、文明开展。体育指导站分为综合性体育指导站和单向性体育指导站。

（5）青少年体育俱乐部。为了落实《全民健身计划纲要》二期工程"社会体育以青少年为重点"的指导思想,使广大青少年学生参加科学、文明、健康的课外活动具有良好的条件,同时为培育社会组织的力量,充分利用和挖掘现有的社会体育资源,国家体育总局结合发达国家经验和我国实际情况,自 2000 年起使用体育彩票公益金,依托现有的学校、体校、体育场馆、社区、基层单项运动协会创建了"青少年体育俱乐部"。这种组织具有社会主义公益性特征,是今后国家倡导并引导发展的旨在广泛开展青少年体育活动的社会组织。

第二节　社区体育管理

一、社区体育内涵和功能

（一）社区体育的内涵

社区体育是社区居民以促进身心健康和增进交流为目的,打破行业、单位界限,就近就便自愿参与的体育活动。社区体育主要有以下几个方面的内涵:①社区体育的主要对象是全体社区居民。②社区体育的主要目的是通过体育活动,促进社区居民的身心健康,丰富社区居民的业余文化生活。③社区体育的性质是开放的,具有横向联合、多方协作的特征,这样的性质有利于促进社区居民间的交流,融洽社区气氛。④社区体育具有较大的便利性,通过提供便捷的体育活动条件,使社区居民的健身需求能够及时、比较充分地得到满足,有利于体育生活化目标的实现。⑤社区体育的关键在于启发居民自身内在的体育动机,激发居民自觉的体育参与意识,保持居民自愿的参与欲望。

（二）社区体育的功能

1.丰富社区居民文化生活,促进社区和谐发展

社区体育有序展开是社区精神文明建设和社区管理的重要标志。通过开展和组织丰富多

彩、群众喜闻乐见、多层次、多样化的体育活动,可以丰富居民的余暇生活,培养居民的体育参与热情,构建和谐的社区环境。

2.促进健康文明的社区氛围形成

社区体育开展情况对社区精神文明建设具有重要价值,通过组织开展社区体育活动可以活跃社区文化生活、增进社会交往、协调人际关系、加强互敬友爱、稳定社会秩序、合理利用资源、建立文明生活、促进文化建设、增强社区意识、服务社区成员和共同繁荣社区的作用。

3.提升居民生活品质

随着社会经济的发展,社区体育活动开展的状况逐步成为社区居民生活品质的一种重要因素;社区体育开展的范围和程度,不仅涉及社区体育管理组织活动的有效性,也涉及社区的社会功能实现状况,特别是增强人民体质、改善居民生活质量和品质方面,都发挥着重大作用。社区体育活动的组织状况与成效对现代社会的发展越来越具有推动作用。

4.繁荣体育市场,促进体育产业发展

开展社区体育活动,不仅可以直接增强居民的体质,而且还间接刺激人们对体育的消费意识。"花钱买健康"不仅是一种消费观念,更是一种积极的生活方式。社区体育活动的普及性和开展的非连续性可诱发和刺激居民增加体育消费的可能性,促进各种社区居民体育活动需要的体育器材等产品的生产,对繁荣体育市场、发展体育产业具有重要作用。

二、社区体育管理的含义与特点

(一)社区体育管理的含义

社区体育管理是指在街道范围内,由街道党工委、街道办事处主导的,社区体育职能部门、社区单位和社区居民积极参与的区域性、全方位的自我体育服务,为实现社区体育目标所进行的计划、组织、协调、控制和创新的综合活动过程。

从社区体育管理的含义我们可以清楚地看到:第一,社区体育的地域要素及人口要素和街道是基本相同的,社区体育管理的范围和人群基本上就是以前街道所管辖的范围和在此区域内生活的居民。第二,管理机构呈多极化态势。既有作为主导的街道党工委和办事处,还有政府各职能部门在社区的体育机构和社区范围内的企事业单位,如学校、机关、企业等。这些单位存在于社区范围内,和社区体育息息相关,而这些社区单位拥有的体育资源较多,各有优势,由它们来参与社区体育管理,能通过资源共享的途径解决很多问题和困难,加大了管理力度。第三,社区体育管理的性质是群众性的自我服务和自我管理。社区体育是由社区成员通过互动关系和文化维系力联系起来的共同体,这种互动关系和文化维系力,使社区体育成员相互联系,结成紧密、复杂的关系。在这些关系中各社区体育成员之间是平等的,大家既有权对社区体育提出要求,又要为社区体育的建设、管理尽自己的义务,社区体育成员有义务参与社区体育的建设和管理。另外,社区体育管理的目的是满足社区体育成员的需要,让群众满意。但由于需求的多样性,要让政府或社区单位全部管理是不可能的,一定要发动群众自我组织、自我管理、自我服务。

因此,社区体育管理应该是一种所有管理主体积极参与的自我服务、自我管理。要搞好社区体育管理,一定要协调各方的力量,充分调动各方面管理主体的参与意识、工作热情和主动性与创造性。

(二)社区体育管理的特点

1.管理活动区域性与开放性并存

由于社区体育是以社区为区域范围且就地就近开展的区域性体育活动,因而在社区体育管理中呈现为区域性的特征。与此同时,社区开展体育项目并不限制其他人员的加入,甚至吸引或邀请非本区域的单位或个人参加本区域开展的社会体育活动,因此,其又呈现出开放性的特征。

2.管理手段的多样性与单一性并存

这一特点是从社会体育管理的整体性和区域性引申而来。从社会体育管理的总体上看,社区体育所开展的活动项目,受到社区文化和习俗的影响,也受到各种环境因素的作用。通常情况下,在社区体育管理中管理手段的选择也要注重因时因地,必须结合民族性、民间性的体育项目特点,选择适当的管理手段推进社区体育目标的实现。大多数居民所选择的健身方式为太极拳、太极剑、木兰扇、导引养生功、健身球、游泳、快走、慢跑等。不同的活动项目与人群,不同的地区特点与民族特征,需要采取灵活多样的管理手段。同时,从某一区域的社区体育看,由于社区居民的相对固定、社区资源的有限性、传统项目的稳定性等特点,要求逐步在同一个社区形成相对固定的项目类别,这样又使得管理手段趋于专门化和单一性。

3.政府主导与管理自治并存

现阶段,我国社会体育的开展仍由政府系统进行主导,从社会体育的发展目标、发展重点和发展措施,到组织建设、队伍建设、场地建设等,均由政府体育行政部门进行统一领导和管理,呈现出社会体育管理的政府主导特征。同时,由于民族、性别、职业、年龄、文化程度、生活习惯、兴趣、爱好、体质、个人需求、业余时间以及所处的地位、社会环境等差异,由政府对其进行统一组织和管理显然是不现实的,进而出现了许多由体育爱好人士自发组织并形成的各种自治性体育项目活动组织,亦即人们常说的"草根组织"。这类组织实行组织自建、项目自定、经费自筹、活动自管和自治性管理。

三、社区体育管理的目标与内容

(一)社区体育管理的目标

社区体育管理的目标主要包含两方面内容:一方面是增强社区居民的体质,提高居民的身体健康水平和生活质量,改善社区居民的生活方式,丰富生活及活动内容;另一方面是通过社区体育活动产生互动,增进居民间的感情,提高社区的凝聚力。社区内的体育资源主要包括各级各类管理者及指导者、经费、场地设施、社区成员、社区体育组织等。社区体育管理要使有限的社区体育资源实现尽可能大的利用效益。社区体育管理要求社区体育管理组织和管理者通过对社区体育活动的计划、组织与控制等职能,使社区体育活动高效、和谐有序地进行。

(二)社区体育管理的内容

社区体育管理的内容总的来讲是"四性"工作,即地区性、社会性、群众性、公益性事务。就社区体育管理的具体内容而言,其主要包括以下几个方面:

1.社区体育组织管理

开展社区体育,需要建立一套较为完整的组织体系。在组织机构上,应建立市区人民政府有关部门、街道办事处、居民委员会和体育活动站四个层次的社区体育组织管理机构,由区政府牵头,以街道为主体,居委会为依托,活动站为基地,形成社区体育组织管理体系。建立这四个层次的社区体育组织和管理机构,才能充分发挥"条条"与"块块"两方面的积极性,形成"条块结合,以块为主"的社区体育管理体系,为我国城市群众体育的普遍化、生活化提供组织保证。

2.社区体育服务管理

社区体育服务管理的主要职能是了解并根据社区体育居民的需求,设立、健全社区体育服务网络,完善社区体育服务体系,广泛开展社区体育服务,并对服务质量进行监督、保证,以提高社区体育居民对社区体育的满意度,提高居民的生活质量。社区体育服务具有公益性、群众性、互助性、地域性四大特点。

公益性是不以营利为目的,而以社会效益为主,以满足社区居民的生活服务需求为目标;群众性是群众的事情让群众自己去办,以自我服务的方式来进行;互助性是提倡"人人为我,我为人人"的精神风尚,发动社区成员广泛参与到社区体育中去,以互相帮助的方式来开展社区体育服务活动;地域性是社区体育服务的对象稳定,并有一定的区域范围的限制。

3.社区体育文化管理

这里的文化概念是指包括文化、娱乐、群众性文体活动及全民健身活动等内容在内的大文化概念。社区体育文化管理的具体内容是对文化娱乐设施进行规划和建设,组织健全各类文体活动组织,帮助和指导这些组织开展社区体育文化娱乐活动、群众性文体活动,引导社区居民进行全民健身活动。文化、教育活动能满足社区居民的不同需求,有针对性地开展这方面活动,能使广大社区居民增长知识,开阔眼界,提高兴趣。使他们参与体育活动的热情和积极性进一步提高,推动广大社区居民学习健身知识、技术活动的不断深入,使广大社区居民的身体素质得到提高。而丰富多彩的社区体育文化活动的开展,能不断地满足广大社区居民日益增长的精神生活需求。随着居民生活条件的改善和生活水平的提高,人们对健康越来越重视,健身活动的参与面也越来越广。因此,不仅要加强小区健身苑等体育活动中心及各种体育锻炼设施的建设,还要加强对设施的管理,强化设施的养护和维修,提高设备完好率和利用率,加强对锻炼者进行设施使用方法的指导,防止各种意外的发生,真正达到提高社区居民身体素质的目的。

4.开发社区体育资源

社区体育资源主要包括人力、财力和物力。社区体育人力资源开发是指社区体育管理机构应培养一批经过专门教育和培训,有一定组织能力和业务技术水平,热心为群众服务的社会体育指导员和社区体育骨干队伍。目前城市社区体育的管理人员中兼职人员多,专职人员少。由于大部分管理者身兼多职,工作内容杂,很难在社区体育指导工作上投入很多精力。部分社区体育工作者未受过专业培训,业务水平有限,这种状况很难使社区体育工作适应体育发展和社区体育建设的需要。因此,加快培养一支高质量的社区体育管理人才队伍,是加强社区体育管理的当务之急。资金是开展社区体育的物质保证。社区体育的资金,除了政府的支持以外,社区体育的组织还应采取各种形式,拓展资金筹集的途径,如辖区单位集资、赞助、缴纳会费或比赛报名费等。广泛动员社区各方面力量,解决社区体育的资金问题。体育场地设施是开展社区体育的重要条件。社区体育组织应与市、区体育部门和有关单位进行协调,充分利用辖区内的体育场馆设施,以保证群众进行体育锻炼和大型体育活动的开展。以市、区、街文化宫、文化站为阵地,开展小型多样的体育活动,在公园、街心空地、绿化地带等开辟相对固定的体育活动站和辅导站。社区体育组织应有计划地建设社区的各种体育场地设施,如建立各种体育活动中心、辅导站等。同时,要使用和管理好社区体育场地设施,使其发挥最大效能。

5.组织社区体育活动

社区体育活动主要包括体育活动站组织的锻炼活动和经常性的竞赛两个部分。社区体育竞赛的组织与其他竞赛相比,并没有很大的区别。因此,社区体育活动的组织工作主要是加强体育活动站的管理。体育活动站是开展社区体育活动的主要阵地,与社区居民日常参加体育活动有密切关系。目前我国的社区体育活动站大部分属于自发产生的非正式组织,规模较小,便于参与,是组织和吸引社区居民参加体育活动的有效形式。但是由于自身性质、特点,体育活动站也存在一些问题,如活动缺乏科学性、组织不稳定、多数体育活动站缺乏长期的目标和计划性、处于自生自灭的状态;体育活动站缺乏交流、活动容易在低层次上重复、不易持久发展;存在各自为战、缺乏统一规划、场地设施使用等方面的矛盾等。因此,需要进一步加强管理,将其纳入正式的社区体育组织体系中,以取得上级组织的指导帮助和支持,同时加强对体育活动站中骨干分子的培训与管理,促使体育活动站健康发展。

6.逐步实现社区体育管理规范化

社区体育管理规范化,就是指社区体育及其管理要按照一定的规划、方式、程序来运作。具体来说,就是使社区体育管理向制度化方面健康发展。为此,社区体育的活动性组织要制订活动规则和经营规则;街道体育协会、居委会体育组织要制订对活动性组织进行管理的规则;地方政府除了制订各种管理基层体育组织的规则以外,还要确保自身行为也有章可循。

四、社区体育管理的基本原则与注意事项

(一)社区体育管理的基本原则

1.立足居民体育需要,一切从实际出发

社区体育的目的是满足社区成员的体育需要。因此,社区体育要以居民的体育需要为依据,要同本社区的经济与发展水平相适应。由于经济条件、文化层次、地域环境、年龄结构、职业特点、人口素质等方面的不同,群众的体育需要在各个不同的社区中具有不同的特点。因此,开展

社区体育一定要因地制宜,从本社区特点出发。应当优先开展那些群众喜闻乐见、要求迫切的方便适用的活动,量力而行、循序渐进、由易到难、由小到大、在普及的基础上逐步决定社区体育活动的内容,提高活动的质量,从而满足不同居民的需要。

2.坚持把社会效益放在首位

社区体育作为社区体育服务的内容,具有公益性与福利性。强调取之于民,提倡义务服务与低偿服务。因此,开展社区体育必须以大多数居民参与体育为出发点,防止为了片面追求经济效益而牺牲社会效益,始终坚持把社会效益放在第一位。

3.以社会办为主

社区体育是一种群众性的互助活动,必须动员社会各界和居民群众的广泛参与,走社区体育社会办的道路,而不应仅靠政府行为来管理。社区体育资金的筹集也要以社会集资为主,政府资助为辅。只有真正调动社区各方面的力量、辖区的企事业单位和社区居民的广泛参与,社区体育才能日趋完善。

4.注重科学性、实效性

开展社区体育直接为提高人民群众的健康水平服务。因此,必须坚持科学、实效的原则,加强体育知识与健康知识的宣传,积极组织并科学指导群众参加有益健康的体育活动,切实达到增强群众体质,提高群众健康水平的效果,切不可搞形式主义。只有注重管理实效,社区体育才有生命力,才能够持久深入地开展下去。

5.硬件建设与软件建设并重

要卓有成效地开展社区体育,一定的场地设施是不可缺少的基础,它在一定程度上反映了社区体育发展的规模和水平。因此,城市规划建设部门,要按照国家有关规定,将社区公共体育设施建设纳入城市总体规划和实际建设中,合理布局,统一安排,做好社区体育场地设施建设。同时还要鼓励学校体育设施对社区居民开放,开展有偿服务,以解决社区体育场地设施不足的问题。在进行硬件建设的同时,决不能忽视社区体育的软件建设,社区体育若无一支热心社区体育事务、懂业务、善于管理的专业队伍,就很难提高社区体育的水平,实现持久发展。因此,应重视社区体育管理人才的培养,做到硬件建设和软件建设同步发展。

(二)社区体育管理的注意事项

1.处理好社区体育组织与行政机构的关系

目前我国社区体育组织以独立的民间性和半官半民性组织类型为主体,这类组织普遍存在着活动经费、场地、指导力量不足等方面的困难。因此,社区体育组织必须重视与当地政府行政机构的关系,依靠行政机构的支持及优惠政策,解决开展活动中遇到的自身难以解决的问题。可采用靠政府行政机构支持,聘请政府部门领导干部担任职务,与政府行政机构建立经常、稳定性联系等方式,形成与行政机构的良好关系。

2.充分发挥驻区企事业单位的作用

每一社区都有驻区的企事业单位,他们在资金、设施和人力方面较社区更为雄厚,这是开展社区体育活动可借助的有利条件。社区体育组织应主动与驻区企事业单位联系,做好宣传,得到他们的认同、理解和支持;吸纳企事业单位职工参加社区体育活动;在活动中为企业进行广告宣传。

3.增强居委会一级社区体育组织建设

居委会这一层次辖区范围较小,人口数量相对较少,与社区居民联系最直接,所以是最适合于开展社区体育活动的一级组织。而目前我国社区体育组织以街道为基本层次的情况较为普遍,使得社区体育组织管理"力矩"较长,力度不够。改变这种局面,需将社区体育组织适当"下沉",加强居委会一级社区体育组织的建设,充分利用居委会熟悉情况、联系直接、易于组织的优势,组织开展群众性体育活动。

4.通过多种途径筹集社区体育活动经费

组织开展社区体育的主要困难之一是活动经费不足,解决这一难题的思路是拓宽经费来源渠道。首先要增强自身造血功能,通过合法经营活动、有偿体育服务等手段获得活动经费;还可通过互利性活动,获得社区有关企事业单位的赞助。此外,还可动员鼓励社区成员赞助,支持社区体育活动,同时积极争取政府行政部门给予一定的经费支持。

5.建立社区体育工作的奖励机制和约束机制

社区体育工作的义务性很强,为了调动社区体育工作者的积极性,必须建立相应的奖励制度。同时要将社区体育工作列入街道居委会的发展规划及其工作职责,通过建立社区体育管理的约束机制,保证和促进管理者为社区体育发展进行有效服务。

【课堂检测】

上海有了社区篮球教练员

一次别开生面的结业汇报,一群充满热情的学员,先模仿了新西兰战舞场景,有力的动作,夸张的表情,不太整齐但激情满满的表演;而市场营销、心理辅导、现场急救三场情景剧,再现社区教练的综合技能;用汇报演出的形式,表现了上海首届社区篮球教练员培训班的教学内容与教学成果。

走出教室进球场

从4月11日开班至今,为期两个月的各种形式的学习、交流,学员们收获颇丰。走出教室进球场,"官教兵、兵教官、兵教兵"是社区篮球教练员培训班的特色。培养符合市场需要、社会需要、篮球事业发展需要的人才是主办者的追求。市篮球协会的出发点是:"在抓好篮球基本技能教学的同时,培养接地气、有能力、有真才实学的新型教练员,为基层篮球运动的开展与提高填补空白,增加活力。"

上海市教委教研室体育教研员徐燕平和市资质培训中心专家秦苏看了汇报展示很感兴趣。徐燕平说:"这让我大开眼界,今后我们将用好资源,发挥这些学员的活力,培养更多对社会有用的人才。"

学员来自各行各业

这群培训班的学员都来自各行各业,有WCBA运动员、青少年篮球教练,也有CEO、博士生……康骏是中远集团的一位IT工程师,业余时间爱好打篮球,在大华社区已小有名气。他在社区组建了俱乐部,连续参加市民体育大联赛篮球赛。尽管已近不惑之年,依然勤奋好学,在朋友介绍下他报名参加了社区篮球教练员培训班。顺利毕业后,康骏将继续在社区推广青少年篮球。"小区里有许多孩子都喜欢打球,但却没有专业教练去教他们,现在我可以回到社区带他们一起打篮球。"

表演现场急救的高博是上海城市救援队的队长,他所在的救援队曾出现在汶川、玉树等灾区现场。这位曾经的特种兵不仅是救援高手,更是一位篮球爱好者。积极报名参加教练员培训班后,高博发挥自己的特长,当起了现场急救的老师,教会学员如何处理突发的受伤情况。他说:"篮球是一项对抗项目,青少年万一在训练中受伤,社区教练应当具备第一时间处理的能力。"

未来继续跟踪提高

"开展青少年篮球培训,光靠校园中的七千体育教师是不够的,还有赖于社会力量的参与。开展社区篮球教练员培训班正是给体制外的篮球爱好者开通了参与青少年篮球普及的通道。"上海市体育局副局长郭蓓认为。

市篮球协会专职副会长陈德春的想法是,协会将继续开展社区篮球教练员培训班,未来将顺应"互联网+"思维,把课程做成电子版挂在篮协官方网站、微博和微信上,让学员"点菜上课"。"首期培训班结业只是培养出的'黄埔一期',还将进行跟踪支持创业、检验和反馈问题,确保学员学有所用。"

郭蓓希望学员毕业后在社区从事篮球普及工作;对学员进行定期回炉,进一步提升业务能力;同时将佼佼者选拔出来,授予更专业的精英证书,树立业内标杆。

(资料来源:中国体育报,2015-06-19.)

思考与分析:

1.请评价开展社区体育项目教练员培训班对推进体育项目普及的作用?

2.你认为还有哪些渠道可以更好地让社区体育爱好者积极参与体育锻炼?

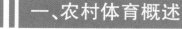

农村体育管理

一、农村体育概述

(一)农村体育的概念

农村体育是指在一定地域(农村)开展的体育活动,以农民为主要参加对象,以增强体质,丰富社会文化生活,促进社会主义物质文明和精神文明建设为主要目的的群众性体育活动。它包括在农村地区所进行的,由农村基层政府、社会团体或个人举办,面向农村各阶层居民的体育活动与形式。既包含农民阶层的体育活动,也包含农村学生的体育活动,既有传统的民族民间体育形式,也涉及某些新兴的狩猎、垂钓、越野、探险等时尚体育形式。农村体育涵盖了农村的多种体育活动与形式。

(二)农村体育的主要内容

农村有着大量特色的体育活动与体育形式。农村体育绝不局限于竞技类的体育项目,那些凝炼地方文化特色的体育项目与内容,如扭秧歌、赛龙舟、荡秋千、抖空竹、摔跤、角力、赛马等,是农村体育最充满活力的表现形式。

首先,农村体育涉及特定的地域范围,即指农村这个特定的地区,只有在这个特定的地域范围内开展的体育活动,才能称之为农村体育。众所周知,在不同的农村地区,往往都有着一些民族、民间特色体育项目,例如朝鲜族的荡秋千,蒙古族的赛马、摔跤,江南地区的舞狮、赛龙舟、抖空竹,苏北里下河地区的莲湘等,这些极富民族特色或地方特色的民间体育项目,是农村体育最富生命力的表现形式。它蕴含着浓郁的地方文化特色,形成了农村体育非物质文化遗产。它是农村体育的重要形式之一。

其次,农村体育还包含某些球类项目。篮球作为一项全世界最风行的运动之一,也深受广大农村青年的喜爱。这个项目由于对场地器材要求不高,简便易行,在某些农村地区有着广泛的群众基础。例如江苏海安北凌乡,最初就是由当时的公社书记带领农民用木板自制了篮球架开展了篮球活动,并自此形成了长达50余年的农村体育传统。再如江苏的丹阳是著名的农民篮球之乡。

最后,传统武术活动,也是在农村较受群众欢迎和喜爱的体育项目。特别是在20世纪80年代,受《少林寺》等电影的宣传和影响,武术成为深受农民喜爱的强身健体形式。农村涌现了一批武术之乡,诸如河北沧州、河南陈家沟、福建石狮、江苏沛县等。另外,农村体育还包含一些健身类体育内容,如跳绳、踢毽、拔河、气功等,再有就是钓鱼棋牌等休闲娱乐类内容。

(三)农村体育的主要功能

农村体育的原初功能是与"强身健体"紧密相关的,但随着农村经济与社会的发展,农村体育的功能已经远远超出了强身健体的范畴,而更多地与文化、娱乐以及建设农村精神文明、丰富农村文化生活联系在一起。

体育之所以能强健人的身体,得益于长期的坚持和科学的锻炼。然而对于普通大众而言,特别是农村居民而言,指望通过农村体育来达到身体的改变或肌肉的强健,其功用是微乎其微的。因而农村体育的主要功能,其实在于农村体育文化的传承、农村居民闲暇时的娱乐、农村精神文明建设以及新农村乡风民俗的弘扬等方面。

(四)农村体育的特点

1.参与对象的广泛性和开展活动的艰巨性

我国农村人口数量庞大,遍布全国各地,具有其广泛性。农村经济基础比较薄弱,且发展极不平衡,不少地区既缺乏体育活动的场所和必要的体育器材,又缺少组织引导;农民受教育程度不高,农村干部和群众对体育的功能缺乏正确的认识。要使农民自觉地、科学地、有组织地开展健身活动,是一项十分艰巨的任务。

2.体育活动项目的随意性和形式的灵活性

随着农村物质条件的好转,闲暇时间的增多,农民中有文化的经济条件好的青年人迅速增多,农村的体育需求发生了变化,体育活动的内容比过去丰富了许多,参加锻炼的成员可根据自己的具体情况"各取所需",随意选择。在活动和组织形式上也具有极大的灵活性,既可以个体为单位,也可以群体为单位,既可由村、乡、镇组织,亦可由参与者单个或几个人自由组织,没有固定和统一的模式。就其体育锻炼的形式而言,丰富多样,因人而异,因地制宜。

3.体育活动的自发性和季节性

农村体育作为一种集体行为,除了有时表现出有组织、有领导的群众行为以外,常常表现为非组织、非领导的自发行为。一般情况下,只要农民主观上热爱体育娱乐,就能通过其成员间连锁式的情绪感染,临时组建运动队进行体育比赛。从某种意义上说,这种广泛而生动的民间自发性,正是农村体育活动生机勃勃的深厚基础。但是这种自发性并不具有时间的连续性,要受生产劳动季节性的制约。因此,在农忙季节的体育活动较少,或者至多是结合劳动和休息时间进行。只有在农闲季节或隆重节日,体育活动才具有广泛的社会性,也促使自发性体育活动延续和发展起来。

4.体育活动的传统性和民族地区的差异性

在中华民族的历史长河中,经过沉淀、筛选、提炼,许多优秀体育项目一直流传到今天,具有鲜明的传统性,如新年的龙灯狮舞、端午的龙舟竞渡、重阳的登山活动。有许多项目,被深深地打上地方烙印,南北东西各不相同,南方的农村喜赛龙舟,北方农村喜赛马。至于农村少数民族绚丽多彩的体育项目则更为突出,世界上像我国有几百种少数民族体育项目的国家十分少见,如叼羊、抢长炮、荡千秋、珍珠球、木球、射箭、摔跤等项目。

二、农村体育管理

(一)农村体育管理概念

农村体育管理是指农村体育管理者通过一定的方式整合资源,为实现农村体育目标所进行的计划、组织、协调、控制和创新的综合活动过程。首先,农村体育在整合乡镇资源方面必须注重对各种社会资源的调动,重视对时机和地点的把握,借助于各种传统的节日和影响较大的活动,有效地开展农村体育。其次,要与所处的地域环境相结合,与经济发展状况相衔接,与体育活动的可持续发展相结合,选择有一定群众基础的体育项目和便于推广的体育项目。最后,组织开展农村体育活动,必须要以增强农村居民体育参与意识、扩大参与范围为宗旨,以引导性和示范性为组织活动的指针,关注对村屯的辐射效应和影响效果的考察与评价。

(二)农村体育管理的组织形式

我国对农村体育的管理部门可分为政府管理部门和社会管理部门。在管理形式上基本采用五级垂直管理模式:省体育局、市体育局、县教体局(文体局)、乡镇文化站、社会体育团体(民间体育组织)。

1.政府管理部门

农村体育的政府管理部门的构成在中央、省(自治区、直辖市)、市一级管理层次上,与社区体育的管理体系相类似。但从行政系统来看,县一级政府体育主管部门,在农村体育管理中起到了重要的作用。然而,在20世纪90年代中期进行的政府机构改革中,部分县级体委被撤销合并,这在一定程度上削弱了农村体育的组织管理力量。在我国县级体育机构改革中,出现了保留、合并和变更为事业单位等多种形式,有的仍称为县体委,有的改为文体委(局)、教体委(局)、体育局、文化体育卫生局、社会发展局、文教体委、文教体卫委、文教体卫广播委等。名称虽然不同,但仍担负着发展农村体育的主要职责与功能。

2.社会管理部门

农村体育的社会管理部门主要包括管理农村体育工作的各级工会、共青团、妇联、体协等。成立于1986年的中国农民体育协会是农村体育的社会管理部门。中国农民体育协会成立以来,遵照"面向广大农村,广泛开展群众性体育活动,普及与提高相结合,增强农民体质,促进农村两个文明建设发展"的方针,积极而稳妥地开展了各项工作,取得了明显的效果。农民体育民间组织指的是人民群众自发成立起来,为了实现某种共同的体育目标的一类农民体育组织,主要包括基础体育指导站、体育健身(站)点等。这类组织的基本职责是:根据规程筹募活动经费;发展会员;增加农村体育人口;为会员提供活动场地、器材和技术指导;组织某些相关活动的比赛或集会;积极发展与其他相关活动协会之间的联系等。

【知识拓展】

中国农民体育协会

中国农民体育协会是组织指导全国农民体育运动的群众性团体,是中华全国体育总会的团体会员,在农业部、国家体育总局领导和指导下进行工作。其主管部门是农业部。

协会宗旨:贯彻执行国家的体育法律法规,宣传党和政府有关体育工作的方针、政策,广泛团结农民体育积极分子和农村体育工作者,推动农民体育运动的发展,为促进广大农村的社会主义物质文明和精神文明建设服务。

协会任务:①贯彻执行党中央和有关领导部门关于群众体育特别是农民体育的方针、政策和《全民健身计划纲要》,组织、发动和指导广大农民开展群众性体育活动,增强广大农民群众的体质,为提高全民族的素质服务;②组织举办全国性农民体育竞赛,不断提高运动技术水平;③组织开展农民体育活动的经验交流和表彰先进活动;④培训农民体育骨干,为国家培养和举荐农民优秀体育人才;⑤动员和依靠社会力量,推动农村体育设施建设,促进体育社会化;⑥会同有关部门发掘、整理、研究和逐步推广农村民间传统体育,提出可列为全国正式比赛项目的建议;⑦组织对外农民体育交流,举办国际农民体育竞赛。

开展农民体育运动的方针是:面向广大农村,广泛开展群众性体育活动,普及与提高相结合,以普遍增强农民体质,促进农村两个文明建设的发展。

[资料来源:《中国农民体育协会章程》(2002).]

(三)农村体育管理基本要求

1.以体育活动为中心开展农村体育管理工作,力争各级领导重视

各级体育主管部门应当明确农村体育在体育事业中的基础地位,各级人民政府体育、农业部门应当根据各自职责,贯彻国家有关体育和农村工作的法规及方针政策,做好农村体育的管理和组织工作。各县级体育领导机构应从政治的高度、战略的高度认识农村体育工作的重要性。乡镇政府应把体育事业纳入乡镇经济和发展总体规划,经常研究体育工作,成立体育工作领导小组、农民体育协会以及老年人体协等,由乡镇主要负责人参与领导;建立体育站等机构,配备体育专职干部,关心、支持、督促他们的工作。

2.调动各种社会力量参与农村体育活动

动员和发挥各行业、各系统和基层政权,工会、共青团、妇联和其他社会团体共同开展农村体育活动的积极作用,鼓励、支持各企业事业单位以及个人单独创办或与体育部门采用合资、合作等多种方式联合兴办各种形式的基层农村体育组织,以多种形式办体育,努力促进城乡体育社会化,大力倡导社会团体和个人修建体育场所,自办小型竞赛和业余训练,设立健身辅导站等。

3.建立健全农村体育组织

开展农村体育活动,必须首先建立健全农村体育组织网络。要充分发挥农民体育协会、农民体育俱乐部、体育辅导站等基层体育组织的作用。有条件的县可以建立社会体育指导中心,乡镇、居委会可以建立体育指导站。县、乡镇、村和居民小区适时建立和发展体育健身点。社会体育指导中心、体育指导站、体育健身点应根据当地条件安排场地设施,制订工作计划,结合其他文化体育工作配备专兼职工作人员,安排一定的活动经费。县级体育主管部门和乡镇、居委会应当加强对社会体育指导中心、体育指导站和体育健身点的管理,为其开展工作创造条件。特别是要以乡镇文化站为中心,发挥其阵地作用,以农村体育积极分子为骨干力量,推动农村体育发展。

4.创造和提供开展农村体育活动的必要物质条件

为了促进农村体育的发展,必须首先为广大农民群众提供和创造必要的物质条件。各级人民政府和体育部门应逐步加大对体育的投入,并采取有效措施解决好现有体育场地向社会开放的问题。

5.培养和发展体育骨干力量

农村体育的骨干力量主要来自两个方面:一是农村学校的学校体育,二是乡镇企业的职工体育。发展农村学校体育工作,首先要抓好乡镇规模较大的中、小学体育工作,同时也要关心条

件较差的村级小学学校体育工作的开展。要建立县级学校体育教研中心,定期进行教学研究和体育教师的进修培训等活动。要认真执行中小学体育工作的规定,努力提高教学质量,有计划地推行《国家体育锻炼标准》和《学生体育合格标准》。乡镇小学要帮助村级小学开展体育活动,在竞赛、场地建设、技术等方面给予指导。乡镇企业应将体育列入精神文明建设的重要内容,建设必要的体育活动场所,建立和健全行业和基层体育协会,重视和加强职工体育队伍建设。

6.保护和促进特色体育项目的发展

组织开展农民体育活动时,要侧重于趣味性、健身性、休闲性、社交性,同时还要注意选择地方特色浓郁、民间传统突出的项目,以适应农民的需求特点。要正确引导并大力提倡乡镇体育以特色项目为龙头带动其他项目发展的路子。应抓住特色项目,依靠乡镇广大农民在特色项目上的兴趣爱好,在乡镇掀起体育活动的热潮,提高农民的体育意识,使体育发展为乡镇经济建设服务。

7.落实好农村体育工作的考评机制

做好农村体育工作的考评工作可以使农村体育工作者有明确的努力方向和奋斗目标,进一步调动和激发他们做农村体育工作的积极性。同时,还要对基层农村体育的开展情况进行检查和评估,发现存在的问题,并做到及时解决,促进农村体育的发展。

(四)农村体育管理的发展模式

1.场地设施吸引型发展模式

场地设施吸引型发展模式就是主要依靠通过修建体育场地设施的方式带动农村体育的总体发展。良好的体育场地设施和便利的体育消费条件往往能够吸引更多的农村居民参与体育。在中国工业化快速发展之前,由于经济因素和技术因素的制约,全国各地农村普遍存在体育场地设施不足的现象,农村体育的发展较多依靠计划经济体制下乡村组织力量的推动,这里简称为"乡村组织带动型"的发展模式。也就是说,乡村组织是农村体育发展的主要动力源。随着工业化的推进,农村社会的原子化明显,乡村组织的权威逐渐式微,乡村组织带动型的农村体育发展模式受到挑战。同时,随着农村经济和国家科技实力的快速发展,农村体育发展的经济制约因素的逐渐消除,科技在体育场地设施建设中的广泛运用,现代化的体育场地设施开始亮相于农村社区,"场地设施吸引型"农村体育发展模式受到各地农村居民的青睐。

2006年国家体育总局制定并实施"农民体育健身工程",该工程以行政村为主要实施对象,以经济实用的小型公共体育健身场地设施建设为重点。这就选择了"场地设施吸引型"的体育发展方式,把体育场地设施建在农村居民身边,利用场地设施的吸引带动周边居民的体育参与,使农村居民体育健身与生产生活融合在一起。如江苏省江阴市15分钟"体育圈"计划,是国内率先推行"场地设施吸引型"发展方式的典型代表。江阴市在体育场地设施建在农村社区里、建在农村居民身边的基础上,提出了乡镇居民在15分钟就能达到体育运动健身场地的体育场地设施建设计划,15分钟"体育圈"计划不仅仅方便了喜爱运动的城乡居民的体育参与,巩固并养成城乡居民体育参与的习惯,还通过体育场地设施的视觉、触觉、听觉等的不断刺激吸引和带动着城乡居民的体育参与,体育场地设施周边成为城乡居民休闲娱乐的好去处。另外,在河南农村一大型广场上,夜晚明亮的灯光聚集着农村儿童、农村老人、农村青年人等,大孩子们玩着轮滑、斗陀螺等游戏,小孩子们玩着骑小马、钓鱼等各种儿童游戏,青年男女跳着欢快而有节奏的舞步,老年人或散步或聊天或幸福地照顾着自家的孩子……农村体育健身场地的投入使用还带动了农村体育服务产业的发展,一些商人从中发现商机,开始做起出租轮滑鞋、陀螺等生意。在清晨,在健身器材安放区域,一些农村居民愉快地玩着脚踩梅花桩、双手转动转盘、太空漫步机等各种花样的健身技巧,呈现出农村小康社会文化发展新景象,带动了农村体育的总体发展水平。

2.内部需求拉动型发展模式

在工业化的推动下,农村居民有着强烈的体育需求。农村体力劳动的不足对体育运动的渴望,身体条件和健康水平的要求,释放精神压力和满足较高的精神诉求因素并存等,均是农村居民产生体育需求的主要因素。农村居民内部强大的需求动力推动着农村各种体育组织的蓬勃发展,农村社区体育文化的繁荣。在实践中,农村内部自生的体育需求形成一种力量,农村居民自发组织的各种社会性体育组织形式应运而生。

尽管从表面上来看,农村兴起的各种体育组织在推动着农村体育的繁荣发展,但是从这一现象背后的原因分析来看,还源自农村居民内部需求升级拉动的结果,通过农村居民的内部体育需求拉动农村体育跃上一个新台阶,是一种典型的"内部需求拉动型"发展模式,同时也是一种较高层次的发展模式。

3.政策法规促进型发展模式

政策法规促进型就是在农村体育的发展水平明显落后于农村经济社会文化整体发展水平的前提下,通过农村体育政策法规促进农村体育加快发展,以赶上农村经济社会文化的发展水平,因此也是一种追赶型的全方位的农村体育发展方式。农村体育政策法规的制定和实施,促进了农村体育理论研究和农村体育实践发展。在理论研究方面,一系列农村体育政策法规的出台增加了农村体育、农民体育理论研究成果数量,研究内容向深度和广度不断发展,并涌现出一批专家、学者,这些专家和学者成为农村体育、农民体育的代言人,这对推动农村体育发展具有重要意义和价值。

在实践中,借助于农村体育、农民体育的政策法规的出台,以及建设农村小康政策大背景,各级政府开展"体育三下乡"活动,对农村体育的资金支持、技术培训、组织建设、运动竞赛等方面进行大力推动。①加大农村体育资金投入。体育彩票公益金实施的第八批"全民健身路径工程"资金主要用于农村,建设一批农民身边的简便、经济、实用的体育健身场地,以改善农村体育健身场地设施的基础条件。②加强农村居民体育技术技能培训。为了农村居民体育知识技能的提高,要求加强社会体育指导员为主体的农村体育指导员骨干队伍培训,巩固农村体育文化活动阵地。③不断进行组织创新。为了满足农村居民多元化的体育需求,允许并鼓励社会资金的投入,成立体育非营利性和营利性体育社团组织,进行社会化运作,在满足青少年体育运动培训、提高体育运动水平等方面发挥着重要作用,对于积极参与社会化运作的组织和个人采用以奖代补制度进行物质奖励和精神奖励,体育行政部门实现了由体育直接管理职能向政策引导和宏观管理职能的转变。④地方政府对农村体育经费筹集和奖励政策也大大促进了农村体育的快速发展。农村体育场地设施建设资金由于体育部门的政策引导,地方政府、社会捐助、建设单位(乡村)的共同投入,使农村体育场地设施得到了极大的改善。

政策法规促进型发展模式使农村体育实现了一个跨越式发展。在具体实施过程中,主要是通过资金筹集方式的变革把体育场地设施建在农村居民身边,通过组织创新把农村体育组织送到农村居民身边;通过体育技能培训,把体育文化送到农村居民身边。因此,政策法规促进型发展模式也是农村体育一种全方位的发展。

(五)农村体育发展模式的选择

内部需求拉动型是一种自下而上的发展方式,体现了农村体育的主体意识,同时,政府也从农村体育的具体组织管理者转变成服务者。农村居民可以根据自身的需要自主选择体育活动内容、时空和方式,并在组织成员之间达成共识,其内容的丰富多样性、组织形式灵活性、时空安排的自主性契合了中国农村体育发展现实需求。一般情况下,内部需求拉动型发展模式需要具备较高的经济社会文化基础,农村居民具有一定的体育意识和体育知识技能,以及丰富多样的农村体育文化。因此,内部需求拉动型是迄今为止农村体育最理想的发展方式,也应是未来农村体育发展的目标。例如,江苏省江阴市通过农村内部自生需求的拉动举办各种临时性体育竞赛活动,通过设立经常性的数量较大的晨晚练健身站点,最大限度地满足农村居民不断增长的体育需求。

政策法规促进型是一种自上而下的发展方式,体现了政府对农村体育的责任担当意识。在工业化水平较低的农村地区,政策法规促进型模式对于唤醒农村居民体育意识、普及体育知识技能、组织体育竞赛活动、复苏农村体育文化等方面具有重要意义。相比较而言,在体育政策法规促进型发展模式下,作为农村体育主体的农村居民则处于被动地位。尽管农村体育政策法规的制定和实施充分考虑到农村居民的特点,但我国农村地域广阔、居民个体差异较大,故农村体育政策很难照顾到每个地区、每个居民。因此,农村体育政策在满足农村居民千差万别的体育需求方面,有时作用并不明显,进而造成一定程度上的体育资源浪费。

场地设施吸引型是介于政策法规促进型和内部需求拉动型之间的一种发展模式。场地设施是农村居民体育参与的基础性条件,场地设施吸引型发展方式通过漂亮、美观、适用的现代化的场地设施这一外部条件吸引农村居民的体育参与,体现了法治社会对农村居民这一社会弱势群体基本权利的尊重,对保障和实现农村居民体育权利具有重要意义。其存在基础是农村居民对体育的功能和价值有一定的认识和了解,虽然这种认识和了解也许是朦胧的、无意识的。在此基础上,通过外部力量(场地设施吸引)的推动,激发农村居民参与体育的热情,从而通过亲身实践的美好体验达到对体育功能和价值的认识的深化,并由此转化成农村居民自觉体育行动。

内部需求拉动型、政策法规促进型和场地设施吸引型三种发展模式均具有明显的特征,并且每一种发展方式都有其所适应的经济社会文化背景。另外,中国工业化水平有较大的地区差异性,不同省份、同一省份的不同地区都会有较大的差异,导致农村体育的经济社会文化背景出现较大的差异,从而也导致了农村体育三种发展方式并存。因此,农村地区在理性选择体育发展方式上应以本地区经济社会文化发展水平为基础,在工业化水平较高的农村地区,内部需求拉动型发展方式应是首选,体育管理部门的职能由具体的组织管理者向服务者转变;在工业化水平相对较落后的农村地区,政策法规促进型发展方式对于推动农村体育的发展具有一定的作用;对工业化中等发展水平农村地区来说,场地设施吸引型应是一种理想选择。

【课堂检测】

全民健身 河南农民篮球赛"花开"万村千乡

人民网沁阳2月28日专电(肖懿木) "防守,快""传球、传球"……2月27日,河南省第七届万村千乡农民篮球赛暨河南省第十三届春节农民篮球赛(北区)在沁阳体育馆开赛,来自郑州、洛阳、焦作等15个省辖市及省直管县的180余名队员将展开为期五天的激烈角逐。

本届比赛由河南省体育局、省文明办、省农业厅主办,河南省社会体育管理中心等单位承办。比赛分A、B两组同时进行,B组首场比赛在新乡代表队与三门峡代表队之间展开。

上午九点,随着裁判员一声哨响,比赛正式开始,队员们很快进入比赛状态,传球、运球、三步上篮、抢篮板,配合十分默契,精湛的球技赢得现场观众的声声喝彩。最终,新乡代表队以总分56分获胜。

"我们的队员都是农民,之前也没有接受过正规的篮球训练,都是因为喜欢篮球聚在一起的,通过一级级的选拔赛,代表当地来打比赛",郑州代表队负责人陈松坡给记者介绍了万村千乡农民篮球赛的最大特点,"农民在家门口就能参与、观看比赛,这才是真正属于农民的运动,大家的热情都很高。"

据悉,河南省万村千乡农民篮球赛是从2009年开始的一项覆盖全省广大农村的大型赛事,是河南省体育局在春节期间为广大群众提供的重点公共服务。整个活动贯穿全年,每年有30万农民参与此项活动,现已发展成为河南的品牌群众体育赛事。

"希望通过篮球比赛让全民健身成果覆盖广大乡村,把农民朋友从酒桌、牌桌拉到球场,为农民朋友提供更健康、更有意义的文体活动,以球会友,增进友谊,增强农民参与体育健身的意识。"河南省体育局群体处副处长曲哲说。

(资料来源:人民网河南分网.)

思考与分析:

1.从农村体育发展模式类型来看,河南省万村千乡农民篮球赛应该属于哪种类型?

2.作为体育主管部门应该怎样转变职能,才能更好地引导和服务这项篮球赛事?

参考文献

[1] 董新光,曹彧,童义来,等.社会体育术语源流初探[J].体育科学,2003,23(1):8.

[2] 中国体育科学学会,香港体育学院.体育科学词典[M].北京:高等教育出版社,2000.

[3] 卢元镇.中国体育社会学[M].北京:北京体育大学出版社,1996.

[4] 吕树庭,饶纪乐,王旭光.社会体育概念管窥[J].天津体育学院学报,1996,11(3):8-11.

[5] 刘俍,赵蕴.社会体育理论要素[J].广州体育学院学报,1996,16(4):46-51.

[6] 刘梅英.农村体育三种发展方式的理性选择[J].南京体育学院学报,2011(12):72-76.

[7] 张广林.论和谐社会与社会体育管理文化建设[J].山东体育学院学报,2007(1):34-36.

[8] 陈洪,梁斌,马瑛.英国社会体育管理模式及其启示[J].体育文化导刊,2014(2):27-30.

[9] 王凯珍,任海.中国社会转型与城市社会体育管理体制变革[J].北京体育大学学报,2004(4):433-439.

[10] 王普晓.关于社会体育管理体制若干理论问题的探讨[J].西安体育学院学报,2000,S1:90-91.

[11] 陈海波.我国社会体育管理观念问题的思考[J].体育文史,2001(2):37-38.

[12] 韩坤,于可红.我国经济发达地区城市社区体育管理体制的缺陷及其创新构想——以杭州市为例[J].北京体育大学学报,2007(3):317-320.

[13] 林恬.社区体育管理含义、内容与原则的再认识[J].体育与科学,2004(2):35-38.

[14] 黄燕飞,陈秀莲,徐群莲.中美社区体育管理体制的比较研究[J].体育文化导刊,2004(9):37-39.

[15] 樊炳有.我国城市社区体育管理体制的缺陷及创新构想[J].体育与科学,2001(6):2,27-29.

[16] 徐群连. 我国社区体育管理体制的现状及发展对策 [J]. 体育文化导刊,2005(3):39-41.

[17] 程华,戴健,邓晶晶. 上海市社区体育管理体制的缺陷及对策 [J]. 体育学刊,2005(5):130-132.

[18] 周务农,李翠琴,张桂兰. 我国街道办撤销与城市社区体育管理思考 [J]. 成都体育学院学报,2012(5):50-52.

[19] 王建,洪志华,赵俊. 我省目前社区体育管理中存在的问题及原因分析 [J]. 山西师大学报:社会科学版,2006,S1:53-54.

[20] 付明萍,楼方芳. 试论新形势下的社区体育管理 [J]. 体育文化导刊,2013(1):25-27.

[21] 李爱菊,张毅,涂金龙. 公众参与政府农村体育管理探析 [J]. 西安体育学院学报,2014(3):312-315.

[22] 骆秉全,徐巍. 北京市农村体育管理研究 [J]. 体育文化导刊,2008(6):11-13.

[23] 朱建民,赵立. 建设新农村导向下的政府在农村体育管理职能中的角色定位研究 [J]. 东南大学学报:哲学社会科学版,2009(6):25-29,126.

第六章
竞技体育管理

【学习任务】

通过本章的学习,了解竞技体育管理的基本环节,熟悉和理解我国竞技体育取得巨大成就的管理对策,掌握运动训练管理的主要内容和主要管理措施,熟练掌握竞技参赛各环节管理工作的任务和主要管理内容,掌握竞技备战组织管理系统的相关知识及其运作要求。

【学习目标】

通过本章的学习,了解竞技体育管理的基本环节,熟悉我国竞技体育管理的成功经验,熟悉运动训练管理和竞技参赛管理工作的任务和主要内容,能够运用所学知识解决竞技体育管理相关的实际问题。

【案例导入】

向管理要金牌
——国家皮划艇队雅典奥运会金牌突破的系统化管理思路

为了摆脱我国皮划艇运动的长期落后局面,必须建立针对性强且行之有效的科学管理系统。在充分调动全国皮划艇界的智慧和力量的基础上,坚持和完善处队合一的管理模式和领队负责制的国家队管理模式,突出"一个核心",建立"两个机制",实现"三个保证",强化"四个狠抓"。

突出"一个核心",就是在训练、管理过程中,确定"以人为本"为核心的指导思想。国家队训练管理工作要以人为本,要开展深入细致的思想政治工作和科学教育工作。要针对年轻人的心理特点和社会主义市场经济对运动员的影响,用现代科学的理论武装人,用敢于胜利的精神鼓舞人,用艰苦奋斗的作风教育人,用先进的榜样力量激励人,增强国家队的战斗力。激发运动员的训练动机,教育运动员为实现我国皮划艇奥运会金牌突破的目标和个人的人生价值而不懈奋斗。不仅通过科学、合理的训练安排,有效提高运动员的竞技能力和运动成绩,而且也要突出科学教育的功能,使运动员树立远大理想,提高训练的自主意识和主观能动性,不断完善自我,不断提高自身素质,使为国争光内化为运动员的行为意志。

建立"两个机制",即竞争机制和激励机制。国家队通过引入竞争机制,可以有效提高教练员和运动员的紧迫感和危机感,提高训练质量,充分认识到竞争是运动队训练管理工作中重要的有力手段和主要手段,但它不是全部,不是目的。在训练管理工作中,还要引入激励机制作为补充,要激发教练员和运动员的动机来丰富和补充竞争机制。只有这样,才可以有效提高教练员和运动员的训练积极性和自主性,使其想问题、寻办法、促提高,为中国皮划艇运动训练的发展营造良好的管理氛围。

实现"三个保证",即政治思想工作的保证、科教兴体的保证和后勤服务的保证。强大的政治思想工作是我国竞技体育发展和腾飞的基础,中国皮划艇运动的腾飞必须以强大扎实的政治思想工作作为保证。通过细致入微的政治思想工作,使全队统一思想、形成团队,增强教练员的责任感和运动员的训练积极性。现代竞技体育的竞争在很大程度上是科学技术的竞争,中国皮划艇运动要想突破,必须依托科技介入,以先进的科学技术为支撑,有目的地解决长期困扰我国皮划艇发展的重大理论和实践问题。依靠科技进步,实现我国皮划艇运动的腾飞。为提高训练质量和效益,必须加强后勤服务的保证职能,一切以训练为中心,想训练所想,急训练所急,确保训练器材、场地、食宿等服务满足训练需要。

强化"四个狠抓",即狠抓训练作风,坚决贯彻"两严"和"三从一大"的训练方针。狠抓运动员专项素质训练,确保专项有氧能力和力量速度素质的突破;狠抓单人艇长划训练,提高运动员"有效训练"水平;狠抓技术训练,提高每一桨划船效率,完善整体配合。训练作风是运动队能否形成优良传统和凝聚力的关键,我们必须通过严格管理形成良好队风,通过严明的纪律规范约束运动员的行为。在训练过程中必须坚决执行和贯彻"两严"方针和"三从一大"的训练原则,以饱满的精神和坚强的决心完成既定的训练任务。针对我国皮划艇运动员体能差、专项运动素质结构不合理和力量、速度、耐力整体功能薄弱的现状,必须加大陆上跑步和力量素质的训练,增加游泳训练并将其作为皮划艇专项训练的补充。针对我国皮划艇运动长期重视无氧、忽视有氧训练和长期忽视单人艇训练而引发的恶果,本着"矫枉不妨过正"的原则,坚决强化以有氧能力发展为核心的训练指导思想,通过科学的单人艇长划训练,不断提高有氧训练的质量。皮划艇运动是一项技术性非常强的体能性竞赛项目,划桨技术是运动员专项体能表现的桥梁,强大的体能必须通过划桨技术来表现,此技术在多人艇上更为重要。所以,在任何段落的训练中,运动员都必须狠抓划桨技术,这一点尤其在耐力训练至疲劳时、在速度训练的激烈对抗中更为重要。

"一个核心""两个机制""三个保证""四个狠抓"是密切联系又相辅相成的内在统一的系统。"一个核心"是中国皮划艇训练的最终目标和归宿,"两个机制"是中国皮划艇运动实现腾飞的内在动力,"三个保证"是中国皮划艇运动实现突破的基础条件和前提,"四个狠抓"则是中国皮划艇运动走出低谷、实现振兴的操作手段。

编者注:在雅典奥运会上,中国皮划艇队孟关良和杨文军获得男子双人划艇500米金牌,这是中国体育在奥运会水上项目比赛中获得的首枚金牌。皮划艇项目实现了"金牌零突破",圆满完成了奥运冲金目标。

(资料来源:杨桦,池建.竞技体育实战制胜案例[M].北京:北京体育大学出版社,2006.)

分析与讨论:

1.中国皮划艇国家队的管理工作体现了哪些管理思想?

2.长期落后项目实现突破的途径主要有哪些?

3.你如何理解"竞技体育三分靠训练,七分靠管理"这个观点?

4.结合本案例材料,谈谈你对"金牌是系统工程"这个论断的理解。

第一节 竞技体育管理概述

体育和竞技是人类社会发展到一定程度的必然产物。在学术界,体育和竞技二者之间既有区别又有联系,他们相辅相成、互为手段。竞技体育(Sport)是一种有明确规则、特定目标、激烈竞争性、时间和空间限制、连续性重复动作的身体活动。体育(P.E)是一个增进人体健康的过程,人们可根据自身的情况和个人意愿选择合适的身体运动来进行学习和锻炼。竞技运动的参与主体是那些极少数具有某种运动天赋的人,他们为了达到在比赛中夺取锦标或通过比赛获取名利与财富的目的,而从事紧张激烈的训练和比赛。在体育中,人利用运动;在竞技中,运动利用人。换言之,人在体育和竞技中的关系就是主动与被动的关系。

一、竞技体育与社会体育、学校体育的关系[1]

(一)竞技体育与社会体育的关系

竞技体育在中国就是指高水平竞技运动,是指通过长期艰苦的训练,发挥运动员在身体、心理及运动能力等方面的最大潜力,为取得优异运动成绩而进行的训练和比赛。在现实中,社会体育中也有很多竞技体育活动的内容和组织方式。但总体而言,社会体育以健身和休闲娱乐为主要目的,竞技体育则是最大限度地提高运动能力,进而获得优异的竞赛成绩。竞技体育对社会体育有较强的导向性和示范性,社会体育的普及又为竞技体育的发展奠定了基础。

(二)竞技体育与学校体育的关系

竞技体育具有高度的竞赛性,在竞技比赛中,将对运动成绩的最优化追求作为其根本目的。这要求竞技运动的参与者在运动技能的学习、训练过程中始终以竞技比赛为最基本的体育活动参与形式,以对运动竞赛成绩的追求为根本出发点,以运动竞赛成绩的优异程度为基本评价标准。而在学校体育活动的参与过程中,竞赛只是作为其可供选择的参与方式之一,并非必要的需求——体育活动参与者可以选择体育游戏等娱乐项目;竞赛结果的唯一性在一般意义上的体育活动中只是一种调节方式;竞赛成绩的根本出发点只是促进体质健康,其评价标准也与竞技体育比赛存在着差异。竞技体育多样的运动形式已经被广泛地应用于学校体育教学中,它一方面达到了身体教育最根本的目的——增强学生体质和健康,另一方面也起到了积极的思想道德

---

[1] 于文谦.竞技体育学[M].北京:人民体育出版社,2010.

教育作用——诸如集体意识、团队理念、规则意识、秩序意识等,使学生的身体与精神都得到了发展和提高。

二、竞技体育管理内容体系

从时间角度看,竞技体育主要有四个环节:运动选材、运动训练、参加比赛和运动员退役安置。这四个环节环环相扣,紧密联系,相互影响。选材的结果直接影响运动训练效果,平时的训练水平又直接决定了比赛成绩,训练水平、进队年限、比赛成绩和名次又直接影响运动员的退役安置及安置方式(组织分配、社会安置和自主择业)和退役安置费的多少。因此,竞技体育管理体系包括运动员选材管理、运动训练管理、竞技参赛管理和运动员退役安置管理四个重要内容(图6-1)。

图6-1　竞技体育管理内容体系

竞技体育的四个环节都很重要。运动选材是竞技体育活动的开始,也是竞技体育管理的进口环节,此环节涉及业余训练、后备人才培养和梯队建设,与学校体育、社会体育有着紧密的联系。但就选材工作本身而言,主要依靠技术手段和教练员的经验。运动员退役安置环节属于竞技体育活动的结束和出口环节,虽然与运动员的竞技成绩、运动从业年限、个人特长、项目特征等有着联系,但其主要依赖于国家和地方政策,不同时期和不同地方的运动员退役安置的政策不同,其管理措施也相应地有所差别。就竞技体育整个过程而言,运动训练环节和竞技参赛环节显得尤为重要,毕竟竞技体育的根本目的是培养优秀运动员、创造优异竞技成绩。因此,本章重点探讨运动训练和竞技参赛这两个环节的管理工作。

三、我国竞技体育取得巨大成就的管理经验

自20世纪80年代以来,中国竞技体育步入"奥运会模式"。从洛杉矶奥运会许海峰摘取奥运首金、中国体育代表团获15枚金牌震惊世界体坛开始,中国竞技体育进入了"快车道"。其间虽有短暂的曲折(1988年兵败汉城奥运会),但总体上处于上升阶段,发展迅速,成绩斐然,成就巨大。2008年北京奥运会中国体育代表团以51枚金牌位居奥运会金牌榜首位,达到了历史的巅峰。伦敦奥运会和里约奥运会虽然金牌数有所下降,但仍然稳居奥运会金牌榜第二名。中国竞技体育取得巨大成就的经验有很多,从科学管理角度看,主要有以下六个管理

对策[1]（图6-2）。

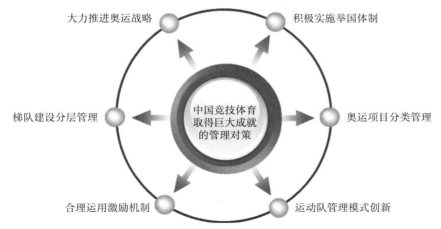

图6-2 中国竞技体育取得成功的管理对策

（一）大力实施"奥运战略"，明确竞技体育发展方向

在1979年中国恢复了与国际奥委会的正式关系后，中国奥委会与全国体育总会分离，相继成立了一批全国性单项体育协会和行业协会，使中国奥委会的组织体系得以适应奥林匹克运动发展的需要。原国家体委提出了以奥运会为最高层次的竞技体育战略。围绕"奥运战略"，我国对运动竞赛制度实行了一系列重大改革。运动项目设置尽可能与奥运会对口，并按照奥运会的设置项目来调整全运会项目设置，使全运会和奥运会的任务相一致。同时，为了使全运会服从于奥运会，我国将全运会调整到奥运会举办后的次年举行，并因此将本应在1991年举行的第七届全运会改在1993年举行，中间相隔了六年。自20世纪90年代开始，原国家体委制订并实施"奥运争光计划纲要"，该纲要提出的战略目标为中国竞技体育发展指明了方向。"奥运模式"的确定，为中国体育事业的发展提供了良好的机遇和广阔的空间。"奥运战略"的实施，是中国竞技体育取得巨大进步的重要原因。

（二）发挥社会主义制度优越性，实施竞技体育举国体制

举国体制就是指以国家利益为最高目标，动员和调配全国有关的力量，包括精神意志和物质资源，攻克某一项世界尖端领域或国家级特别重大项目的工作体系和运行机制。竞技体育举国体制是以在奥运会等重大国际赛事取得优异成绩为目标，以政府为主导，以体育系统为主体，以整合、优化体育资源配置为手段，动员、组织社会力量广泛参与，在国家层面上形成目标一致、结构合理、管理有序、效率优先、利益兼顾的竞技体育组织管理体制。

"举国体制"对中国竞技体育取得巨大进步的作用，主要体现在以下五个方面：①保证"奥运争光计划纲要"的制订与实施；②利于优化整合全国的体育资源，集中全国体育界的聪明才智，合理进行运动项目布局，保证竞技体育目标的实现；③利于统一奥运战略目标，理顺中央与地方、国家与社会的各种关系，理顺训练与竞赛的各种关系，理顺训练体系各层次之间的关系；④易于

[1] 孙汉超. 中国竞技体育的巨大进步得益于五大管理对策 [J]. 武汉体育学院学报，2005（1）：1-8.

在较短的时间内,集中全国最优秀的运动员、教练员、科研人员参加奥运会等世界大型赛事;⑤在有限的人力、物力、财力的条件下,可以集中优势,保证重点,取得突破。

尽管竞技体育举国体制在发展过程中存在着这样那样的问题,需要不断完善,但就竞技体育内部而言,不可否认的一个重要事实就是:正是因为长期以来,我国在发展竞技体育的历史过程中,坚定不移地实施了举国体制,才造就了我国竞技体育当前的国际地位。举国体制是我国发展竞技体育不同于其他一些国家发展竞技体育的成功做法,中国模式和中国经验,是一条具有自身特色的发展竞技体育的中国道路,这是中华人民共和国成立后的几代体育工作者共同得出的一个重要结论。[1]

中国竞技体育举国体制也引起了世界上其他国家的高度重视。美国奥委会竞赛部负责人罗什夸奖中国运动员在雅典奥运会上表现出色,称如今中国才是美国、俄罗斯等体育超级大国学习的榜样。"中国的成功已经证明他们的举国体制的相当大的好处。实际上,越来越多的欧美国家接受了中国的集训体制,都在增加各自奥运备战的期限和强度。"美国《新闻周刊》认为,举国体制在提高中国人在奥运会上的表现上发挥的作用是不容置疑的。

(三)奥运项目合理布局,进行分类管理

中国根据奥运会的设项,各体育强国优势项目的分布和本国的实际情况,在对奥运会项目进行全面调查分析的基础上,确定了由四个层面构成的项目布局结构,并按不同层面、不同项目进行分类管理,拓展了新的"金牌增长点",取得了良好的效果。

第一层面:巩固和加强传统优势项目,包括乒乓球、羽毛球、跳水、举重、射击、体操、跆拳道等。其管理对策是,保证投入,挖掘潜力,扩大优势。从表 6-1 可以看出,这些传统优势项目在历届奥运会中,对我国金牌总数的贡献都非常大。

表 6-1　中国传统优势项目历届奥运会获得金牌情况统计表

项目	23 届	24 届	25 届	26 届	27 届	28 届	29 届	30 届	31 届
体操	5	1	2	1	3	1	9	4	0
举重	4	0	0	2	5	5	8	5	5
跳水	1	2	3	3	5	6	7	6	7
乒乓球	—	2	3	4	4	3	4	4	4
羽毛球	—	—	0	1	4	3	3	5	2
射击	3	0	2	2	3	4	5	2	1
跆拳道	—	—	—	—	1	1	1	1	2
小计	13	5	11	14	25	23	37	27	21
中国金牌总数	15	5	16	16	28	32	51	38	26
优势项目占金牌总数比例 /%	87	100	69	88	89	72	73	71	81

注:"—"表示该项目未列入奥运会正式比赛项目。

[1] 梁晓龙.举国体制:中国发展竞技体育的成功之路(上)[J].广州体育学院学报,2005(6):1-5.

第二层面:扩大潜优势项目的优势。所谓"潜优势项目"是指我国曾在奥运会取得奖牌或其他国际大赛上取得较好成绩的项目,如女子自由式摔跤、击剑、场地自行车等。其管理对策是,着眼长远,精心布局,科学规划,加大投入;以培养尖子选手为重点,促其尽快向金牌冲击,带动整个项目的发展,加速向优势项目的转化。

第三层面:大力加强金牌多、影响大的奥运"金牌大户"项目——田径、游泳、水上项目(含赛艇、皮划艇、帆船、帆板),拓展新的"金牌增长点"。其管理对策是,选择适合我国开展和有较好基础的小项目,以此为重点,加强科研攻关、科学选材和科学训练,力争早日突破。近年来,我国在这些"金牌大户"项目上都取得了一定突破。在里约奥运会上中国田径队获得两枚金牌,在伦敦奥运会上中国游泳队获得五枚金牌,水上项目在雅典、北京、伦敦奥运会上都有金牌入账。

第四层面:认真抓好群众基础好且观赏性强的足球、篮球、排球等球类集体项目。其管理对策是,以女排、女足、女垒、女篮、女曲、女手等项目为重点,力争取得好成绩。女子排球在2004年雅典奥运会上获得金牌,在2016年里约奥运会上再次续写辉煌,"女排精神"再次让国人进入"激情燃烧的岁月",振奋中华民族的爱国热情,给中国体育和社会各界带来了巨大的正能量。

(四)运动员梯队建设实施系统布局,分层管理

1963—1965年,我国逐步形成了一个从基层单位业余体校到重点业余体校、中心业余体校和专业运动队,层层衔接的三级人才训练网络。到20世纪80年代,"三级人才训练网"进一步得到完善,分为初级、中级、高级,形似金字塔状(图6-3)。

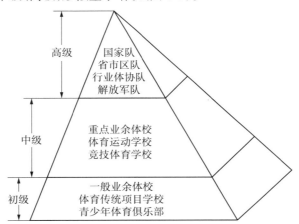

图6-3　中国竞技体育"三级人才训练网"

"三级人才训练网"是一个目标明确、层层衔接的统一整体。然而,每一层又有自己的目标任务,通过分层管理,下一层向上一层输送人才,上一层对下一层进行指导,使"三级人才训练网"的人才流动保持畅通。我国的优秀运动员、奥运选手基本上是通过这一人才训练网络培养出来的。"三级人才训练网"体系中关键在中级和初级,我国优秀运动队的后备人才就是放在这两个层级中进行培养和储备。

(五)运动队管理模式不断创新

运动队采用何种管理模式,直接关系到运动队的管理效果,对竞技体育有着重要影响。我国竞技体育高水平运动队先后实行过三种管理模式。从时间划分上,1985年之前一般实行领队负责制,1985年后多数实行主(总)教练负责制,2001年之后开始探索和推广复合型团队管理模式。三种管理模式都有明显的时代特征。领队负责制强调领队的政治领导作用;主(总)教练负责制突出主(总)教练业务上的全面指挥权;复合型团队管理模式则重视发挥团队作用,调动各方面积极性,注重多学科攻关,最大限度地整合资源,实现训练和比赛管理效果最大化(表6-2)。

表6-2 运动队三种管理模式比较

管理模式	主要特征	优点	缺点
领队负责制	领队全面负责运动队工作,强调思想政治管理	• 有利于思想政治教育。 • 有利于培养运动队的组织文化氛围。	• 削弱主教练的主导性作用,影响教练员积极性。 • 重思想教育,轻业务训练 • 容易受到领队个人素质的影响。
主(总)教练负责制	强调主(总)教练的全面业务指挥权,突出主(总)教练的地位	• 有利于业务工作的开展。 • 科研和医务人员能够提出一些建议。 • 有利于训练和比赛任务的完成。	• 主教练在训练之余,要花费大量的时间和精力来协调各方面的关系。 • 重业务训练,轻思想教育 • 容易受到主教练综合素质的影响。
复合型训练管理团队	集体领导,分工负责,重大事项集体决策,积极协调各方关系,多学科攻关,资源整合,打造利益共同体	• 集体领导,集体决策,有利于调动各方面的积极性,提高决策质量和科学性。 • 多学科攻关,整合资源,有利于科教兴体,有利于提高训练质量。 • 有利于打造"利益共同体",激励团队全体成员。 • 有利于训练和比赛任务的完成。	• 团队冲突管理耗时费力,有时效果也不理想。 • 集体研究和决策容易造成妥协、折中。 • 旧观念难以消除,团队中科技、医务和后勤保障人员难以获得平等地位和平等的话语权。 • 可以共患难,难以共获利。利益分配机制往往事后确定,不合理的利益分配机制容易造成"共同体"的瓦解。

尽管没有一成不变、普遍适用的"最好的"管理模式和管理方法,运动队采用哪种管理模式受到项目特点、人员因素、内外环境等多方面综合因素的影响,但是,建立复合型训练管理团队,是当今国际竞技体育的发展趋势和潮流,也是很多项目备战奥运会的成功经验。

(六)贯彻"以人为本"的管理思想,合理实施激励机制

竞技运动水平的提高,需要有一支综合素质高、训练经验丰富的教练员队伍,更需要一批又

一批的优秀运动员,当然还需要有大量事业心强、有创新能力的科研人员、管理人员。人是一切因素中最重要、最根本的因素,管理中必须重视人的因素,贯彻"以人为本"的思想,用激励机制调动广大运动员、教练员的积极性、主动性和创造性。

首先,通过竞赛杠杆,正确运用加分激励。在中国实施"奥运战略"的同时,各省(区、市)还有自己的区域战略,即所谓"全运会战略"。如果有的省(区、市)过分强调自己的"全运会战略",就会损害全国的"奥运战略"利益。为了防止这一不利倾向,国家体育总局规定各省市运动员可把在奥运会上获得的奖牌和分数带入次年全运会各代表团,并加倍计数。为防止部分省市压缩(或取消)足球、篮球、排球"三大球"现象继续发展,国家体育总局扩大"三大球"全运会奖励名次范围,奖牌和分数加倍计算。为防止赛前拉队凑数,国家体育总局规定组队时间必须是两年以上,且坚持系统训练和参加正常竞赛活动。

其次,运用物质激励,包括国家、地方和社会各界的奖励。加大奥运会对国家相关部门和地方政府的奖励数额。充分利用国家优惠政策,《中华人民共和国个人所得税法》规定:"省级人民政府、国务院部委和中国人民解放军军以上单位,以及外国组织、国际组织颁发的体育方面的奖金,可以免纳个人所得税。"

最后,运用荣誉激励。不少省(区、市)政府、体育局以及运动员、教练员所在单位,对获奖的运动员、教练员给予记功,授予荣誉称号,晋级,评为模范、先进分子等荣誉激励。这种精神上的奖励也起着重要的激励作用。

第二节　运动训练管理

运动训练是竞技体育活动的重要组成部分,是为提高运动员的竞技能力和运动成绩,在教练员的指导下,专门组织的有计划的体育活动,是通过对运动员在生物学、社会学、心理学等方面进行改造,以适应高水平竞争需要的一种过程。运动训练管理是指体育管理者遵循运动训练的客观规律,为实现运动训练工作的目标,而对运动训练系统进行计划、组织、控制、协调、创新的综合活动过程。[1]

一、运动训练管理体系

运动训练管理是一个复杂的系统。这个系统围绕着教练员和运动员之间的"训"和"练"关系这个核心内容,以科技指导、医学服务、后勤保障和日常管理为重要组成部分,通过计划、组织、

---

[1] 高雪峰,刘青.体育管理学[M].北京:人民体育出版社,2009.

领导、控制、协调、沟通、创新等管理手段,整合各方面资源和力量,以期达到培养优秀运动人才和创造优异竞技成绩的最终目的(图6-4)。

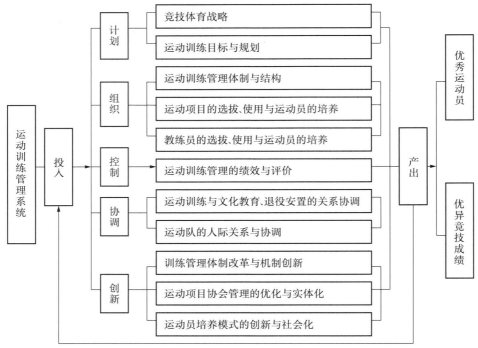

图6-4　运动训练管理系统结构 [1]

当今竞技体育正在发生着深刻的变化,竞技体育发展实践表明:构建复合型训练管理团队,促进训练、科研、医务、管理、保障"一体化",是当今国际运动训练管理的主要潮流和发展趋势。因此,现代运动训练管理是一个以管理为统领、以训练为核心、以科研和医务为支撑、以后勤为保障的复杂系统(图6-5)。

图6-5　现代运动训练管理系统示意图

---

[1] 刘青. 运动训练管理教程 [M]. 北京:人民体育出版社,2007.

二、运动训练项目管理

1993 年以后,原国家体委对运动项目协会实体化采取了一系列改革措施。对运动训练项目的管理逐步从原来由政府部门管理摆脱出来,由半事业性的"运动项目管理中心"进行管理,运动项目协会和运动项目管理中心是一个机构、两块牌子。原属政府职能部门管理的各运动项目,现在分别归属 23 个运动项目管理中心管理,从此,运动项目协会脱离了政府管理,向"协会实体化"方向运作。

(一)我国现阶段运动项目设立的现状

本书所指的运动项目,是指由国际奥委会、亚奥理事会、国际单项体育组织设立或具有我国特色和民族特点的运动项目。我国在设立开展运动项目工作上,长期以来只考虑设立"正式开展的运动项目"。1952—1978 年,国家体委为了集中当时极为有限的体育资源,迅速推进全国体育运动的发展,正式设立开展了篮球、排球、田径、游泳、体操、乒乓球等 34 项运动项目;到 1992 年,运动项目增加到 55 项;1994 年为完成奥运为国争光和全民健身任务,又新设立了 10 个项目;到 2006 年,我国设立正式开展的运动项目共有 99 项;2007 年 1 月 4 日制定的《运动项目立项管理办法》,又把我国开展的运动项目分为"正式开展的运动项目"和"试行开展的运动项目"两类;每类可分设大项、分项和小项。该办法将原来正式开展的运动项目 99 项调整为 78 项。这些项目由相应的单项协会或有关运动项目中心负责管理。按我国传统习惯,将竞技体育项目分为两大类。

1.奥运项目

奥运项目指被列为奥运会正式比赛,并在我国正式开展的运动项目,共 44 项,其中包括田径、游泳等夏季奥运会项目 34 项,速度滑冰、高山滑雪等冬季奥运会项目 10 项。这些项目由国家体育总局有关运动项目管理中心负责管理。

2.非奥运会项目

非奥运会项目指现在奥运会未进行比赛的运动项目,我国共有 55 个,包括潜泳(含蹼泳)、摩托艇、武术、技巧、健美操、高尔夫球、保龄球、体育舞蹈等。这些项目分别由运动项目管理中心和社会体育指导中心负责管理。

(二)我国运动项目管理的现状及发展态势

1.项目管理中政府职能的过渡

运动训练中政府职能的过渡,表现为权力和利益的渐进式转移。原国家体委自 1998 年机构改革以来,各运动项目管理中心在管理体制改革上积极探索、大胆实践,积累了不少经验,取得了显著成绩。体育行政机构进一步精简,打破了原有体育行政部门管办一体化的职能结构。运动项目管理职能实现了渐进式的转移。具体表现为:一是职能重心的转变。由政府职能向社会职能转变。二是职能方式的转移。由微观管理、直接管理向宏观管理、间接管理转移,由重视计划管理和排斥市场向计划与市场相结合方向转移。管办逐步分离,强化管理的职能、弱化操办的职能。从权力的分配上,更凸显上层决策与管理,把具体的执行和操作权逐步与社会组织和团体共同分享,从而使体育社团不再形同虚设。国家通过计划进行体育资源配置,体育社团通过市场运作获取利益。三是职能关系的转变。在体制转轨时期,体育行政部门逐步理顺了政府与企业、政府与体育社团、政府与市场、中央与地方的关系。

2.运动项目管理法规、制度得以逐步完善

运动项目管理法规、制度的逐步完善表现为责、权、利的边界逐步明晰。长期以来,运动项目管理法规与制度在整个体育管理体制中是相对滞后的一个环节。由于我国运动项目管理组织"习惯于以行政管理方式直接对俱乐部、联赛、市场进行管理",行政组织与社会组织和团体的责、权、利界限不明确,阻碍了社会组织和团体对体育的投入与参与。通过近20年的改革,体育管理法规、制度不断完善,体育管理行为不断得以规范,体育行政部门与社会组织和团体的职责逐步走向明晰,责、权、利的边界得到有效划分和有机统一。

3.运行机制不断拓充

运行机制不断扩充表现为体育逐渐融入国家政治、经济运行机制。随着市场经济的发展,在运动项目管理方式上,由原来以带有浓厚"人治"色彩的行政管理手段为主,向以经济手段为主、多种方法相结合的方式转变。在运行方式上,人力资源配置引入了竞争机制和激励机制,财物资源配置引入了优胜劣汰的风险机制和相应的保障机制。在运行模式上,不断借鉴西方各种体制的优缺点,形成国家与社会共同办体育的新体制。新的体育管理体制的运行机制逐步融入国家运行机制的大循环,运动项目管理的运行机制也随之逐步转轨,正朝着与社会主义市场经济相适应,符合体育运动发展规律的方向迈进。

(三)我国运动项目管理存在的主要问题

1.运动项目的设立与管理有待进一步完善

国家体育总局于2006年12月颁布新的《运动项目立项管理办法》,在2001年颁布的《关于设立正式开展的运动项目管理办法》基础上,增加了"试行开展的运动项目"。此举满足了人民群众多方面的需要,有利于促进运动项目的发展;在项目分类上,改变过去只分大项与小项的局限,而分设大项、分项和小项,这不仅便于与国际运动项目分类接轨,而且也便于我国对运动项目立项进行科学的、分层次的管理。然而,此举仍存在一些与需要不适应的地方,例如,运动项目设立权力仍集中在国家体育总局,各级地方政府无权过问,限制了地方发展运动项目的积极性;在项目分类上虽然与国际接轨,划分为大项、分项和小项,但在实际操作中仍存在不规范问题;在项目归类上虽然作了调整与精简,由99项改为78项,但是归类依据的原则尚不够全面,也不够科学。

2.运动项目管理仍然存在"管、办不分"

现行的运动项目管理中心,由于没有完全摆脱我国计划经济外环境长期影响下形成的"强政府、弱社会"的体育管理模式,政府过多地介入体育管理事务,造成了管理中心既当运动员又当裁判员的局面,限制了体育社团参与体育管理的积极性和创造性,并造成经费上对政府的依赖。这种状况使得国家的体育项目管理中心发展极不平衡,又造成体育社团难以增强自我生存、

自我发展和自我造血功能,从而限制了体育社会化的快速发展。西方发达国家的经验表明,社会团体在发展体育事业的过程中,具有不可替代的作用。体育属于社会服务的组成部分,政府对运动项目全权的管理容易陷入大量的事务性工作,削弱其宏观管理职能,并阻碍了社会团体参与体育管理。

3.运动项目管理路径不畅

运动项目管理中心与主管体育部门之间、国家运动项目管理中心与地方运动项目管理中心之间仍存在工作交叉和职责不清的情况。运动项目管理从纵向结构上看,较为严密和顺畅,而从横向结构上看,较为紊乱,部分运动项目管理中心之间缺乏有效联系;有的地方业余训练体系的规模大、投入多、成本高、效益不明显,尤其是输送渠道不顺畅、不完善,运作机制不够完善,仍处于"粗放型"管理状态。

4.体育运动协会缺乏独立自主权限

经民政部门审核批准的运动项目协会,属于体育社团,按照我国体育社会化的要求,体育社团应享有相应的独立权限。目前我国现有的运动项目协会,在政治上缺乏权威性,在经济上缺乏独立性,体育团体的作用十分有限。另外,政府部门对体育社团能否承担起应尽的责任尚有疑虑,对部分权力的下放十分谨慎,所以体育社团的管理部门应主动向政府"挂靠"寻求支持,寻求社团在管理方面的权力和在经济方面的独立。

三、教练员管理

(一)教练员的工作职责

1999 年出版的《中华人民共和国职业分类大典》把"教练员"职业及其所从事工作的主要内容界定为:教练员是指在体育运动训练和竞赛中,培养、训练和指导运动员的专业人员。教练员是竞技体育训练中的关键因素,在运动训练过程中起着重要的主导作用,一个项目、一支运动队竞技成绩能否提高,教练员起着非常关键的、不可替代的作用。原国家体育总局副局长李富荣曾指出:"从我国体育事业发展的历程看,教练员是竞技体育人才建设的关键,他们在运动训练过程中起主导作用,教练员不仅担负着提高运动技术水平、攀登世界竞技体育高峰的任务,更重要的是我们的教练员也是一个教育者,他们担负着教育运动员、培养运动员成才的重大责任。他们必须为人师表,率先垂范。"

(二)教练员的职业特征

1.工作的重复性与创新性

在重复中创新,在创新中反复实践、改进,这是教练员一个显著的职业特征。

2.工作的自主性与权威性

教练员要负责训练计划的制订、实施和监督评价,负责运动员的训练和管理,整个训练活动过程几乎全在教练员或教练员团队的指挥下完成,外界干预较少,且运动员和其他相关人员通常要按照教练员的指示和安排开展活动。因此,教练员工作中自主性较大、权威性较强。

3.角色的多元性

教练员在日常工作中扮演着多重角色。在面对运动员时,教练员是专业运动技术的传授者、示范者,为了获得更好的训练效果,教练员还需要扮演一个兼具艺术家和创造者的角色;此外,还要管理运动员的学习和生活,对其进行思想品德的熏陶,并要扮演富有社会责任感、富有体育精神的楷模。在面向竞技体育管理组织时,教练员还是被管理者,要接受管理组织的选拔、培训、考核、评价、奖惩等管理活动。

[知识拓展]

教练员扮演的角色

教练员绝不仅仅是单一的帮助运动员训练的角色,教练员所承担的工作和教练员的职责使其在运动队中扮演着多重角色。多角色思考能够让教练员从运动员的训练、比赛、生活、学习中获取各种信息,使教练员能够统揽全局,从跨学科的高度对运动员的训练进行调控,充分发挥教练员的潜能和才智,从而提高训练、比赛的质量。

教练员通常扮演着如下角色:

(1)采购员。当好采购员,就是要看到运动员的特点,看准了就把他们选进来进行训练。

(2)设计员。对"采购"回来的运动员,教练员要根据其特点和全队比赛的需要,设计其发展方向。要根据运动员的具体条件进行设计,对哪一些人,从哪方面发展,技术上的每一个环节都要设计好,要有战略眼光。

(3)指导员。教练员要对运动员的训练和比赛进行指导,对运动员从技术、思想、道德等几个方面花大力气去教、去导,而不能代替运动员训练和比赛。教练员指导包括技术上的指导和对运动员做人及素质发展的指导两个方面。

(4)教师。教练员要像教师那样给运动员传道、授业、解惑,给运动员传授知识和思想。

(5)导师。教练员与运动员朝夕相处,其一言一行都在潜移默化地影响运动员,是运动员的人生导师。

(6)训导员。教练员要对运动员的表现进行奖赏和惩罚。

(7)管理员。教练员要全面负责运动员日常生活的管理和组织,包括对行政、后勤等诸多因素进行管理和协调。

(8)外交家。教练员要同新闻媒体、观众和社会各界保持良好关系,妥善处理来自新闻媒体、观众和外界的压力。

(9)朋友。教练员应该与运动员成为朋友。教练员与运动员要建立良好的关系,进行平等沟通,才能把握运动员的所思所想。

(10)学生。教练员还要把自己当作学生,善于倾听运动员的意见,时刻反省自己,不断完善自我。

(11)科研人员。教练员要不断地对自己和他人、对己队和他队的训练和比赛进行分析、评估,并做出结论。

(12)推销员。教练员要善于把自己培养的运动员推荐到国内外更高水平的运动队,推销到国内外赛场和再就业的岗位。

在多角色模式下,教练员要协调好各种角色行为是一件困难的事情。在角色转换的过程中,每一种角色行为都可能受到别的角色形式的干扰。

(资料来源:钟秉枢.做 No.1 的教练——团队管理与领导艺术 [M].北京:北京体育大学出版社,2012.)

4.工作的高压力性

在传统竞技体育管理模式下,金牌至上的观念,对于教练员而言,也会带来巨大的工作压力,容易产生职业倦怠。由于竞技成绩对竞技体育教练员的职称考评、奖金福利等个人利益有重大影响,从而迫使教练员长期奋斗在训练场上,在"三从一大"理念下,投身于艰苦的训练,不仅忽视了运动员的全面发展,同时也阻碍了教练员专业潜能的充分挖掘和创新能力的拓展。

(三)教练员应具备的特质

1.现代化的训练理念

训练理念在竞技体育教练员执教过程中起着指导性作用,它对于训练计划的制订、执行、修正,训练方式、方法的选择,都有直接而深刻的影响。一名优秀的教练员其训练理念需要不断更新,以跟上国际竞技体育发展的步伐,并且要具有持续的创新精神。

2.扎实的专业知识

扎实的专业知识是一名竞技体育教练员执教的前提条件和基础。专业知识既包括理论知识,也包括运动技术。随着科技的进步以及在体育领域应用的加深,对教练员专业知识的要求也在不断提升,现代知识的快速更新,也要求教练员必须不断补充新的知识以应对竞争需要。中国未来竞技体育能否快速发展,取决于竞技体育教练员的知识更新和对最新的理论、技术的掌握和应用,而决定性因素之一就是教练员能否通过计算机技术和外语能力来创造和借鉴国外先进的训练理论与方法,进而提高运动技术水平。

3.过硬的综合能力

教练员需要具备科学训练、科学选材、营养康复、临场指挥、沟通协调、组织领导、激励他人、形象宣传等多方面的综合能力。

(四)教练员管理原则

1.教练员管理需要多方协同

由于竞技体育教练员工作的开展需要多方配合,如训练组织的管理人员、领队、运动员、教练、科研人员、医务人员等。因此,对竞技体育教练员的管理,不仅仅是对教练员群体的单一管理,而是对涉及训练的多方成员的综合管理,是一项复杂的系统工程,需要多个方面共同的协作,并平衡各方利益,达成帕累托最优。

2.教练员管理更需要弹性和柔性

从前述有关教练员特征的分析可以看出,教练员的职业性质和个性特点决定了单靠传统的行政权力管理和单一的刚性管理模式是难以调动竞技体育教练员的积极性和充分开发竞技体育教练员的创造力。因此,必须根据教练员的职业性质和个性特点构建新的管理模式,变外压式的强制管理为教练员内调式的自我需求、自我发展,从而自主提升自我管理能力。只有充分调动教练员的积极性、主动性、创造性,才能真正达到提高管理效果的目的。也只有采用柔性管理模式,才有可能更好地激发教练员的高度责任感和自觉性,达到自我约束、自我管理的目的。

3.教练员管理需要更多样、更灵活的管理机制

由于教练员在训练工作中所扮演的多重角色和所肩负的特殊任务,决定了单一的激励和约束模式是难以奏效的,也是不全面的。教练员的工作是一项长时间的,甚至是全时空投入的工作,而当前衡量教练员劳动成果的一个最主要、最客观的标准就是运动员在竞技比赛中的成绩,只有创造优异的竞技成绩,教练员才能得到社会的认可,才能得以体现自身的价值,但这种评价标准是失之偏颇的。运动训练是一个长期的、复杂而艰巨的劳动,无法一蹴而就,教练员的辛苦付出更多地体现为一种潜在状态的改变,尤其是在训练的初始阶段。因此,以大赛成绩作为衡量标准,使得评价、激励模式相对单一,不利于充分调动竞技体育教练员的积极性、主动性和创造性,也导致对基层竞技体育教练员的成绩认定相对较为困难,挫伤了基层人才培养的积极性,进而阻碍了后备人才梯队的建设,影响了竞技体育的可持续健康发展。因此,要求管理者在综合衡量多方利益的情况下,实现教练员管理的最佳博弈,在激励和约束的手段、方法上,都要富有针对性、创造性,应采用更多样、更灵活的形式,以更进一步激发教练员的自主能动性、积极性和创造性。

(五)教练员管理体系的构建

1.构建合理的教练员管理组织

在市场化、职业化模式下,教练员首先需要通过职业认证、获取职业资格;其次依托人才市场明晰自身价值和资本;最后在教练员和用人机构之间形成双向选择的自由择业平台,让教练员按市场规律配置和流动。因此,新的组织体系应有以下三大基本组织:教练员资质管理组织、教练员聘用组织和职业中介组织。此外,为确保竞技体育教练员管理组织的有序运作,还要成立相对独立的、能对上述组织进行监督管理的第三方监管机构。

2.做好教练员管理职权的划分

随着教练员管理组织的重新构建,必然会打破部门壁垒,面对职权、利益的新的划分。大部制改革不是简单的机构精简、合并,而是职权的重新厘定与分割。而改革中最困难的部分就是理出权力清单,进行权力的再分配,清楚界定各项基本职能和权力的归属。其核心问题是理顺部门之间的关系,明确部门之间的权利,使之各行其责,让政府的责任归政府、市场的责任归市场、社会的责任归社会,达到职权的一致与平衡。体育局系统要发挥引导、平衡、协调、保护的职能。各级各类组织首先要进行职能的整合,之后,再进行职权的重新划分。既要做到职权划分与组织架构相匹配,又要把握好多方利益博弈中的平衡。

3.构建合理的教练员管理制度

教练员管理制度的构建需与社会政治、经济环境相适应,与组织架构相匹配。这不仅要具

有指导性、约束性、规范性和程序性,还要具有鞭策性和激励性。从管理范畴来讲,管理制度可分为国家管理制度、行业制度、组织制度三个层级。这三个层级的制度分别负责宏观、中观和微观的管理。国家管理制度起着调控和引导作用,行业制度起着行业自律作用,组织管理制度起着确保组织有序运作的作用。据此,也从这三个层面分析我国教练员制度体系,梳理出当前急需建立和健全的核心制度。具体来讲,就是要做好职业资格管理制度、职业市场规范制度、利益分配制度及各种保障制度的建设工作。

4.构建合理的教练员管理运行机制

获取职业资格证书的教练员进入市场,经过双向选择就职于竞技体育训练机构,为确保管理的有序进行,在这一管理流程中,需要建立并不断完善协同、竞争、激励、监督约束、评价等机制,以确保教练员管理体系得以卓有成效地运作。

四、运动员管理

运动员是运动训练的主体。运动员的管理是运动训练管理系统中的一个核心环节。运动员管理工作体系既包括运动员创造优异竞赛成绩的成长过程管理,又包括对其思想、政治、学习、生活等方面的教育和管理。

(一)新形势下运动员管理面临的问题

1.运动员主体意识不断增强

主体意识指主体的自我意识。它是人对于自身的主体地位、主体能力和主体价值的一种自觉意识,是人之所以具有主观能动性的重要根据。运动员主体意识是随着社会实践的发展而发展的。随着公民社会的到来、市场经济的发展和法治社会的要求,运动员主体意识不断增强。运动员主体意识主要体现为以下几方面:①主体意识,即明确认识到自己是运动训练中的主体,而不是无足轻重的客体,训练水平的提高和竞赛成绩的创造都离不开运动员自身的积极努力、巨大付出和创造性地发挥等。②权利意识,即意识到自己有各种经济权利、政治权利、社会权利。③参与意识,即意识到公民的本质在于参与,参与运动队日常管理,甚至参与社会公共生活、政治生活既是自己的权利,也是自己的义务。④平等意识,即意识到自己与社会中的一般公民一样,都是权利主体,在法律面前享有平等的权利,承担平等的义务。⑤法治观念,即意识到法治优于人治,开始尝试按照法定界限和程序行使权利,利用法律武器捍卫自己的权利。

2.运动员利益诉求意识不断增强

利益诉求是指一定的社会集体、组织或个体,为获得自身在生存、发展和心理上的满足,而对经济、地位和权利的申诉与请求。运动员的利益诉求包括物质利益诉求和精神利益诉求两个方面。计划经济体制下,各种利益分化并不十分明显,职业、阶层、人员之间的收入差距很有限;很多事情作模糊处理或笼统评价,如教练员和运动员都是在为国争光,完成组织或上级交代的任务是其职责。随着市场经济的快速发展,运动员自身商业价值开发日益加强,著名运动员的商业价值大幅增长,运动员与其管理方(项目管理中心、俱乐部、协会等)的利益矛盾也随之加剧,甚至出现双方对簿公堂的情况。与此同时,运动员在要求参与队伍管理、保护身体健康、获得人格尊重、追求恋爱婚姻权利等方面的意识也不断增强,这些都给运动队的管理带来了严峻的挑战。

3.运动员权利保护不严格、不完善

运动员是一个特殊的群体,他们虽然人数不多,但由于其曝光度高,社会关注度大,因此其权利保护问题就显得较为敏感。现阶段,运动员权利保护仍然存在很多问题,主要体现在优秀运动员肖像权开发、不公平竞争、利益分配、注册与交流、义务教育实现和高等教育机会获得、就业安置、伤病及退役保障等方面。运动员权利保护问题产生的根源在于管理体制、管理制度、权力与权利的碰撞。

优秀运动员人格权的权利状况主要与体育行政部门的管理制度和管理手段有关。优秀运动员的无形资产的开发与收益分配权被体育行政部门主要是项目管理中心严格控制,优秀运动员本人缺乏自主开发权。造成这种现象的原因是体育体制和背后的利益。优秀运动员健康权面临的主要问题是伤病及退役后的保障,竞技体育活动中应当树立"以人为本"的意识,应当加强运动员退役后的职业病保障。优秀运动员的教育问题主要包括获得义务教育和高等教育。劳动报酬的问题主要涉及比赛奖金和奖励的分配,问题产生的根源既有制度因素,也有教练员等辅助人员权利意识不明确的因素。作为法律和道德双重准则的公平竞争权,于优秀运动员是一项最重要的权利。侵犯公平竞争权的行为主要有训练与选拔中的不当行为,还有比赛中的虚假行为、受贿行为、赌博行为、破坏行为等。但对比赛中发生的合乎规则的不公平竞争以及以不正当手段谋求公平的现象,使公平竞争成为道德与法律双重标准下的一个争议话题。注册制度中形式上的平等与实质上的不平等使得优秀运动员在注册和交流中处于被动,选拔更是没有相关的依据和确定的标准。就业安置权是优秀运动员的特殊保障[1]。

4.运动员思想政治教育工作创新不够

思想政治教育是中国竞技体育管理的重要法宝之一。传统的运动队思想政治教育工作强调说教式、灌输式、口号式教育,这是与当时的社会经济文化发展现状相适应的。随着市场经济的发展,社会思想观念发生了巨大变化,沿袭传统的思想政治教育方式、方法和内容等,其效果越来越差。当前,运动队思想政治工作存在四大缺陷:一是对思想政治工作目标的认识还不够统一,一些运动队在对运动员创造优异成绩和全面发展的认识上不统一,进而导致运动员思想混乱;二是思想政治工作的内容缺乏时代感和针对性;三是思想政治工作的途径、方法和手段比较单一;四是思想政治工作的保障体系不够健全和完善,规章制度不健全,经费投入不足。在新形势下,各运动队必须从实际出发,不断探索和改进运动员思想政治教育管理体制、运行机制、内容体系、方法手段和创新思路等。

(二)新形势下运动员管理对策

1.践行"人本管理"理念

体育管理者要树立"以人为本"的管理育人理念,转变思维观念。只有思维观念转变了,工

---

[1] 陈书睿.优秀运动员权利的法学研究[D].上海:上海体育学院,2012.

作方针、工作思路、工作手段,才能朝着为调动运动员的积极性、发挥运动员的主动性和创造力等正确的方向发展,才能营造出良好的环境和条件,扫除一切影响人的积极性、主动性和创造性发挥的思想、体制和机制障碍。"以人为本"就是在思想认识、理想信念、道德人格、伦理规范、作用发挥等方面融入人的情感,体现人文关怀。要在运动员管理中做到人本管理,就要在运动训练实际中做到尊重运动员、关心运动员、依靠运动员、培养运动员,使运动员不断得到提高和发展。体育管理者要从根本上改变仅仅将运动员视作管理对象的传统观念,充分重视运动员的主体意识觉醒,树立运动员是人才、是运动训练活动重要主体的观念,既要严格要求,又要耐心帮教。正确处理严格管理和人文关怀的关系,在严格管理中注入"人文关怀",重视运动员的各种需求,坚持以情为基础,晓之以理、动之以情。

2.切实尊重和保护运动员的权利

一是转变观念,切实树立尊重运动员主体意识、利益诉求和权利保护的观念;二是畅通运动员利益诉求的渠道,使运动员通过合法正当的途径和方式,表达自身需求和意见,以实现和维护自身利益;三是增强沟通,依法及时、合理地处理运动员所反映的问题,切实保护运动员的各项权利;四是完善运动员权利法律救助机制。

3.协调运动员和教练员的关系

长期以来,教练员不仅是运动训练的主导,而且是运动员生活各方面的主导,充当着保姆的角色,在管理方式上体现出"以教练员为中心""保姆式""体罚式""警察式""裁判式""强制性""限制性"等特征。我们在新时期要处理好教练员和运动员的关系,应坚持以说服教育和人文关怀为主,反对简单粗暴、惩罚式的管理手段,运用物质动力、精神动力和信息动力手段,调动运动员的积极性和主动性,使运动员从"要我练"向"我要练"转变。

4.创新运动员思想政治教育内容和手段

运动员思想政治教育要做到"润物细无声",最终目标要达到"内化于心,外化于行"。创建新型运动员思想政治工作体系:①处理好运动队思想政治工作的社会目标、集体目标和个人目标等多元目标的有机结合和统一。研究差异,寻找共同点,才能统一目标,明确任务。②增强思想政治工作内容的时代感和针对性,制订训练、竞赛等不同时期的思想政治工作内容体系,思想政治工作者要善于灵活运用教育内容。③改进运动队思想政治工作的途径、方法和手段,建立有效的思想政治工作实施体系。④完善思想政治工作的保障体系,包括体制保障、机制保障、制度保障、人员保障和经费保障等。选择适合本运动队情况的思想政治工作管理体制,健全机构设置,划清权限,理顺关系;建立以评估检查机制和激励惩罚为主要内容的运行机制,以确保思想政治工作的质量。⑤加强运动队思想政治工作专业队伍的培养和建设,配备一支政治强、业务精、纪律严、作风正的专兼结合的思想政治工作队伍;保证基本经费的投入,并用规章制度将运动队思想政治工作建设内容固定成文,做到有法可依,有章可循。[1]

---

[1] 何珍文,闫旭辉,李庚全,等.运动队思想文化建设实务[M].北京:北京体育大学出版社,2011.

(三)运动员管理方法

对运动员的管理是一个十分复杂的问题,它涉及众多领域和多种因素。为了突出对运动员的管理效果,这里仅就经常运用的运动员的管理方法进行分析和阐述。

1.目标激励法

人不能没有目标,不能没有追求。运动员把自己的青春奉献给体育运动事业,就自然希望在自己所从事的项目领域大显身手,盼望着成全自己的冠军梦,渴望着通过心血付出验证自己的人生价值……正是由于每一个运动员都是朝着自己追求的目标奋斗着,那么,我们运用目标激励法定可激发运动员的训练积极性。

运用目标激励法要注意目标选择的可及性。确定目标不能好高骛远,更不能可望而不可即。只有那些经过奋斗拼搏后可实现的目标才能产生激励作用。为此,在运用目标激励法时可采用阶段目标确立法和总目标分解法。

2.责任激励法

管理心理学的研究表明,参与才有责任感。教练员要善于吸收运动员参加训练工作计划制订等活动,使运动员认识到这一训练计划的安排是自己参与制订的,增强实现目标的责任感。比如,经过赛前准备会,全体队员在集思广益后有针对性地制订出的技战术方案,就容易被队员接受,并且有助于他们自觉、主动地贯彻落实比赛技战术。

3.奖惩激励法

每个人都希望从别人那里得到赞扬,而不是批评。为了达到这种目的,表扬或批评就会对运动员产生吸引力或压力,从而产生训练动力。然而,在表扬时,要注意物质奖励和精神奖励的统一,在批评时又要讲究方式方法,防止挫伤运动员训练的积极性。

4.利益驱动法

利益是在规定范围内,通过自己的能力、贡献而获取的正当收获。目前,各行各业所进行的人事分配制度改革中的岗位津贴或业绩贡献奖等,就是采取正当利益驱动而刺激人们全职服务于本职工作的具体体现。当今,我国各体育职业俱乐部对运动员的贡献奖和高额年薪制,都是驱动广大运动员奋力拼搏的有效方法。

5.思想教育法

思想政治工作是我们克服困难,解决问题的有效武器。通过深入细致的工作,可以帮助运动员树立正确的人生观和价值观;可以化解矛盾,消除误会,使大家的思想行动统一起来;可以变消极为积极,变被动为主动,使大家的积极性被充分地调动起来。

【课堂检测】

他们为什么不愿为国效力

执教国家队至今,阿里·汉对这段为期不长的执教经历有哪些满意的地方? 又有哪些不满意的地方? 2003年11月9日下午,阿里·汉在与长期从事足球研究和教学的北京体育大学足球教研室的专家、教授进行座谈时,向外界袒露了心迹。

谈到执教中国队的压力问题,阿里·汉自认为并没有感到什么太大的压力,因为此前他对中国足球有一定的了解,也与中国选帅组进行过认真的交流,至今他都为自己能够当选中国国家队主帅感到十分幸运。

对于年轻球员在这支新国家队的成长和成熟速度,阿里·汉深感欣慰。他也认为这是最令他满意的地方。这些年轻球员有一种勤奋认真的学习态度,在训练中也一丝不苟,对教练员的战术意图贯彻得也很准确到位,这些让他感受到了执教这支球队的乐趣。

当然,对于阿里·汉来说,有满意的地方,也有不满意的地方。阿里·汉认为最令他不满意,也最令他百思不得其解的是,他不知道为什么有些中国球员为国效力的愿望并不强烈,他们忽视了为国效力对于自己来说是一种莫大的荣耀,不知道其中的真实价值所在。而在欧洲,球员们都是以能为国家踢球作为毕生的荣耀。另外,阿里·汉还提到,他此前相中了三名球员,但直到现在这三个人仍然不能为国家队效力,他不知道这究竟是为什么。

对于中国球员的能力,阿里·汉认为,中国球员在体能方面的提高并不大,更为重要的是他们对于比赛的"阅读能力"和预判能力不够,这是影响他们水平提升的一个真正原因,同时也可理解为中国队在比赛中进球少的原因。中国球员在技术和速度方面都不错,但在比赛中,真正能够正确"阅读"比赛且发挥出这些能力的球员并不多;同时,他们对于比赛节奏的把握也欠火候。此外,阿里·汉还认为国家队守门员的水平不高。他还提到,许多国脚在地方队和国家队打不同的位置,这也给球队的整合造成了困难。

在谈到现在国家队的成绩无法提高的症结所在时,领队朱和元也显得相当无奈。他认为,现在球员的想法比过去要多,在物质要求方面更强烈一些,在个人利益与集体利益发生冲突时,前者往往占据上风,这就影响了战斗力。另外一个就是阿里·汉提到的"阅读"比赛能力不够,再就是体能不足,更准确地说是在比赛中快速折返能力不足。

[资料来源:孟洪涛.中国体育报[N].2003-11-20(3).]

思考与分析:

1.阿里·汉困惑的根源是什么?

2.在运动训练管理中,如何处理好运动员国家利益与个人利益之间的关系?

3.你认为中国足球国家队管理者应该如何调动国家队运动员的训练和比赛的积极性?

第三节　竞技参赛管理

运动竞赛是竞技体育行为链的核心环节。竞技参赛是指运动员在教练员指导下,参加比赛活动的行为,是运动竞赛活动的重要组成部分[1]。

---

[1] 田麦久,熊焰.竞技参赛学[M].北京:人民体育出版社,2011.

一、竞技参赛的目的和原则

(一)竞技参赛目标

竞技参赛的目的是通过参赛展示高超的竞技水平和获取优异的名次。竞技水平和竞赛名次这二者之间有着密切联系,但却并非等同。一般而言,高超的竞技水平可以获得优异的竞赛名次。但是,当参赛者水平都比较低时,表现一般的参赛选手也可以获得较好的名次;有时即便运动员自己发挥(甚至超水平发挥)出平时的训练水平,对手如果表现得更好时,自己也无法获得理想的竞赛名次。参加不同的竞赛,有着不同的参赛目标设计:有时要求运动员尽最大努力获得好成绩和好名次,有时则要求运动员故意隐瞒实力而不去尽力比赛,有时则重在参与和练兵而不设比赛目标。竞技参赛目标的设计和选择,受到竞技参赛管理战略和策略的制约。

(二)竞技参赛原则

竞技参赛原则是参赛者在参加运动竞赛活动中所应遵循的基本准则,其对竞技参赛活动的方式、方法予以指导和规范,告诉参赛者在竞技参赛活动中如何思考、如何操作才能够取得理想的参赛结果。不同的参赛目标和目的,有着不同的参赛原则。竞技参赛原则大致包括两类:指导参赛者的行为符合竞技场上的行为规范和指导参赛者能够获得满意的竞技结果。

1.指导参赛者行为规范的参赛原则

(1)诚信参赛原则。诚信参赛包括符合参赛资格规定以及依靠正当的竞技行为获得真实的参赛成绩这两个方面。前者主要包括在性别、年龄、体重、地域、职业、健康状况等方面符合竞赛规则要求。后者主要包括科学补充营养、拒绝违禁药品、诚信竞技、拒绝串通比赛,尊重对手、不得蓄意加害等。

(2)遵规守纪原则。竞技者在参赛过程中的一切言行均应严格遵守比赛规程和该项目的规则的有关规定。在参赛过程中,竞技者应认真学习领会比赛规则和竞赛规程,树立在赛场上绝对服从裁判的理念。

(3)积极进取争胜原则。参赛者在比赛中应努力拼搏,力争参赛胜利或表现出个人或团队所能达到的最佳竞技水平和最好比赛名次。该原则要求全过程、全方位地培养参赛者的进取拼搏精神,绝不轻言放弃和认输,不断给予参赛者积极向上的激励。

(4)慎对伤病参赛原则。参赛者在备赛和参赛过程中,应注意保护自己的健康,在出现伤病时,需谨慎和妥善处理。该原则要求参赛者要与医生密切配合,区别对待,妥善处理好参赛与伤病的矛盾。

2.指导参赛者获得理想竞技表现的参赛原则

(1)适宜参赛目标原则。该原则要求参赛者在比赛前应根据运动员竞技能力的现实状况、竞技潜力、对手实力,以及比赛档次、比赛环境等影响因素科学制订运动员参赛目标。

(2)竞技状态调控优先原则。该原则要求准确把握运动员竞技状态的变化规律,及时准确地进行运动员竞技状态诊断和调控,注意峰前状态的评定和把握,通过对竞技状态的调控,力争使运动员在比赛时达到最佳竞技状态,以便取得理想的比赛效果。

（3）竞技能力优化组合原则。该原则是指赛前安排中,要有计划地把运动员在平时训练中分散地、逐一地培养发展的各种能力有机结合起来,更好地参与竞技。该原则要求教练员准确把握运动员竞技能力的结构特点和不同项目训练中综合训练与分解训练的特点,合理安排综合训练。

（4）冗余备赛原则。该原则是指赛前准备工作中,在参赛方案、参赛选手、器材设备、时间安排等各个相关方面做好必要备份,以保障参赛顺利进行。该原则要求对竞技比赛的复杂性和突变性应有充分的认识和估计,高度重视竞技信息的收集和解析,有重点地、适度地作好冗余准备。

（5）因势应变参赛原则。该原则是指针对比赛过程中各种影响因素的变化,相应调整参赛行为,以获得理想的比赛结果。该原则要求赛前应作好充分的准备以应对赛场变化,准确感知和判断赛场形势的变化,果断应变,抢抓先机。

二、竞技参赛环节管理

（一）准备阶段的管理工作

大型综合型运动会(如奥运会、亚运会、全运会等)和部分单项世界最高水平运动会(如足球世界杯)一般为四年一届,两届比赛之间的时间都可以看作赛前准备阶段。由此可见,大型竞技比赛的准备时间较长,可以说"四年磨一剑"。如果从运动选材开始计算,用"十年磨一剑"来形容竞技比赛周期一点也不过,甚至可以说还不够。

根据竞技体育比赛特点和管理惯例,赛前准备阶段又可以划分为一般准备阶段和临赛准备阶段。不同级别、不同规模、不同项目、不同水平、不同性质的竞技比赛,临赛阶段的时间目前无明确的界定。本教材将临赛阶段界定为体育代表团参赛名单确定后到比赛开始日之间的这段时间。除去临赛阶段,其他赛前准备阶段可以统称为一般准备阶段。

1.一般准备阶段的管理工作任务和内容

赛前准备阶段是整个竞技参赛过程中时间最长的环节,也是打好基础的重要阶段。运动员的训练水平和训练效果及训练能力储备主要通过这个阶段的训练和管理来积累。从竞技参赛组织管理角度来看,一般准备阶段的管理任务和内容主要包括以下方面:

①建立竞技参赛备战组织管理机构,明确分工和工作机制,建立快速、高效、通畅、协调、实干的决策机制和保障机制。

②明确备战工作总体指导思想,管理备战目标体系,包括体育局、项目管理中心、项目运动队及运动项目班组等各层面的备战目标。

③调整运动项目结构,做好运动项目布局,实行分类管理、动态管理。突出重点,重点保障现有优势项目,深入挖掘有夺牌实力项目的潜力,积极培育新的金牌和奖牌增长点。

④实行目标管理,签订周期和年度目标任务书,层层传导压力,科学运用目标管理方法来激励参与备战工作的所有人员。

⑤指导各运动队组建复合型训练管理团队，并对其运行情况进行阶段性的检查、问题诊断，协助、帮助和指导其解决备战过程中的相关问题。

⑥建立健全备战组织管理各项规章制度。

⑦加强训练管理，重视训练创新和训练管控，提高训练的目的性、针对性、实战性和有效性，积极预防和尽量减少运动员（尤其是重点运动员）伤病的发生。

⑧大力实施科教兴体，重视科研攻关工作，加强科技和医务队伍建设，做好引智、用智工作，提升科技和医务因素对提高训练水平和效果的促进作用。

⑨做好竞技体育信息情报工作，尽力做到知己知彼，为备战工作提供决策参考。

⑩组织管理好各项目（尤其是重点运动项目和运动队）年度训练和比赛工作，通过年度比赛来检验平日训练效果，认真做好年度比赛总结和评价工作。

⑪定期和不定期做好各项目（尤其是重点运动项目和运动队）的备战情况盘点工作，总结经验，及时发现问题、解决问题。

⑫抓好思想政治教育、内外宣传、装备器材、工作经费、后勤保障工作。

⑬抓好赛风赛纪、食品安全和反兴奋剂工作。

⑭制订好程序化参赛方案，通过年度比赛来检验方案的科学性和运转的效果，不断地进行完善。

⑮做好备战组织管理其他工作。

2.临赛阶段的管理工作任务和内容

①建立参赛指挥体系，研究制订代表团参赛工作方案，并向战时管理体制转变，实行战时工作机制，分清责任，明确要求，确保指挥系统通畅、高效地运转。

②做好代表团和参赛队伍的组建工作，明确纪律和工作要求。

③强化对各项目备战工作的检查、监督和指导，逐项目、逐重点运动员（队）地进行最后一轮的全面盘点和集中梳理，重点搞清三个方面的问题：本项目完成目标任务的形势分析，完成目标任务存在的主要问题，确保完成目标任务的具体措施和行动方案。

④进一步强化赛前训练的针对性、实战性，重视心理训练和调控，做好伤病预防，杜绝非战斗减员，把握好训练周期、节奏和负荷，让运动员以最佳竞技状态参加比赛。

⑤进一步调整、细化和完善参赛方案，程序化参赛，注重细节，确保万无一失。

⑥加强思想政治工作和励志教育，强化对运动员精神、意志、心理和作风的锤炼，深入开展为国争光、为省争光教育。

⑦持续抓好食品安全、反兴奋剂和赛风赛纪工作，确保运动员干干净净参赛。

⑧加强安全保障、后勤服务保障、信息情报保障，切实防范各类风险的发生。

⑨持续深入研究竞赛规程和竞赛规则，项目裁判规则等，开展针对性训练和预演。

⑩做好临赛阶段的其他备战管理工作。

(二)战时阶段的管理工作

比赛实战环节是最重要、最关键的环节，这是检验备战组织工作成效的时刻，也是最激动人心的阶段。战时阶段组织管理的好坏直接关系到参赛结果,赛前准备阶段再努力、再细致、再辛苦,如果赛中出现纰漏(有时甚至是一点点小的纰漏),也有可能导致大意失荆州,功亏一篑,徒留后悔和苦恼。战时组织管理工作任务和内容主要有以下方面:

①确保代表团和各项目战时指挥系统高效运转。

②重视首金,打好开局,鼓舞代表团士气。

③严格执行程序化参赛方案,并根据赛场变化,果断决策,做好应对。

④做好战时各方面资源的协调和配合工作。

⑤做好战时全方位保障工作。

⑥做好信息收集、汇总、分析、传递工作。

⑦做好运动员教育工作:注重礼貌礼仪,尊重领导、尊重裁判、尊重对手,注意言行举止;遵守赛场纪律,听从组委会安排,服从裁判判罚,遵守大会一切规章制度;听从指挥、团结协作,赛出风格、赛出水平。

⑧做好突发事件和紧急情况处理、备用方案启用和例外管理工作。

⑨做好新闻媒体应对工作。

⑩做好战时组织管理的其他工作。

(三)赛后总结阶段的管理工作

竞技体育工作有一句至理名言:走下领奖台,一切从零开始。一个阶段(周期)的结束意味着新的阶段(周期)的开始。及时、客观、全面、深入、系统地进行赛后总结,不仅能对整个备战和参赛过程进行全面回顾、讲清成绩、树立典型、总结经验,更能通过总结经验、查找问题、发现不足、分析原因、吸取教训等方式,为下一阶段或周期的备战管理工作指明方向和提供基本思路。

赛后总结要做到"三全":全员、全面、全力。

1.全员

全体参与备战的人员都要认真总结。一是复合型训练管理团队全体成员,包括运动员、教练员、领队、科研人员、医务人员、后勤保障人员、团队领导等都要认真总结备战工作;二是训练中心全部参与备战工作的部门也要进行备战保障总结;三是各个项目管理中心层面要深入撰写管理中心的备战和参赛组织管理总结;四是体育局备战领导小组要站在全局的角度撰写赛后总结。

2.全面

所有赛后总结要全面,既要表明成绩、总结经验、找出好的做法,又要查摆问题、分析原因、反思教训,还要为下一阶段(周期)训练和比赛工作指明方向,并提出基本思路。

3.全力

参赛工作不论是否完成目标任务,都要深入、深刻、客观、全方位地进行赛后总结。对成绩要给予充分肯定,对好的做法和经验要认真总结和提炼,对失误和不足更不能遮遮掩掩或用成绩掩盖失误,而是要深入、深刻地总结失误、错误、不足和教训。中国乒乓球队有一个优良的传统,就是每次大赛之后(即便是获得该次比赛的全部冠军),队伍都要逐一、深入地查摆问题,有时甚至能查摆出一百多个问题。查摆问题也是中国乒乓球项目保持长盛不衰的重要法宝之一。

三、竞技体育备战工作组织管理[1]

竞技备战组织管理工作的成效如何,直接关系到竞技参赛目标任务是否能够完成及完成的程度。竞技备战组织管理不仅涉及整个备战周期的战略规划,而且还涵盖了对运动训练质量和参赛成绩产生重大影响的人力、物力、财力等资源的有效和合理配置。组织管理水平直接关系到参赛目标的实现,关系到各项备战任务的完成。科学组织备战过程并进行有效管理是实现竞技备战工作效益和效率最大化的重要保证。

(一)竞技备战组织管理体系

竞技备战工作是一项复杂的系统工程,建立健全层次分明、职责清晰、任务明确、协调顺畅、高效运转的强有力的组织管理体系是确保竞技备战工作顺利开展的组织保障。

1.竞技备战组织管理架构

竞技备战组织管理体系一般分为四个层面:决策层、指挥层、执行层和操作层(图6-6)。

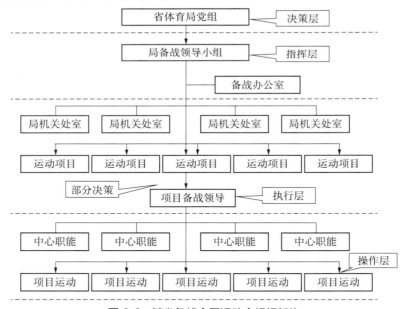

图6-6 某省备战全国运动会组织架构

(1)决策层——体育局党组。体育局党组是竞技体育备战工作的最高决策机构,对备战工作负领导责任。其主要备战工作职责为:①审定竞技体育备战过程中的有关人事、重大项目经费、奖励政策、代表团组成等重大事项的决策。②审定上报上级政府有关备战工作的重要请示、

[1] 韩开成,马宏,马延春,等.河南省体育局备战全国第十二届运动会组织管理研究[Z].河南省体育局科研成果汇编,2014.

报告和党组重要文电。③审定有关备战工作的重要决定、意见、办法等,审定体育局授予的各种表彰决定和荣誉称号等。④审定与备战工作有关的人事、宣传、思想政治教育工作中的重大事项。⑤审定其他有关备战工作的重大事项。

（2）指挥层——体育局备战领导小组。备战领导小组是在体育局党组的直接领导下,组织、指挥、开展备战工作,对备战工作负直接领导责任。其主要职责为:①充分利用举国体制优势,调动各方面积极性,研究、实施备战计划,强化训练竞赛,提高竞技水平,优化资源配置,重视系统管理,科学组织领导备战工作。②分工负责指导不同项目的备战工作,并对总体成绩目标负领导责任。③审议有关备战工作的方针政策、办法意见、重要决定和整体计划等。④审议与备战工作相关的训练、竞赛、政策、人事、编制、津贴、奖惩、经费、外事、科技、医疗、赛风赛纪、反兴奋剂、食品安全、宣传、思想政治教育、后勤保障、器材等有关事项,重要事项提交局党组会议审议。⑤听取各项目备战工作阶段性汇报和有关直属单位的备战工作汇报,研究部署阶段性工作,部署、检查、督促、指导、评价、考核各运动项目管理中心的备战工作。⑥审批体育局职能部门、项目管理中心和直属单位有关备战工作的重要请示,研究处理备战工作中的重要问题。⑦组织、协调和解决备战中的其他工作。

备战领导小组下设备战办公室,其是备战领导小组的办事机构,负责组织、协调和解决备战工作相关问题,对备战工作负具体组织管理责任。备战办公室在备战工作中的主要原则和要求是:组织协调、督促落实、强化训练、参赛补缺等,做备战工作中不在其他职能部门范围内的事情并整合资源。其主要工作职责有:①研究提出备战工作指导思想、参赛目标、工作计划和实施方案,提交备战领导小组审议。②审核备战工作中各项目管理中心训练、比赛及与备战相关的其他计划,突出训练、参赛计划的针对性、有效性和确保重点的原则,围绕争金夺牌和有可能突破的项目,强化训练、参赛的组织管理。③组织项目管理中心拟订备战参赛目标并提出签订责任书的意见,作为体育局与各项目管理中心签订目标任务责任书的依据。④组织协调对各项目备战工作的服务和保障,强化复合型攻关团队建设,加强重点项目运动员的医务监督、伤病防治、康复和营养恢复工作,合理配置备战资源,为运动队备战训练提供良好的条件。⑤落实反兴奋剂工作的各项法规、制度,健全反兴奋剂工作的监测制度和管理网络,强化对运动员、教练员、科研人员等相关人员的反兴奋剂的宣传教育和检查监督,组织与各项目管理中心签订"赛风赛纪和反兴奋剂责任书"。⑥组织备战工作理论研究,深入探讨和把握项目制胜因素和制胜规律,不断提高训练、参赛和管理工作的科学性、实效性,深入总结并及时推广优势项目和优秀团队的成功经验。⑦组织研究各项目训练、参赛中的典型案例,结合心理、生理、行为科学和思想政治教育等研究成果,编制运动队思想政治工作和心理教育教材并在备战训练过程中组织实施。⑧组织成立备战信息情报研究小组,全面分析参赛形势、实力和主要对手的情况,提出应对措施,及时为备战领导小组提供决策参考。⑨认真总结历届运动会的参赛指挥和代表团组团经验,结合本单位实际参赛特点,专题研究本单位参赛指挥方案和代表团组团工作方案,并负责组织实施。⑩按照备战领导小组的要求,协调、检查、督促有关单位的备战落实工作,及时了解并报告备战工作的进展情况,协调解决项目管理中心和相关直属单位备战工作中的重要问题。⑪参与项目管理中心领导班子和领导干部备战工作的年度考核。⑫落实局党组和局备战领导小组部署的其他备战工作。

（3）执行层——各项目管理中心。各项目管理中心是各竞技备战项目的直接管理机构,在备战组织管理架构中处于重要的位置,是主要的执行机构。各项目管理中心对本项目备战训练参赛和取得优异运动成绩负有直接责任。项目管理中心备战工作实行主任负责制,中心主任对备战管理工作和项目运动成绩负总责,其他领导班子成员根据分工承担相应责任。备战工作实行集体领导,重要问题须经中心领导班子集体研究决定。其主要备战职责有:①制订备战工作计划,确定参赛的任务目标、成绩指标及运动队考核评价办法,加大赛风赛纪和反兴奋剂宣传教育,制订赛风赛纪、反兴奋剂、食品安全监督管理和实施办法,与省体育局签订承担任务责任书、赛风赛纪和反兴奋剂责任书;②落实体育局备战工作政策、制度和文件,根据项目管理中心的实际情况,制订具体的实施意见和办法;③成立备战运动会项目攻关领导小组,建立健全工作机制,高效有序地开展备战工作;④强化备战工作中的训练管理,制订和落实领导干部下队、驻队计划及管理办法,项目管理中心领导要直接参与运动队的备战训练、参赛工作,靠前指挥,全力保障;⑤研究重点小项和重点运动员的金牌模型,针对备战任务,结合与备战相关的训练、竞赛、管理、科研、保障等要素,在备战训练过程中,科学、系统地组织实施;⑥全面分析运动员的参赛实力和主要对手的情况,提出对策并组织实施,建立备战训练管理信息数据库,构建训练工作的信息化平台,提高备战训练管理的科学化水平;⑦围绕参赛目标和重点争金夺牌及要突破的项目,建立训科医联合攻关和科技服务小组,确保科研攻关和医疗服务保障工作的针对性和有效性;⑧制订运动队思想政治教育工作具体实施计划和管理办法,强化对优秀运动队和运动员,特别是重点项目教练员和运动员的思想政治教育和管理;⑨制订备战宣传工作实施意见,明确新闻发言人,与新闻媒体做好沟通协调工作,加强对新闻宣传工作的管理,未经允许不得擅自对外发布备战工作情况。

（4）操作层——备战团队。各项目运动队和复合型训练团队(本教材统称备战团队),肩负着争取优异成绩、展现良好体育道德风尚的重大责任,是竞技备战工作能否完成参赛任务的根本因素,也是备战工作的核心要素和落脚点。其主要备战工作职责是:①全面落实体育局备战领导小组、备战办和项目管理中心关于备战工作的部署及要求。②在备战参赛任务时,具体实施运动队选拔、组建、训练、参赛、管理、信息、科研、反兴奋剂、宣传、思想政治教育等工作。

2.竞技备战组织管理要素系统

任何系统都是由一定的要素构成的。竞技备战管理系统的构成要素分为目标要素、人员要素、资源要素、流程要素、制度要素、结构要素和文化要素。在竞技备战组织管理系统中,目标要素是"核心"和"灵魂";资源要素是备战系统赖以生存、形成的关键;流程要素规定了备战系统和各子系统的工作步骤;制度要素是备战系统目标得以实现的保障;结构要素则起着"黏合剂"的作用。而所有这些都需要活动的主体——人去完成,在所有上述要素中都贯穿着组织文化,以上各项缺一不可。每两项要素间都是一种互动关系,并且都与目标要素发生作用,这些作用相互交织,共同构建成一个运动会备战管理要素系统(图6-7)。

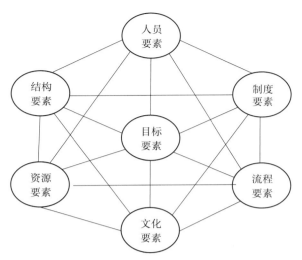

图 6-7　竞技备战组织管理要素系统

3.竞技备战组织管理系统之间的关系

竞技备战组织管理工作是一个复杂的巨系统。从管理层级看,主要包括决策、指挥、参谋、执行、操作、保障、监督、反馈等子系统;从管理内容看,主要包括战略管理、训练管理、科研管理、医务管理、人力资源管理、后勤服务、物质经费保障、信息情报、参赛指挥、进度管理、组织文化、宣传外事、思想政治教育、反兴奋剂管理等子系统。而每一个子系统下面,又可以分若干个单元。例如,保障系统可以分为人力资源、信息情报、科技服务、医疗服务、场地设施、装备器材、经费、外事、宣传、安全等子系统,而每一个子系统都可以分为若干个单元和要素(图 6-8)。

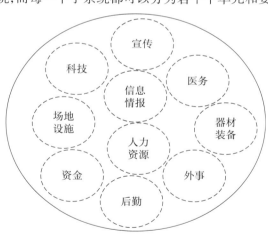

图 6-8　竞技备战保障系统构成示意图[1]

整个备战系统的联结中心是备战指挥子系统,其他子系统的运行要通过备战指挥子系统发出指令和进行协调;而运行的重点子系统是备战操作子系统,其他子系统的功能发挥最终要通过备战操作子系统体现出来,是实现备战系统目标的核心途径。在备战系统中,决策子系统规划系统的战略目标和总体要求;指挥子系统按照决策子系统的要求,指挥整个备战工作,是指挥

---

[1] 苗向军.我国备战奥运会组织管理的理论与实证研究 [D].北京:北京体育大学,2007.

和协调整个备战活动有序开展的大脑中枢;参谋子系统是提高各项备战活动开展科学性、合理性的重要系统;执行子系统是各项备战工作得以推行的关键,是连接其他子系统与操作子系统的桥梁;操作子系统是整个系统的重心,是实现系统最终目标的体现中心;保障子系统是操作子系统得以顺利运转的基本前提和保证;监督子系统和反馈(评估)子系统贯穿于整个备战系统运行的全过程,是保证备战系统向预定轨道发展的重要子系统。

从备战管理内容系统看,战略目标是统领;训练是基础和核心;人力资源、物质经费、科研、医务、后勤服务、思想政治、宣传教育是重要保障;反兴奋剂是高压线;进度管理是确保各项备战工作有序推进的高效管理手段和工具;组织文化建设是提升备战软实力的重要途径;信息情报和参赛指挥是确保系统战略目标实现的关键环节。

(二)竞技备战组织运行机制

竞技备战组织运行机制是一个有机联系的系统,主要包括动力机制、决策机制、竞争机制、控制机制、沟通机制、保障机制、整合机制等。

1.动力机制

现代管理的核心或动力,就是发挥和调动人的创造性、积极性。组织的动力机制,就是通过激发组织内部的利益动机而形成组织运行所必需的动力。在备战工作实践中,需要逐步形成和加强备战组织体系的外在压力、牵引力、推动力、支撑力,构建备战管理得以长效、高效运行的动力机制(图6-9)。

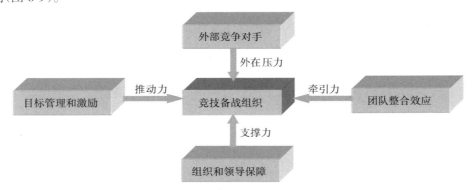

图6-9　竞技备战管理组织的动力机制

2.决策机制

管理即决策。竞技备战组织决策机制主要包括决策主体、决策方式、决策程序、决策方法四个方面。

(1)决策主体。备战管理体系不同层级的决策权限和决策事项有所差异。

(2)决策方式。主要有集体决策和个体决策。备战管理实行工作会议制度,重大事项集体决策,备战领导小组定期对各中心的备战工作进行检查、盘点,结合备战形势特征,进行集体决策。在一些紧急情况下,实行个体决策,比如临场指挥,教练员有权根据赛场情况直接决策。

(3)决策程序。一般需经过发现问题、预测分析、制订方案、评价和选择方案、方案实施与控制等步骤。

（4）决策方法。备战工作常用的决策方法有会议研讨法、头脑风暴法、价值分析法、乐观决策法、悲观决策法等。

3.竞争机制

竞争是竞技体育的本质属性和内在需求。备战管理也需要引入竞争机制。例如,对竞技运动项目实行分类管理,突出重点,动态管理,分类保障,调整项目结构,激活各项目之间的竞争;对竞技体育训练竞赛管理实施年度和周期考核评价机制,并将年度考核结果与年度经费支持、职务升迁、职称评定等挂钩;人员竞争机制,推行竞争上岗制度,中心各科室、运动队主教练、领队等实施竞争上岗,等等。

4.控制机制

备战管理控制机制可以分为纠偏机制和调适机制。所谓纠偏是指纠正实际执行情况与所计划的理想状态之间的偏差;备战实践中主要运用督促检查、现场查看、听取汇报、比赛总结、工作盘点等方式、方法,对各中心、运动队的备战工作情况与计划目标及标准进行比较,发现偏差,及时予以纠正。所谓调适是指组织为适应外部形势、环境、条件以及组织内部各要素组合关系的变化,及时调整计划和标准,使其适应新的变化的过程;备战实践中主要是通过形势分析,及时调整备战思路、备战计划、备战措施、备战重点、备战政策、备战目标等。

5.沟通机制

备战管理沟通机制主要分为内部沟通机制和外部沟通机制。就内部沟通机制而言,主要包括:会议制度,如阶段性总结会议、工作例会、专题会议、盘点会、形势分析研判会等;信息报告制度,如运动队外训请示报告制度、攻金团队周报告制度、比赛总结报告制度等;信息情报交流与共享机制;行政工作沟通机制,如请示、汇报、指示、命令等。备战管理的外部沟通机制主要包括与有关国际体育组织、上级国家机关及其部门和单位的沟通与联系,与新闻媒体的沟通,与地市体育局的沟通,与运动员家属的沟通,与外省市体育局和运动队的沟通,与社会各界的沟通等。

6.保障机制

备战工作的顺利开展,离不开各方面的坚实保障。备战工作保障体系涵盖人力资源、场地设施、器材设备、经费支持、科技支持、医务保障、伙食保障、安全管理、生活管理、制度政策、信息情报、心理疏导、宣传教育等很多方面。在备战管理实践中,要着重抓好以下三方面的工作。

（1）树立大备战理念,全局备战、全员备战。要求非备战单位要关注、关心、理解、支持备战单位的工作,非备战人员要支持、帮助备战一线人员的工作。

（2）强调保障单位和保障人员要真正树立一切为训练服务的思想。后勤保障工作的目的只有一个,就是一切为了运动队、为了运动队的一切、为了一切的运动队,备战工作必须要眼睛向下看,围着队伍转,要将运动队的问题解决在第一时间、第一现场、第一责任人。在工作的布置执行上要有预案、有预备、有预警,真正将后勤保障工作做到常态、长效,做出效果、效益。

（3）要求保障人员不断提高服务水平。后勤保障人员在为运动队服务上要不讲困难、不讲条件、不讲理由,要尊重服务规范、遵守工作规矩。只有这样,工作中才能做到不顾此失彼、不丢三落四、不患得患失。要做到服务工作标准化、保障队伍专业化、服务态度贴心化、保障效果最大化。

7.整合机制

备战工作是一项系统工程。备战组织管理需要把各个子系统、各个要素进行充分整合,以起到"1+1 > 2"的效果。备战管理的整合对象很多、很复杂,既有微观上的人际互动,又有宏观上的各子系统间的整合,但是,从根源上看,其整合对象是利益[1]。组织整合是指组织利益的协调与调整,促使组织成员形成共同体的过程。备战管理中,管理者要将组织整体利益与组织成员的个体利益有机结合,在共同利益引导下,将组织成员凝聚成一个联系十分紧密的社会整体。个体特殊利益的诉求和追求是造成组织运行中各种冲突的根源。团队成员个体的差异性、任务结构的复杂性、外部竞争的威胁性是团队内部冲突形成的主要原因[2],备战组织管理者必须正确理解和运用冲突管理的理论和技巧,根据具体情况对冲突现象作出不同的引导和处理,变破坏性的冲突为建设性的冲突,努力寻找冲突的正面效应,以有效激发组织活力。备战实践中,可以通过明确组织目标、统一和坚强的领导、构建高效团队、制订激励政策、严格规章制度、制订行为规范、明确业务流程、实施及时奖惩、思想发动与宣传教育、发扬民主集中制、协调成员利益诉求、及时有效地解决冲突等方式来促进备战管理系统的整合。

【知识拓展】

北京奥运会备战组织管理工作的经验

对北京奥运会备战组织管理工作的总体认识是:一个核心,两个优势,三个转变,四个落实,五个创新,六个强化,七个坚持。

一个核心:以运动成绩和精神文明双丰收为核心。

两个优势:举国体制的优势和团队的优势。

三个转变:从局部到整体的转变;从经验向科技的转变;从粗放管理向集约管理的转变。

四个落实:组织落实;计划落实;责任落实;保障落实。

五个创新:备战管理体制创新;备战管理机制创新;备战管理制度创新;训练管理理论创新;训练管理方法创新。

六个强化:强化管理;强化训练;强化参赛;强化励志;强化心理;强化信息。

七个坚持:坚持突出重点;坚持低调备战;坚持深入一线;坚持查找问题;坚持把握规律;坚持公正选拔;坚持反兴奋剂。

(资料来源:根据国家体育总局领导讲话材料整理.)

---

[1] 郑杭生,李强,李路路,等.社会学概论新修[M].3版.北京:中国人民大学出版社,2003.

[2] 薛明陆,高健,李新红,等.优秀运动队管理中的内部冲突分析[J].山东体育学院学报,2004,20(2):20-23.

竞技体育"三分靠训练,七分靠管理"。从竞技体育全过程看,竞技体育涵盖运动员选材、运动训练、竞技参赛和运动员退役安置四个环节。改革开放以来,我国竞技体育取得了巨大的成就,从科学管理角度看,其成功经验主要有:大力推进奥运战略,实施举国体制,运动项目合理布局和分类管理,梯队建设系统设计和分层管理,不断创新运动队管理模式,科学实施激励机制等。运动训练管理的根本目的是培养优秀的运动人才,创造优异的运动成绩。运动训练管理的内容主要包括运动项目管理、教练员和运动员管理、科研和医务管理、信息情报管理、经费管理、场地器材设施管理等。竞技参赛管理包括赛前准备、赛中管理和赛后管理三个阶段,每个阶段的工作都有特定的管理任务和内容。竞技备战组织管理是一个复杂的系统,目标相对单一,但工作内容十分庞杂,各种关系错综复杂,相互联系和影响。组建一个统一领导、目标明确、运转高效、协调通畅、执行坚决、落实有力的备战组织管理体系和战时指挥系统,是确保竞技备战参赛工作完成任务的重要组织保障。

思考与练习

1. 你怎么看待竞技体育"三分靠训练,七分靠管理"的观点?

2. 我国竞技体育取得了巨大成就的管理经验有哪些(除了教材中提到的)?

3. 运动队如何管理"尖子运动员"?

4. 复合型训练管理团队中如何解决团队成员冲突问题?

5. 备战组织管理系统如何才能高效、顺畅地运转?

6. 请结合体育竞赛中的事例,论证"细节决定成败"的重要性。

7. 当前,我国竞技体育管理面临哪些问题?竞技体育管理改革有哪些趋势?

参考文献

[1] 于文谦.竞技体育学[M].北京:人民体育出版社,2010.

[2] 钟秉枢.做No.1的教练——团队管理与领导艺术[M].北京:北京体育大学出版社,2012.

[3] 杨桦,池建.竞技体育实战制胜案例[M].北京:北京体育大学出版社,2006.

[4] 段世杰.思考竞技体育[M].北京:学习出版社,2013.

[5] 田麦久,熊焰.竞技参赛学[M].北京:人民体育出版社,2011.

[6] 刘青.运动训练管理教程[M].北京:人民体育出版社,2007.

[7] 高雪峰,刘青.体育管理学[M].北京:人民体育出版社,2009.

［8］《运动队思想文化建设实务》编写组 . 运动队思想文化建设实务 [M]. 北京:北京体育大学出版社,2011.

［9］郑杭生,李强,李路路,等 . 社会学概论新修 [M].3 版 . 北京:中国人民大学出版社,2003.

［10］孙汉超 . 中国竞技体育的巨大进步得益于五大管理对策 [J]. 武汉体育学院学报,2005（1）: 1-8.

［11］梁晓龙 . 举国体制:中国发展竞技体育的成功之路(上)[J]. 广州体育学院学报,2005（6）:1-5.

［12］陈书睿 . 优秀运动员权利的法学研究 [D]. 上海:上海体育学院,2012.

［13］韩开成,马宏,马延春,等 . 河南省体育局备战全国第十二届运动会组织管理研究 [Z]. 河南省体育局科研成果汇编,2014.

［14］苗向军 . 我国备战奥运会组织管理的理论与实证研究 [D]. 北京:北京体育大学,2007.

［15］薛明陆,高健,李新红,等 . 优秀运动队管理中的内部冲突分析 [J]. 山东体育学院学报, 2004,20（2）:20-23.

第七章
体育俱乐部管理

【学习任务】

　　学生通过对本章的学习,掌握体育俱乐部经营管理的含义,职业体育俱乐部经营管理的内容,商业健身俱乐部经营管理的内容。了解职业体育俱乐部和商业健身俱乐部经营管理的主要特征。

【学习目标】

　　学生通过对本章的学习,掌握职业体育俱乐部和商业健身俱乐部经营管理的主要内容。能够在全民健身国家战略大环境下认识到商业健身的价值和前景,熟悉商业健身行业的日常运行管理、会籍顾问管理、私人教练管理和营销管理等内容。

【案例导入】

"互联网"与健身业态商业模式革命:光猪圈健身

　　案例背景:2016 年 1 月 24 日下午,由维宁体育、达晨创投、微影时代、青岛中能、京东、冠军 VC、国际角斗士协会联合主办的 2015—2016"互联网 + 体育"商业模式年度大会在北京成功举办。光猪圈健身作为 2015 年度优秀商业模式案例,由董事长王锋以《"互联网"与健身业态商业模式革命》为主题,详尽解读了"光猪圈健身"商业模式。

　　背景和商机:一是现在兴起的互联网 + 风暴,另外还有"46 号文"的发布,无疑让健身行业也搭上了这样一艘船。二是中国的健身俱乐部太少,健身人口也太少,只有 2 000 万,根据我们的反复测算,中国至少应该有 1 亿的健身人口,市场非常大。三是健身行业太分散。到目前都没有一个领军企业能够做到占市场的哪怕百分之几。为什么中国健身企业做不大,背后的逻辑就是超出了他们的管理极限,再多就要倒闭了。这是我们中国健身行业的现状。还有一个商机,我称之为存量市场,就是现在的市场上存在的 15 000 家健身俱乐部跟他们的会员,大约 2 000 万人。另外一大块我称之为增量市场,就是现在快速增加的健身工作室,还有像光猪圈这样小型的便利健身俱乐部,这部分未来涉及的是 8 000 万人的增量人口,这 8000 万人大部分是没有进过健身房的,还有一些是进了健身俱乐部,办了年卡但是去不了三次就再也不去的,心理消费价位太高了,觉得太冤了。

　　健身行业的痛点:目前健身房最大的问题其实是管理问题。一是管理成本太高,效率太低,人力资本需求太强。二是教练员收入低,积极性低。三是消费者的痛点首先是健身不方便,因为他们还没有健身的习惯,因此,解决健身方便性的问题是第一位的。我坚持认为健身行业非常特殊,绝对不能从消费者的痛点出发,一定要考虑俱乐部的痛点。俱乐部老板开办健身房的主要目的是赚钱,所以我们要设计方法解决俱乐部老板赚钱的问题。

光猪圈怎么做?从"痛点"出发,围绕要解决俱乐部老板赚钱的问题,有三个关键词:第一个关键词是"小而美"。"小"其实就意味着管理简单,"小"也意味着易于复制,便于我们的教练进行创业。其实健身这个业态本身就很简单,就不应该进行更多关于人的管理,这就是"小"。"美"就是要尊重人性。人性是什么?我们健身行业需要氛围,需要帅哥美女,需要大长腿。所以我们一定要"小",但是"小"并不意味着我们简陋,而且还要很舒服很美。大家可以看一下我们光猪圈健身典型的平面图。280平方米,所有的功能区一应俱全,胸肩背腿腹,包括多功能训练区,做得非常精致,让会员在里面觉得很舒服,而这样一个280平方米的俱乐部管理起来很方便。当然光猪圈的模式不仅是可以做得小,也可以做得大,但做得小是趋势,所以我们不主张大家做大的俱乐部。第二个关键词是高度的"互联网智能化"。通过互联网智能化提高场馆的管理水平,降低管理难度。其实就是要把中间的管理层全部去掉。还有一个逻辑是通过互联网智能化给我们的消费者提供一种更好的消费体验,比如健身数据全部实时上传,之前没有一家健身房做到过,而现在我们光猪圈可以做到了。第三个关键词是"合伙人"。设计"合伙人"制度,最主要的目的是解决管理这个"痛点"问题。我们把我们的员工、教练,包括我们的加盟合伙人和我们的城市合伙人全部变成"合伙人"状态。这样的话他们的积极性就非常高,都会紧密团结在光猪圈周围。

盈利模式:线下店我们测算的回报率应该是在40% ~ 80%:一是管理费用非常低,也没有工资底薪。二是我们采用大量加盟合作的模式,收加盟费5%。三是培训,未来中国健身行业至少会有100万从业人员,培训的空间非常大。只要我们把线下店做好了,线上部分就水到渠成了。因为我们的APP是工具型APP,不是想删就删,天然流量是最硬的。

发展情况:2015年11月4号,我们的APP 1.0上线,一周后第一家门店开业,两周后开了第一批中国合伙人大会。又过了一周,签了100家加盟店。一直到昨天我们的培训学院落地,所以大家看我们光猪圈的发展速度还是很快的。光猪圈健身从去年的三四月份启动,经过试错以后,我们的问题全都清楚了。2016年,我们要开四批合伙人大会,参加两个大型展会,还有一大堆APP迭代和智能设备的迭代。2016年的事儿非常多,但总的来说我们要达到什么目的呢?我们要签1 000个店,这个我们已经规划好了,同时我们要培训2 000个学生。同时光猪圈绝不仅仅要做国内的市场,在新加坡的第一家店也会很快地开业,包括日本、韩国都已经在筹备了。我们的模式对比国外的公司来看成本低很多,比如anytime,他们全球有3 000家店,建设一家店的成本是55万美金,我们建设一家店的成本是55万人民币,少很多。我们跟"老外"谈的时候他们都非常兴奋,而且我们的互联网方方面面都要比他们好。所以我们是有能力把光猪圈做到国外去的。

(资料来源:齐鲁晚报,2016-01-26.)

分析与讨论:

1.你认为光猪圈的经营模式会给健身俱乐部经营管理带来了哪些机遇和挑战?

2.结合我国体育发展现状,谈一谈健身俱乐部的发展趋势。

第一节 体育俱乐部管理概述

一、体育俱乐部的概念

俱乐部（club），意为"总会"。在欧美等西方国家是社交团体和公共娱乐场所的通称。在我国是机关、团体、学校中文化娱乐场所的通称（辞海．上海：上海辞书出版社，1979）。这种有着共同兴趣爱好的亲朋好友聚集的活动场所，明显表现出一种特殊的、能满足成员间精神需求的社交功能。所谓体育俱乐部是人们为了欣赏和参与体育活动而组成的体育社会团体。

【知识拓展】

世界职业体育俱乐部兴起的历史背景

一、产业革命和殖民过程中出现的体育俱乐部为职业体育俱乐部的出现奠定了基础

1850年以后，产业革命的发展、公假日的推行、火车的出现，为资产阶级参与消遣活动提供了经济、时间、交通等条件。新兴资产阶级在19世纪中叶开始组织各种比赛，一些体育俱乐部相继成立，如1857年约翰·鲍尔创办了伦敦登山俱乐部，澳大利亚于1862年、瑞士和意大利于1866年、德国于1869年也相继成立了登山俱乐部。殖民地官员和军人基于政治原因或为了消遣，开始参加当地的竞技项目。他们在印度参加草地曲棍球、在北美参加印第安人组织的长曲棍球比赛。这些运动随后被带回他们所在的国家，并成立了俱乐部。1861年，在英国出现了第一个曲棍球俱乐部。综上所述，在产业革命过程中兴起的资产阶级的生活要求催生了业余体育俱乐部；殖民地的军人出于政治和消遣目的参与当地的竞技运动，促进了体育俱乐部的形成。

二、体操运动的兴替与竞技运动的兴起为职业体育俱乐部创造了条件

在英国形成以竞技运动和游戏为主的学校体育、社会体育的同时，欧洲大陆则发展了民族体操运动。杨氏体操体系在德国、意大利、捷克、波兰、保加利亚等国家得到很快的发展，体操俱乐部纷纷成立。但19世纪70年代以后，资本主义进入垄断阶段，对体操的非议出现。生活节奏和情感需要已经发生变化的资产阶级认为，现代社会的竞技运动较之分解孤立的体操动作更能满足人们的体育需要。发达国家的统治集团也开始承认，现代运动不仅是一种消遣，还是一种在其他方面有益的活动。医生、学者、军界人士等都关注运动和娱乐。运动的组织形式和竞赛活动随之形成了一个广泛的、包罗万象的范围，各种类型的新型运动俱乐部得以成立。

三、娱乐活动的阶级趋同为职业体育俱乐部的生存提供了社会环境

19世纪中后期,英国工人开始模仿资产阶级的休闲方式,不仅到原来为富有阶层修建的体育休闲场所锻炼,而且开辟新的运动项目。19世纪40年代,英国对公众游戏的禁令取消后,足球在非公开的私立学校再度兴起。1863年,足球与橄榄球严格区分以后,足球运动改变了野蛮粗俗的形象,迅速演变为一项深受各界人士欢迎的集体运动项目。从1885年起,国外出现了几十个业余的、靠比赛获得收益的足球俱乐部。19世纪末,由于生活水平的提高,工人阶级的娱乐方式愈加向中等阶级接近。20世纪初,国家开始干预分配领域更促进了这种趋同。正是体育和娱乐活动的阶级趋同让竞技体育的表演者和观赏者之间形成了良性关系,进而为职业体育俱乐部的产生和发展提供了良好的社会环境。

四、体育越出学校和贵族圈子为职业体育俱乐部的产生提供了可能

学校体育的社会化也促使了体育俱乐部的大量出现。19世纪后期,体育运动越出学校和贵族圈子,并且在资产阶级和劳动者的社会组织(娱乐场、俱乐部、读书组、工人宿舍等)中大力传播,这主要在体操运动盛行的国家(比利时、德国、奥匈帝国和斯堪迪那维亚各国)表现最为突出。英国、美国及不列颠各自领域的体育运动,则大部分是按照独立的运动协会原则形成的,板球、棒球、划船、自行车、田径、橄榄球和篮球等俱乐部便是其发展的源泉。

五、娱乐活动的商业化趋势直接促使了职业体育俱乐部的产生

如前述原因只是为职业体育俱乐部的产生提供了可能条件的话,那么娱乐活动的商业化趋势则是促使职业体育俱乐部产生的直接原因。19世纪,英国各种娱乐活动都发展很快,但都沾染上商业化风气。19世纪中叶,当时的英国业余选手已经被明确禁止获得奖金。该国随之出现了一大批以门票收入为生活来源的职业板球、拳击、网球和划船俱乐部与运动员。美国第一支职业体育代表队是1869年成立的职业棒球队。从此,美国开始有组织地开展职业体育,陆续成立了职业拳击、马术队。德国、法国、意大利、荷兰、俄国等国在这一时期也出现了营利性的职业体育运动。橄榄球运动传入美国以后,立即出现了一大批职业性和业余性的俱乐部。美国南北战争之前,美国有几百支棒垒球队。1869年,美国辛辛那提"红袜队"决定将从棒球比赛中获利的情况公之于众,该队在公众的否定态度下坚持职业性,并获得了成功,并于1871年3月17日成立了国家职业棒球联合会,一些业余队也改为职业队。同年,在美国纽约还出现了第一个职业性的棒垒球协会——蒲拉耶斯职业性棒垒球运动协会,这个协会一直活动到1876年成立"棒垒球全国协会"为止。1902年,美国的"棒垒球全国协会""棒垒球美洲协会"和其他一些棒垒球协会组织共同制定了这项运动的统一规则。除了1893年加拿大蒙特利尔创办了世界性的职业冰球赛和1895年8月美国举行首场有酬金的橄榄球比赛之外,19世纪末20世纪初还成立了大批职业足球俱乐部。如1891年,佩那罗尔足球俱乐部成立,1899年11月,西班牙巴塞罗那足球俱乐部成立。

[资料来源:张宝华,陈革新.试论世界职业体育俱乐部兴起的历史背景[J].北京体育大学学院,2000(1):5-6.]

二、体育俱乐部的类型

体育俱乐部是体育的组织之一,种类繁多,形式多样,根据不同的分类标准,体育俱乐部有各种类型。按体育俱乐部的经营性质及受益对象,可分为公益型和商业型体育俱乐部。其中公益型体育俱乐部包括社区体育俱乐部、学校体育俱乐部、单位体育俱乐部、青少年体育俱乐部;商业型体育俱乐部包括职业体育俱乐部和休闲体育俱乐部等(图7-1)。

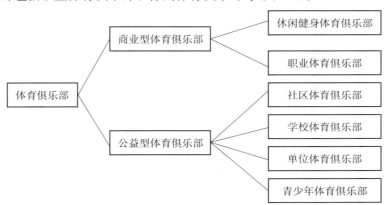

图 7-1　体育俱乐部类型

体育俱乐部还有其他类型,如按体育俱乐部开展活动的目标任务,可分为竞技体育、社会体育和学校体育三种类型的俱乐部;按体育俱乐部的专业化水平,可分为专业体育俱乐部和业余体育俱乐部等。

三、体育俱乐部经营管理的概念

体育俱乐部的经营管理是指管理者为实现体育俱乐部经营目标所进行的计划、组织、协调、控制等的活动过程。体育俱乐部的资源包括教练员、服务人员、营销人员、场地设施、财务、信息、关系等。为了发挥各种资源的最佳效用,管理者不仅需要采用合理计划、组织、控制等管理的方式,还需要通过建立各种规章制度、制订各种措施方案、采用各种营销手段等促进目标的实现。

第二节　职业体育俱乐部管理

一、职业体育俱乐部的生产经营特征

职业体育俱乐部作为体育竞赛表演的生产经营性企业,除有一般企业的共性特征外,还具有区别于其他第三产业及一般文化娱乐企业的特征。

(一)运动员是俱乐部核心竞争力

资产是指可作为要素投入生产经营过程中且能带来经济效益的财产。在体育竞赛表演的娱乐产品生产过程中,生产要素的搭配、组合比例是固定的,否则无法正常进行竞赛活动。职业体育俱乐部的核心是由一批高水平运动员组成的职业运动队,它的社会效益、经济效益主要来自职业运动员,没有运动员就没有观众,也没有电视转播,更不会有赞助商。一个职业体育俱乐部可能拥有充裕的资金、优秀的经营管理人才、设施良好的运动场地等生产要素,但他们都无法替代运动员来比赛。运动员作为俱乐部生产过程的劳动力要素,需要掌握专门的技能,其培养、训练的周期较长,一流的运动员数量近似于常数,总是供不应求。

一个职业体育俱乐部的价值主要取决于职业队的价值,职业队的价值又源于与俱乐部签署工作合同的运动员。一个职业体育俱乐部可能因一名球星的转会,使其价值与经营收入出现巨大的起伏。因此,职业队和运动员的管理与培养对职业体育俱乐部有着十分重要的意义,俱乐部的管理工作机会都围绕着职业运动队、运动员展开,由此产生一系列的活动,如运动员工作合同、运动员工资奖励及福利、运动员转会、运动员管理规章制度、运动员形象的包装与开发、后备人才培养等,目的都在于使这一重要资源得到充分的开发利用,使俱乐部资产保值增长。

(二)竞赛水平是俱乐部发展的原动力

职业体育俱乐部提供的商品是体育竞赛娱乐服务,它的主要成分是运动员在竞赛中高超的运动技能。运动员在比赛中的表现直接关系到俱乐部产品的质量,它以运动竞赛为载体。因此,俱乐部的竞赛水平就成为俱乐部生存发展的基础。俱乐部竞赛水平不仅与其经营收入相连,还与俱乐部社会影响相连。因此,每个职业俱乐部的经营者都将俱乐部的队伍训练放在竞赛的首要位置,甚至为改善训练条件、提高竞赛水平而不惜一切代价。只有俱乐部竞赛水平提高了,俱乐部的知名度才能提高,无形资产才能升值,经营领域才能拓展,经济上的良性循环才能形成。

(三)俱乐部的生产经营活动必须依靠行业联盟

运动员高超的运动技能要在激烈的竞争对抗中才能得以充分表现,也正因为体育竞赛紧张激烈给人以刺激、兴奋的享受,竞赛结果的偶然性和不可捉摸性给人以悬念,赋予了体育竞赛特殊的魅力,将观众吸引到竞赛场上来。体育竞赛的这一特点决定了职业体育俱乐部的生产经营活动不同于其他企业,也有别于文化娱乐企业。一家企业可能独立从事某一产品的生产经营,它所处的垄断地位不仅不影响它的发展,而且还可以从中获得垄断性利润。职业体育俱乐部则不然,必须由多个俱乐部共同组织起来生产经营一个不同的产品——竞赛。俱乐部在对抗与合作中实现产品的生产经营,各俱乐部间必须建立起协调、合作、制约的关系,并解决一系列问题。随着职业体育俱乐部的发展,俱乐部运作的成功越来越依赖于彼此之间的合作,越来越需要体育组织构成的监督、制约和协调。

(四)无形资产的开发利用是俱乐部经营内容的重要部分

职业体育俱乐部的经营尽管也有类似俱乐部标志性产品等实物型商品经营,但主要经营内容是俱乐部的无形资产。无形资产是指特定主体控制的,不具有独立实体,对生产经营与服务能持续发生作用并能带来经济利益的一切经济资源。职业俱乐部的无形资产包括俱乐部冠名权、电视转播权、场地、队服、球星的广告开发权、俱乐部标志物的使用权等。即使是俱乐部实物产品、门票销售也与俱乐部无形资产有联系。俱乐部无形资产的实质就是俱乐部的社会形象与声誉,现代职业体育俱乐部已不再局限于主场门票的经营,而更加关注与包括媒体在内的社会各界建立广泛联系,树立俱乐部品牌形象,构建球迷对俱乐部的归属感。职业体育俱乐部无形资产的高低是以市场需要为基础来判断的。俱乐部社会形象越好,社会知名度越高,无形资产的市场价值也越高。绝大多数职业体育俱乐部的无形资产开发利用的获利远远超过其他收入,反映出俱乐部经营的一个显著特点,那就是不断提高俱乐部无形资产的开发与利用程度。

二、职业体育俱乐部的经营管理

职业体育俱乐部都是自主经营、自负盈亏的经济实体,无论它的投资形式如何,都采用独立的经济核算。它要在激烈的竞争中求得生存,必须以市场需求为导向,提高服务质量,拓宽资金来源渠道,经营机制不健全、经营水平不高的俱乐部不可能成为一个成功的职业俱乐部。职业俱乐部的经营收入一般包括门票经营、转播权经营、运动人才经营、赞助与广告经营和商务开发经营等方面。

(一)门票经营

门票销售是职业体育俱乐部的一项基本的经营活动。目前,从世界范围来看,此项收入约占职业体育俱乐部收入的三分之一。由于计算机和信息技术的发展,近年来门票销售工作发生了很大的变化。作为俱乐部财政收入主要来源之一的门票销售,受到高度重视,各俱乐部有专人对此进行规范和管理。要做好门票销售工作首先要确定观众是上帝的指导思想。观众来赛场,既投资金钱又投资了时间,又为赛事提高了知名度。因此,在进行门票销售时要充分尊重观众、满足观众的需求,要设法创造一个满足各类观众经历激动、欣赏、宣泄和交际要求的场所。为此,俱乐部至少要做好下面六个方面的工作。

1.了解观众的需求

了解观众对赛事的需求是多销售门票的前提。俱乐部销售门票前必须了解:赛事观众是谁,住哪,多大年龄,兴趣,性别,通过何种信息渠道获得赛事的举办,如何付款等,上述信息对售票数量至关重要。

2.价格确定

门票价格的确定主要依据赛事的特性。在欧洲职业俱乐部销售门票有一条原则,即所有人都要付款才会得到门票,俱乐部官员亦不例外。可免费进入场地的仅是某项活动特别的目标组织,如某种形式的急救人员、场地工作人员等。这一点实际上执行起来有点难度,但俱乐部要生存必须遵循此项原则。西方职业俱乐部举办的赛事中亦有赠券或赠卡,但这是为特别的交际目的使用的,如赞助商的礼遇款待,将此赠券赠卡减少到最低程度亦是俱乐部门票销售时应遵循的另一项原则。此外门票价格是依据不同观众的付款能力来确定的,如给学生和少年儿童折价票,因为他们是俱乐部活动的主要目标群,给他们优惠是为了吸引更多的青少年加入俱乐部。另对失业者、退休人员亦提供折价票。门票价格亦根据不同的区域和位置有所不同,因座位不同,所受到的服务也有所不同。一般来讲,西方俱乐部门票销售的价格有 4 ~ 5 个等级,以满足不同付款能力的人去自行选择适合个人的门票价格及需要,保证不同的观众都能观看比赛。

3.类别划分

俱乐部门票依据不同的观众对象及付款能力,亦分成多种类别,如对号座位与无号座位,座位(又分成单椅位和长凳位)与站位,成人位与年轻人位,军人、学生、退休者(要求带身份证)与会员位,家庭套票(常是无号位),包厢座位等。

4.联赛卡的销售

欧洲的职业俱乐部十分重视联赛卡的销售,一般有专人负责此项工作。这不仅能为俱乐部在联赛开始前就获得一笔可观的收入,而且使俱乐部便于依据已销售的卡的数量来选择市场交易手段和安排联赛中有关活动。购卡人通常是俱乐部的忠实球迷,除自己每场必到外,还常邀请他们的朋友一起去看比赛,因此准备一份已购卡者的名单和联系地址、电话很重要,便于保持联系和直邮广告。除联赛卡外,俱乐部一般还卖联票,即 10 场比赛一起销售,持票者每看一场比赛,上面就盖个印,可用联票看十场比赛,也可与朋友一起看五场比赛,观众购买联票的好处是:获取优惠价;可选择喜爱的比赛场次;保证好的座位和观看区域;不必现场排队购票,可迟点来赛场;保留到决赛时使用或留到下个赛期使用等。俱乐部在制订销售联票数量时,应充分考虑上述因素,尤其是决赛的因素。有些俱乐部还有一种公司卡,是专门销售给赞助企业的,属于俱乐部赞助项目的一部分。俱乐部在销售联赛卡和联票时,通常使用有奖销售或赠送礼品的方式进行促销。

5.门票制作

印刷门票不难,但要完全符合不同场次和座位的要求也不易。欧洲俱乐部的门票制作通常有三种:一是彩色印刷门票。此门票由三部分组成:第一部分是供入场打孔用;第二部分是供对号入座用;第三部分留着兑奖用。二是计算机打印票。利用现代计算机制作门票是今天西方俱乐部使用较多的方式,既经济又有效。俱乐部可建立自己的一套售票系统,采用网络连接各售票点。这样便于俱乐部把握每个时段门票销售情况,减少中间环节,方便灵活,还可将有关广告印在票面上。三是盖印票。这种门票的好处是难以伪造和易于辨认,可避免门票遗失后为外人所利用。

6.销售渠道

(1)预购销售。其优点是不需排队,避免售票处人满为患。

(2)电话销售。适合于赛季卡和联票销售。俱乐部有专人在赛季开始前根据已有的通信录与他们联系进行销售。

(3)固定地点销售。包括赛场售票处及相关的体育商店代售。

（4）广告销售。比赛开始前一周,俱乐部通常在媒体上做广告或举行某种宣传活动,进行销售。

（5）促销。促销活动,俱乐部通常是与赛事赞助商合作一起进行。

（6）委托专门的售票公司销售。专门的售票公司配备了非常高级的现代售票系统,是专门销售各种门票的专业公司。

（二）转播权经营

职业体育俱乐部出售各类赛事播放权是职业体育俱乐部收入的一个极其重要和稳定的经济来源。由于各播放机构为吸引公众,争夺重要赛事播放权的竞争日趋激烈,导致各类赛事播放费用增长极快。一般播放权的销售都是由各职业联盟掌管,各参赛俱乐部按比赛成绩提取一定的比例分成,有的则是由职业俱乐部自行销售。各类赛事播放权主要包括无线和有线电视转播权、电台播放权及网络在线直播权等。

1.电视转播权出售

①无线和有线电台转播权的出售。

②各类电视产品播放权。

③赛事播放权。包括电视台直播整场比赛或在以后重播的权利。在协议中应明确是否包括集锦权,电视台是否可以将比赛部分剪辑、录制成一个精彩的集锦片,在比赛结束后立即播放。

④重播权。体育节目播放贵在即时和新意,但重播节目在不同情况下仍经常发生。

⑤新闻保护权。新闻保护权意味着电视台购买多少分钟显示比赛的权利,新闻保护权的时间单位通常为 3 ~ 15 分钟,以此标准进行结算。

⑥集锦权。电视台常播放一项重要比赛的集锦,如世界杯足球赛。集锦意味着一个对电视台在时间上严格限制的权利。电视台依据此权可选择最好的比赛场面并剪辑成一项时长几分钟的节目供高级享受。

⑦录像产品。各类录像产品的销售已经成为职业体育俱乐部一种固定的收入。

⑧继续销售权。电视台是否拥有将其电视资料出售给其他电视台的权利,这是俱乐部关于出售谈判中应注意的一项重要权利。

⑨播放地区范围权。俱乐部一般限制电视台播放的范围,如全球、全国或某地区。这意味着电视资料是地区范围的还是全球或全国范围的。除非有额外花费,电视资料才可以在其他电视频道或在其他地区的电视台播放。

例如,俱乐部球队参加联赛比赛。依据俱乐部与电视台的协议,电视台有俱乐部主场比赛的播放权;同时客队与其协议的电视台也有可能保持在自己地区范围的播放权。这也意味着一个球队有获得额外赞助的可能。同时这也是一种积极的市场交易手段。客队电视台可为所在地区的观众播放球队的客场比赛。

2.广播权出售

俱乐部亦可出售播放权给地方商业广播台。此方法同出售电视播放权大同小异,但在选择电台时应考虑:何台有更多的听众;何台拥有正面形象;何台提供更多更优惠条件。对于多数俱乐部来讲,广播权一般不是直接收入,而是以广播权换取电台的广告时间,将广告时间提供给俱

乐部各赞助商以获取财政支持,俱乐部的权力如下:

①赛事广播权。电台可在体育节目播放时直接播放赛事,电台评论员向听众传播有关赛事的知识,此种播放权价格差异很大。

②新闻权。这意味着电台拥有在比赛进行过程中访问运动员的权利,时间常限制在 3 ~ 15 分钟。

③集锦权。在体育节目播放前,广播评论员们的评论,俱乐部应在协议中注明此类权力的价值。

④继续销售。协议中应做出某台如果将广播权出售给另一电台的相关规定。据此,俱乐部也可以从另一地区电台中获得客场比赛的收入。

⑤何地区有效。协议中关于广播权广播范围的规定也是重要的。意味着与俱乐部签署协议的电台仅有在它所属地区广播的权力,这样俱乐部还可出售广播权给其他地区的电台。

(三)运动人才经营

对职业俱乐部来讲,恰当经营运动人才是一笔较大的收入来源。职业俱乐部拥有更多的优秀队员和后备队员,运动人才是职业俱乐部的一大财富。在各职业俱乐部为了经济收入而竞争激烈的今天,买卖运动人才也是职业俱乐部创收的一个重要方面,但这也是一个十分困难和充满风险的方面。这需要有准确的判断和直觉以及市场信息和专业知识。经营时应注意:①职业球员价值。每从一级升降到另一级,其价值也随之改变。②不同运动项目的转会规则也不尽相同。首要前提是职业俱乐部应明了有关规则及创收的可能。③如何付款。各种形式的转会,必须首先确定协议中已明确规定的付款方式,使用银行担保是一种有效方式。④如何处理继续销售。销售职业球员重要的内容之一是新俱乐部如继续销售球员,原俱乐部可从新转会协议中获取利益的分配。⑤如何继续销售和招募球员。要求对球员潜力判断正确,需要广泛的知识和敏锐的直觉(目前主要由主教练判断,但由于教练更换频繁,难以保证对球员的长期观察和评定,现职业俱乐部常有专人负责此项工作)。⑥与球员经纪人合作,买或卖球员。经纪人比俱乐部有更好的联系网以及更强的运作能力。

(四)赞助与广告经营

赞助与广告经营收入在俱乐部资金来源中日益占据重要位置,对保证俱乐部收支平衡发挥重要作用。企业或公司希望通过体育比赛提高企业或公司的知名度,促销自己的产品,赢得商业上的利益。各俱乐部凭借自己在所处地域的知名度以及体育项目特有的宣传效果,想方设法吸引众多企业或公司向俱乐部投入高额的赞助费用。如 2014 年西班牙皇家马德里足球俱乐部连续第四年打入欧洲冠军联赛半决赛,并于当年捧回了欧冠奖杯,获得其第十个欧洲冠军联赛冠军,创下历史纪录。这场胜利意味着 7 800 万美元的奖金。其营收超过全世界任何一支球队。这支球队的商业营收包括与阿 × 签订为期一年、价值 4 100 万美元的运动装备赞助合同,以及与阿联酋航空公司签署每年价值 3 900 万美元的球衣赞助合同等。

(五)商务开发经营

商务开发主要涉及俱乐部标志物的转让使用、俱乐部标志产品(如运动员服装、纪念品等)、会员会费、运动场地出租等体育竞赛相关产品的开发和利用。虽然商务开发在俱乐部收入中的比重不高，但它是俱乐部经营水平的一个重要标志。因为它相对更需要主动、冒险和开拓精神，对有目的地进行市场调查与分析以及制订完善的营销方案等有更高的要求。国外许多俱乐部为形成自身的造血机制，创造相对稳定的经济来源，都十分注重这一领域的经营与开发。

【课堂检测】

国安、鲁能最该向恒大学点啥

2015赛季中超联赛落下帷幕，广州恒大在北京工人体育场以2：0的比分击败北京国安，获得2015年中超联赛的冠军，实现了中超联赛五连冠，这是中国足球历史上第一支五连冠球队，开创了中国足球的历史。

一个男人要走多少路，才能被称为男人？一支球队要连庄多少个赛季，才能被称为王朝？恒大完成中超五连冠霸业，而且正在无限逼近三年里的第二个中超、亚冠双冠王。五年，对于职业足球来说已经是一个相当漫长的时间跨度。而让对手更为绝望的，是你以为王朝出现了裂缝，满怀希冀地全力撞去，却发现裂缝原来只是表面的点缀，伫立在面前的，仍然是一道叹息之墙。说这是恒大五连冠中最艰难的一次冠军，并不为过。67分的最终积分，在五年中倒数第二，仅好于第一次双线作战的2012赛季；这已经是他们连续第二年到最后一轮才将冠军落袋为安，而且夺冠时领先的两分，亦是五年来的最低。与之相呼应的，是恒大本赛季在场内外的麻烦不断，危机层见叠出。

场内，上半赛季的伤病潮，令恒大在很长一段时间里只有高拉特一个外援和全华班可用；上港挥舞支票本异军突起，竞争对手们大肆招兵买马，联赛竞争空前激烈；关键时刻，核心郑智、郜林双双遭遇停赛……场外，卡纳瓦罗下课一度让球迷一边倒地深情挽留，斯科拉里上任一度遇冷；后防大将张琳芃为切尔西伸来的橄榄枝心思浮动，一心留洋，甚至冒着和俱乐部闹翻的危险，在社交媒体上公开陈情；联赛后半程，魔鬼赛程和裁判争议则始终如影随形……高拉特的进球率和本土球员的集体给力让恒大的战绩曲线保持平稳，但真正让恒大这艘巨舰在风暴中有惊无险破浪前行的，是恒大极强的管理能力。

首先是极强的人力资源管理能力。恒大今年经历了两次换帅，先是里皮告退，再是卡帅被炒，恒大皆有预案，且都是快刀斩乱麻，将负面影响降到最低；邀请斯科拉里，运作保利尼奥、罗比尼奥，恒大保持了一贯的高效率和高保密性，和卡纳瓦罗离职、外援伤病潮几乎是无缝对接。后防重臣张琳芃刚续约不久就和切尔西传出绯闻，恰逢恒大争冠最微妙的阶段，这本是兵家大忌，但恒大却处理得春风化雨。既有理有节地拒掉了切尔西方面不靠谱的邀请，又恰到好处地维护了张琳芃的情绪。公司随后在访问马德里时和皇马达成张琳芃留洋的一致意向，虽然未来的租借仍然存在诸多不确定性，但在重视、安抚核心球员情绪这一项上，恒大管理层的表现绝对可以打高分。

在情绪管理上，恒大也很有一套。从郜林隔空打脸回应辽足球迷挑衅被禁五场，到联赛倒数第二轮对鲁能遭遇重大误判，恒大都在维护自身权利提出合理申诉的同时，保持了相当的克制。这既为他们争取到了更多舆论的支持，又避免了不公判罚让球队情绪失衡，影响场上表现。

一贯火暴脾气的斯科拉里在联赛后半段一反常态，在新闻发布会上冷静得像个圣人，相信也得益于俱乐部管理层的吹风提醒。试想，对鲁能的那次误判，如果过分纠结，最后一轮的心态，恐怕就会成为一个巨大的定时炸弹。

如果说上港争冠失败的主要原因是球队经验不足，不够稳定的话，那么老牌豪门鲁能、国安的颓势，则在很大程度上受限于管理层的能力。国安的信息保密和发布时机一直都有问题，本赛季最后几场接连掉链子，多少和他们的重建计划过早泄露、球员失了心气难脱干系。而邵佳一的退役仪式发布会安排在与恒大的关键比赛之前，其合理性也要被打上一个大大的问号——本来这是一场阻击恒大，甚而冲刺亚冠的生死战，却生生被安上了几分友谊赛、告别赛的气氛。国安的人力资源管理也有问题，主教练曼萨诺早前就直言，国安在联赛中期二次引援上的不力，是球队无缘亚冠、打出五年来最差成绩的主要原因之一。

鲁能则应该好好向恒大学习情绪管理。他们本赛季就是毁在无法控制自己的愤怒。库卡打人被禁赛已是重大损失，球队官方高调力挺，甚至一度营造出和联赛管理者势不两立的架势，更是将整支球队的军心拖下水。库卡上看台之后，鲁能连续输掉五场强强对抗，他们失去的不只是主帅的指挥，还有自己冷静的头脑。

管理层的能力，而不是财力，已经成为决定中超俱乐部实力差异的重要指标。在国安和恒大的比赛中，国安球迷拉出横幅："我们不要一个只会吹牛的俱乐部""哀其不幸，怒其不争""我们的忠诚不是你们肆意妄为的资本"。而形成鲜明对比的是，无数恒大球迷在社交媒体中对恒大足球掌门刘永灼留言致谢。

只有管理，才能让胜利成为惯例。

（资料来源：凤凰体育网．）

思考与分析：

恒大俱乐部哪些管理经验值得其他俱乐部学习和借鉴？

健身俱乐部管理

一、健身俱乐部的概念

按照健身俱乐部经营的性质可划分为公益型和商业型两种。公益型健身俱乐部是指各种为满足人们健身需求，以开展群众体育活动、增进身体健康为主要目的的体育组织，其经营的目的在于为大众身体健康服务。商业型健身俱乐部是指为了满足大众健身、休闲、娱乐等需求，经营者以商业型健身设施为活动场所，依靠市场机制和利益机制运营的俱乐部，其经营的主要目的在于盈利。

按照健身俱乐部的功能可划分为三种:第一种是在酒店内的健身房,一般设有游泳池,但面积不大,价格相对较贵,而且人气不足,主要面向酒店客人;第二种是面向中上层收入人群的会员制健身房,这里有先进的设备,周全的课程设置和强大的教练员班子,人气一般颇旺;第三种是大众健身俱乐部,硬件和软件水平相对大众,但人气非常足。

二、健身俱乐部的特征

(一)商业营利是根本目标

作为企业,基于市场的需要,健身俱乐部首先考虑的是消费者的需求。因此,必须以提供较高质量的体育服务为手段来营利,才能获得生存发展的基础。

(二)优质体育服务是核心产品

在健身企业中,提供优质、科学的健身服务让顾客满意是健身企业的营业宗旨。健身企业在提供服务时,一是要合理运用好优质的顾客服务。顾客来到俱乐部的目的就是休闲,因此每一个细节都应尽量让顾客享受到满意的服务,无论是外在行为上还是心理感受上都让他们确实享受到休闲的乐趣。二是要保证健身指导服务的科学和质量。顾客选择健身企业来付费健身,大多是为了塑形、减脂、提高体适能等,因此,科学、有效的健身指导服务是根本,是吸引顾客消费最为有效的服务。三是要注重服务互动与消费者的价值体验。互动价值体验过程中,如果消费者真是体验到了俱乐部所宣称、介绍和承诺的价值主张和价值收益,就会感到一种愉悦和满意;反之则会产生不满,进而影响与俱乐部的合作。对于俱乐部来说,价值体验是俱乐部消费者评价服务质量的一个核心标准,满足参与消费者的价值体验是商业体育俱乐部建立竞争优势的关键。

(三)有效营销是基本条件

健身俱乐部的营销包括产品、价格、渠道以及促销等传统营销手段。当前,社会营销理念已成为商家普遍遵循的基本理念,如何在满足消费者需求的基础上实现生存发展则是这一理念的核心内容。大型健身俱乐部往往集游泳馆、球类馆、力量练习馆、健美体操馆、娱乐中心、洗浴、康复、餐饮于一体,以满足人们多方面、多层次的需要,来到这里健身的人士可以尽情开展体育、文娱、餐饮等休闲活动。

三、健身俱乐部管理的基本内容

(一)健身俱乐部的组织结构

由于健身俱乐部的公司体系、面积大小、可设项目不同,其内部的组织结构可能有所不同,但一般都会采取总经理负责,各分部经理落实的职能式管理结构(图 7-2)。

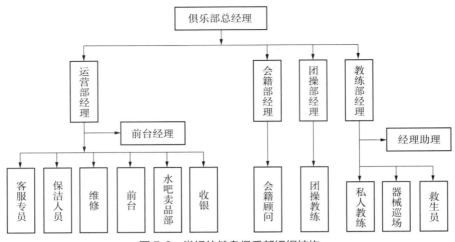

图 7-2 常规的健身俱乐部组织结构

(二)健身俱乐部的一般布局

健身俱乐部的一般布局大致可分为前台休息区、训练区、更衣区、运动康复区和办公区等。

前台休息区主要有前台、水吧、卖品部和会员休息区或阅读区。

训练区主要包括以下方面:①心肺训练区。该区一般配置跑步机、椭圆仪、划船机、功率自行车和台阶器等。②重量器械区。该区一般配置单项功能训练器。③自由重量器械区。该区一般配置哑铃、杠铃、卧推架等。④拉伸区。该区一般配置用于拉伸训练的器械和开阔的场地。⑤普拉提器械或搏击。该区一般根据健身俱乐部的项目可选购器械普拉提设备或拳击台。⑥有氧操房。用于开设各类团体课程,如健美操、踏板、街舞、拉丁健美操等。⑦动感单车房。主要开设集体类单车课程。⑧瑜伽房,一般分为常温的和可以控制温度的热瑜伽房。⑨亚健康测试区。主要进行体质监测。⑩游泳池。

更衣区主要包括以下方面:①淋浴更衣区。主要分为理容、更衣、卫生间、淋浴、干蒸房和湿蒸房。②公共卫生间。③员工休息区。

运动康复区主要包括美容 SPA 区和保健按摩区。

办公区主要分为销售办公室、教练办公室、运营办公室、店长办公室和库房等。

(三)日常运营管理

健身俱乐部的三大业务部门是会籍部(销售部)、教练部和运营部。这三大部门承担了健身俱乐部主要的业务和对客户服务的责任,其中运营部是维护健身俱乐部会员基本健身设备、设施良好运转,承担为会员提供安全、舒适的健身环境的最主要的负责部门和监督部门。运营部的管理水平和部门内员工素质的高低,对健身俱乐部的服务品质和会员满意度的提高起着至关重要的作用。常规健身俱乐部的运营部一般包括前台、水吧、卖品部、收银、客服部、保洁、工程、设备维修、美容按摩等。

运营部经理作为整个部门的负责人,组织并督促部门各岗位员工全面完成其职责范围内的各项工作,并对部门员工的表现进行评估及考核;同时,为了让会员获得完善的健身服务,运营部应保证健身俱乐部设备设施的正常运作,保证健身俱乐部的环境整洁,保证会员用品的充足供应。作为健身俱乐部基础管理者,运营部经理还需要负责制订详细的能源控制方案,完成水吧卖品的销售指标,监督前台的服务标准等。

前台员工作为健身俱乐部与客户沟通最直接和最频繁的部门人员,是企业形象的代言人。前台员工的职业感和较强的沟通能力、应变能力显得尤为重要,同时前台员工必须熟练掌握健身俱乐部的标准接待流程,了解健身俱乐部各方面信息,并且有与其他部门高度合作的意识和能力。

收银人员必须熟练掌握健身俱乐部财务系统操作流程及收费系统软件,按照公式价格标准收取会籍费用,迅速准确地将客户资料录入计算机,打印会员合同,按照健身俱乐部规定管理会员卡的发放,全面协助会籍部门进行会员入会、转会、退会的处理工作,为客户提供热情周到的优质服务。有的健身俱乐部收银人员与前台人员合并组成一个部门,会员合同由会籍部录入资料,再由收银人员收款后确认信息。

水吧、卖品部是为方便俱乐部会员而设立的附属服务部门,也是俱乐部为会员提供服务的窗口单位。水吧、卖品部人员有义务为会员、顾客、员工创造一个温馨、友好的休闲环境和氛围,他们的一举一动同样影响着健身俱乐部的形象。大多数健身俱乐部将水吧员工与前台员工合并组成一个部门。

健身俱乐部的保洁工作一般采取由专业保洁公司承包或自己招聘保洁人员两种方式管理。无论采取哪种方式管理,清洁优雅的健身俱乐部环境对会员是至关重要的。

(四)会籍顾问管理

会籍顾问的工作就是去满足顾客的需求,并艺术性地让顾客认同和接受健身俱乐部的服务产品。要成功地做到这一点,会籍顾问必须充分了解自身的产品和服务,并熟练掌握会籍销售技巧。服务就是销售,当会籍顾问把销售的观念用于为顾客服务、并以帮助顾客解决问题的方式表达出来的时候,顾客会逐步解除戒心,坦露他们的需求和内心的真实意图,这是销售的一种乐趣,会令会籍顾问找到无心插柳柳成荫的销售信心。这也是近两年很多健身俱乐部把销售人员改称为会籍顾问的缘故,调整称谓的同时也是在转换销售的观念。

纵观健身俱乐部的发展,这一岗位的员工称谓,从销售(Sales)到会籍顾问(MC),再到未来健康代理人(FC)的演变过程便可了解一二。简单地说,销售会把会员卡推荐给潜在客户,利用销售技巧和职业热情完成。而会籍顾问不仅仅要熟练掌握销售技巧,还要体现更多的会员服务,帮助会员在健身活动中得到优质的服务,当然,接下来会籍顾问将努力成为健康代理人,即以熟练的销售技巧为基础,以优质的会员服务为根本,以专业的健身知识和营养知识为保障,为会员提供卓越的服务。健身俱乐部会籍顾问岗位说明书见表7-1。

表 7-1　健身俱乐部会籍顾问岗位说明书示例

基本信息	职位名称:会籍顾问		所属部门:会籍部(销售部)	
	职位编号:		岗位等级:	
	责任上级:会籍经理(会籍主管)		责任下属:	
工作概要	完成每月会员卡的销售任务,并为会员提供优质的顾客服务。			
工作职责	①外部市场拓展。包括派单和直接拜访顾客。拓展过程中有良好的形象和礼仪,能向顾客传播健康理念,能推广和维护公司品牌形象。 ②邀约顾客和内场销售。能主动收集、整理顾客资料并联系约访,接待来访顾客时能礼貌熟练地介绍俱乐部情况。 ③跟进顾客。邀约成功后能做到继续跟进,向顾客传输健身意识、公司品牌、优势等信息,为会员和潜在会员提供优质顾客服务。 ④签单。熟悉公司制订的销售制度,熟悉协议书的规范填写。 ⑤顾客维护。定时致电或拜访会员,表达问候的同时能从专业角度帮助顾客解决一些健身问题。 ⑥认真填写每一项工作记录和有关销售报表,遵守本公司销售流程。 ⑦遵守健身俱乐部、本部门有关规章制度,服从管理,努力完成每月和每年的业绩目标。 ⑧对所有员工、顾客都要面带微笑,主动打招呼并保持办公室干净整洁,爱护公司的电脑设备以及其他设备。			
其他工作	上级布置的其他临时性工作			
所受监督	会籍经理(主管)			
工作权限	①部门电脑、电话的使用权;②外销活动物品的保管权;③部门销售资源分配的告知权			
任职资格	内容	必备条件	期望条件	
	教育水平	完成九年义务教育	大学学历	
	形象要求	五官端正,裸露部分无明显疤痕	外表甜美/俊朗,气质佳	
	工作经验	热爱销售工作	一年以上含一年相关工作经验	
	技能与能力	能与人沟通,顺利表达观点/能接受和理解信息	熟练运用沟通技巧和销售技巧	
	个性与品质	开朗坚强/诚信,有责任感	对企业忠诚度高	
薪酬待遇	会籍顾问工资=基本工资+任务奖+工作表现奖+个人销售提成			

(五)健身俱乐部私人教练管理

1.私人教练的定义

私人教练(Personal Trainer)简称私教(PT),是指在健身俱乐部中进行一对一有偿指导的、提供专业化健身服务的健身教练。私人教练的工作是根据会员的体质、体能状况,同时考虑到会员的需求与健身目标,制订专业及个性化的健身处方,以安全、规范、科学、有效的训练方法帮助会员达到身心健康的健身目标。

私人教练能够为会员个人提供量身定制的健身计划,同时根据会员的个人情况和健身目的为其提出适合的饮食、作息等方面的建议,并负责监督、帮助其有效地实施这一系列计划。由于私人教练提供的是一对一的服务,所以能够更好地为会员传授各种健身知识,监控、指导会员处理在训练中的各种细节问题,帮助会员完成健身目标。在某种意义上,私人教练是处于医生和教练之间的一种角色:如果会员想减肥,就先要了解引起学员肥胖的原因,检查其身体状况,进行健康评估,并对其生活、饮食、工作习惯进行了解,类似医生的问诊;在训练进行的过程中,要讲解、示范,并对技术要领进行指导、监督,发挥教练作用。

2.私人教练的工作职责

作为私人教练,其最重要的职责就是帮助顾客获得健康。优秀的私人健身教练具有较专业的心理、医学、营养和运动技能知识,为健身顾客提供科学的健身指导。私人教练不仅要有良好的沟通能力、职业道德,还要热爱健身,处处考虑到顾客/会员的需要。

私人教练需要拥有雄厚的体适能知识,要对不同类型的知识有一定程度的了解,除了基础的人体解剖、运动生理及训练动作之外,对医学、营养及运动损伤也应有一定的了解。如果能进一步熟悉最新的运动类型,如普拉提、健身球、橡皮带与平衡板等用法,更有助于提高私人教练的专业地位,扩大客户群,确立在行业中"多才多艺"的私人教练形象。拥有良好的职业素养。私人教练要抱着去帮助别人的心态面对这项职业,关心、照顾、聆听客人的想法,了解客人真正的需求,真正帮助练习者达到设定的训练成果。私人教练岗位说明书(表7-2)。

表7-2　健身俱乐部私人教练岗位说明书示例

基本信息	职位名称:私人教练		所属部门:教练部
	职位编号:		岗位等级:
	责任上级:教练部经理		责任下属:
工作概要	严格遵守教练部的工作流程,通过学习和培训不断提高自身教学水平,努力为会员提供优质的授课和场地指导服务。		
工作职责	①负责健身场所内健身器械的维护与保管。负责领取、保管健身场所内工具、器械、设备和其他物品;负责检查、补充和更换各种健身器材和设备;负责将会员健身使用过的器械工具归位;负责定期检查并记录设备的损耗和损坏,并对轻度损坏的设备进行简单的维修,损坏严重则上报。②负责健身场所内的私人教练任务。负责对新会员进行健身介绍,让新会员了解相关场地、器械和设备的使用方法,并解答新会员的健身问题与其建立个人联系;在会员锻炼遇到问题时进行指导;会员锻炼中做出危险动作和困难动作时进行纠正;负责观察了解健身会员的健身锻炼情况,对特殊会员及危险人群进行特别保护;负责担任一部分会员的私人教练;为会员制订适当健身计划、设计会员的健身课程及安排时间,引领会员进行健身课程,为会员设计运动健身食谱,充当会员健身的老师、劝导者、监督者、支持者、顾问、协商伙伴;需要注意:私人教练不是营养师,不是理疗师,不是按摩师和心理医生。定期向教练部统计归纳所教授的会员数量,对会员的锻炼情况进行归纳总结,并适量进行调整;负责向会员解释锻炼效果、锻炼原则、注意事项并进行饮食生活指导、健康教育指导。③其他日常工作。负责统计当日工作量,填写工作日志;负责相关资料信息的填写、收集、汇总和整理(消毒登记本、各种操作登记本、财产器械交接班本等);负责定期向直接上级汇报工作,接受检查和监督。		

其他工作	上级布置的其他临时性工作		
所受监督	由教练部经理直接管理		
工作权限	改善教学工作的建议权		
任职资格	内容	必备条件	期望条件
	教育水平	具备大学专科或大学本科学历或具备健身教练资格	大学学历,体育专业
	形象要求	五官端正,裸露部分无明显疤痕	外表甜美/俊朗,气质佳
	工作经验	两年以上相关健身教练工作经验	三年以上含三年相关工作经验
	技能与能力	具备专业健身知识、沟通能力、自我管理能力、电脑操作能力	具备专业健身知识和营销知识、沟通、自我管理、电脑操作能力。持有教练证书
	个性与品质	开朗,坚强,诚信,有责任感	对企业忠诚度高
薪酬待遇	会籍顾问工资 = 基本工资 + 工作表现奖 + 销售任务奖 + 授课课时费 + 餐费补助		

(六)健身俱乐部的营销管理

健身俱乐部要通过一系列的营销策略,解决俱乐部与客户之间、经营与消费之间的各种矛盾,不断满足消费者对健身的需要。

1.针对不同的市场调整营销对策

健身的市场大小,与一个国家或地区的经济发展情况、居民收入情况相关。例如,在人均收入较高的北京、上海、深圳等城市,体育健身俱乐部发展较快,市场范围广;而相对不够发达的中小城市,健身俱乐部发展缺乏有利空间。而针对同一城市的不同地区,由于居住环境、人口构成等因素的影响,健身体育市场也有很大差别。因而,俱乐部要善于分析和掌握当地经济和收入的状况及增长趋势,以便进行市场拓展,或随时调整营销及服务策略,制订差异化的营销策略,满足不同消费者的体育健身需求。从而在最大范围和最广的项目领域推动全民健身的发展。在展开大客户营销时,应当考虑俱乐部进入的某一区域,详细了解周边情况非常有必要。首先要了解周边基础设施、机构情况,例如交通条件、商店、餐饮、学校、医院、写字楼、政府机构、居民小区等。其次要了解周边已有体育健身场所及其经营情况,包括各种机构内设的健身场所和居民小区内设的健身场地。再次要了解周边人口情况,包括常住人口数量、年龄构成、收入情况等。这样才便于开展大客户制营销,以扩大体育健身俱乐部的发展空间。

2.积极推广会员制营销

因为一些健身俱乐部贵族化倾向严重,将一些潜在消费群排斥在外,所以必须发展一批中低档的健身俱乐部,毕竟中低收入人群还很多,他们也有健身的需求。在全民都将健身作为生活中不可分割的一部分的今天,健身行业也就上了一个新的台阶,这种转变必须是建立在健身俱乐部降低门槛的基础上。健身俱乐部不仅要有面向白领、高薪族的旗舰店,也要有面向大众的社区店。坚持"服务第一,销售第二"的观念,在消费者意识抬头的今天,良好的客户服务是建立会员忠诚度的最佳方法。包括俱乐部一线人员的服务态度与水平,俱乐部回应客户需求或申诉的速度,俱乐部客服体系是否完善等。同时,健身俱乐部要加大宣传力度,利用通过专业人员把客户邀约至现场沟通、在线沟通、会议或活动,电话跟踪回访、DM 信函等多种沟通方式加强与会员之间的沟通与联系。体育健身俱乐部要利用一些节假日搞一些优惠活动。基本优惠包括消费赠品、日常讲座培训、节(生)日礼品、举行集体娱乐活动、其他产品或服务(非本企业经营)优惠等措施。特殊优惠包括对为俱乐部作出特别贡献的客户进行特别奖励,如在刊物上公开表彰等。另外,建立会员投诉体系,尽量解决会员制中存在的问题。

3.培育健身俱乐部的文化氛围

健身俱乐部营销就是把企业的资源进行重新整合,将体育健身活动中体现的体育文化融入体育健身项目中去,实现体育健身文化、品牌文化与项目文化三者的融合,从而引起消费者与体育健身俱乐部的共鸣,在消费者心目中形成长期的特殊偏好,成为企业的一种竞争优势。因而体育健身俱乐部营销强调的是一种文化,真正执行体育健身俱乐部营销的不是产品,而是一种文化,一种与消费者针对体育健身产生共鸣的情感。体育营销能够把运动文化和运动价值的人类情愫调动起来,这是其他传统的巨型活动所无法比拟之处。通过体育健身俱乐部营销,很好地将俱乐部的文化和体育文化的精髓对接,让消费者形成购买意向,促进健身项目的销量增长。

4.运用战略性眼光开展体育健身俱乐部营销

企业缺乏长期战略规划,着眼于短期目标,随意性太强。中国企业缺乏战略规划的通病在营销上也暴露无遗。我国健身俱乐部大多关心的仍是一时的知名度和销量目标,往往匆忙上马,孤注一掷。此外,我国健身俱乐部大多数规模比较小、实力不太强大,习惯于立竿见影的短期操作,在体育营销的理念上也是如此,对健身俱乐部的营销推广不太重视。基于此,健身俱乐部应该运用战略的眼光开展体育健身俱乐部的营销,包括制订营销战略、战略的目标、战略的实施,以及一些营销策略的推广和方案制订等,从多方面、多角度促进体育健身俱乐部的市场开发与战略决策,从而促进健身俱乐部又快又好地发展。

另外,商业健身俱乐部经营管理还需重视以下几个方面的问题:①健身俱乐部的市场环境。②服务产品的最优结构。③提高服务质量管理能力,提供个性化服务和附加服务。④根据健身俱乐部服务产品自身的成本和消费者可承受的能力制订合理的价格。⑤做好健身市场调查和容量预测。⑥通过各种渠道,加强企业宣传,沟通生产者和消费者的信息。⑦分析消费者的需求特点和购买行为,真正不断满足消费者,提高消费者忠诚度,并能创造市场和引导消费。⑧了解竞争者的有关产品、服务、价格等信息,搞好公共关系,制订相应的竞争策略。⑨创新的经营观念,做好营销创新工作。

参考文献

[1] 陈洪.英国社区体育俱乐部标准化认证研究[J].体育科学,2015(12):28-33.

[2] 张森,王家宏.职业体育俱乐部的企业社会责任对消费者信任的影响研究[J].北京体育大学学报,2015(11):16-22.

[3] 韩勇.我国体育俱乐部研究状况综述[J].天津体育学院学报,2000(3):29-33.

[4] 凌平.中国发展体育俱乐部的若干问题思考[J].体育与科学,2000(4):17-20.

[5] 邓雪震,韩新君.中国职业体育俱乐部的法律治理及其核心理念建构[J].西安体育学院学报,2014(6):657-661.

[6] 张森.我国职业体育俱乐部社会责任理论与实践研究[J].体育科学,2013(8):14-20.

[7] 许彩明,冯维玲.CBA职业体育俱乐部利益相关者分析[J].西安体育学院学报,2013(1):62-66.

[8] 李江帆,张保华,蔡永茂.职业体育俱乐部体育竞争与经济收益关系研究[J].体育科学,2010(4):21-25,97.

[9] 李希明.职业体育俱乐部公司治理问题探析[J].上海体育学院学报,2009(6):41-44.

[10] 周俊辉,周勇.呈现与建构:商业健身俱乐部虚拟经营竞争力模型的理论研究[J].天津体育学院学报,2013(6):539-542.

[11] 梁小莉.商业健身俱乐部品牌化发展研究的思考[J].沈阳体育学院学报,2013(3):46-48.

[12] 葛卫忠.商业健身俱乐部体验营销策略[J].体育学刊,2010(9):126-128.

[13] 仇飞云,邹玉玲.商业健身俱乐部顾客价值研究[J].体育文化导刊,2009(10):79-84.

[14] 胡泪.商业健身俱乐部可持续发展研究[J].体育文化导刊,2008(10):62-64,69.

[15] 郑玉霞,肖光来,姜桂萍.我国商业健身俱乐部发展分析[J].体育文化导刊,2008(5):15-18.

第八章
体育场馆管理

【学习任务】

通过本章内容的学习,初步掌握体育场馆的概念与分类以及体育场馆发展、管理体制变迁、经营模式的转变;了解体育场馆的国内外经营管理模式;熟悉体育场馆管理的基本内容以及体育场馆的未来发展趋势。初步掌握体育场馆经营与管理的基本模式。

【学习目标】

通过本章学习,掌握体育场馆基本概念和分类,了解体育场馆的管理体制的变迁,熟悉体育场馆管理的基本内容,掌握不同的体育场馆经营管理模式,了解未来体育场馆的发展趋势。能够运用体育管理理论知识分析体育场馆经营管理相关问题。

【案例导入】

体育场馆管理是什么?

体育场馆运营是围绕运营一个体育场馆而展开的方方面面的工作,是一项规模庞大、包含很多领域和方面的工作。对体育和公共集散设施的管理一般称作场馆、设施管理,履行这种管理职责的人就是场馆管理者。而广义的场馆管理其实也可以指对任何一种建筑设施的管理,从办公大楼到医院,甚至是有上百个建筑的整个大学校园。

场馆管理包含很多方面,包含而不限于:规划、设计、租赁、空间规划、项目管理、资金管理、建设管理、地产管理、场馆营销、建筑运营管理、房地产购买规划和处置。

不同的场馆有不同的管理需求,与场馆大小和所有权结构的不同有关。一个高中或大学的体育馆不一定必须在每一个开放的日子赚钱,但是一个商业体育馆/体育场一般不会开放,除非有比赛或活动来产生足够的收入,抵消所有的费用。大型场馆的管理者通常要花更多时间做市场营销、开发辅助收入(如零售、服务和授权商品)、预定和安排赛事、活动,尤其是当场馆没有固定租客的时候。

场馆管理需要让现有设施安全、顺畅地运行,因此经常检查硬件是工作的一方面。例如,停车场是否准备好了停放一万辆车?露天看台、过道、升降电梯、直梯和其他设施是否在正常运作?为了实现良好运转,场馆管理者需要安排维修和翻新,让现有资产不因滥用和未能及时维护而恶化。

大多数情况下需要关注场馆的日常运营，满足各种以服务为导向的目标。这些目标主要是指填充场馆的时间和空间，在安全和以顾客为导向的前提下举办赛事和活动。少数情况中，场馆管理也可以应用在建造新场馆的情境中。一个场馆管理者可能被一个大学雇用，与建筑师、设计师、工程方和其他人一起，帮助设计和管理新体育馆的建造。

总结起来，场馆管理会融合很多不同的专业领域，从建筑到工程，到商业、行为科学，到最优化场馆和使用者的互动、最优化场馆使用。场馆管理包含着让一个建筑在安全、收入、租客满意和预防性维护各方面高效运营的方方面面。

所以场馆管理不是一项简单的工作。场馆管理者必须有很多很具体的技能，通常也需要大量的时间来完成工作。在一些场馆里，场馆管理者需要在举办赛事和活动的晚上待在现场，甚至包括周末的时候。

那么到底什么是场馆管理者的角色？场馆管理者，是负责协调场馆所有员工和部门、让他们代表场馆工作、帮助达到场馆短期和长期目标的人。

不论是小场馆还是大场馆，管理者每天所考虑的事情是一样的。不过，场馆管理者的角色受到场馆和团队大小的影响。小场馆的所有者可能就充当管理者的角色。大场馆的管理者可能拥有几十个全职员工、几百几千个兼职员工来处理各种事情，从清洁员到引导员到收取门票的员工。

虽然场馆管理的职责有变化性，根据场馆设施大小的不同而改变，但对于一个场馆管理者而言，外界仍然有一些比较明确的期待。国际场馆管理联合会（IFMA）于2007年做了一项研究，认为未来场馆管理者所具备的能力应该包含以下方面：运营和管理、与场馆相关的职能、房地产、财务、人类和环境相关的影响因素、对质量进行评估和创新、规划和项目管理、交流、技术等。

体育场馆领域所关注的几个主要事项：把场馆管理和商业策略联系起来、对突发事件的准备、对变化的管理、可持续发展、新生技术、全球化、增加雇员人群的多样化、老化的建筑。

一个场馆的成功运营离不开很多人的共同努力，所以场馆管理者要平衡自己与所有人的利益。也只有在明了影响场馆的是哪些人之后，才能规划好一个场馆的目标和使命。

场馆管理者主要接触和服务三类群体：

①顾客——推广者、租客、购买门票的人、来观看比赛和活动的人。

②内部——董事会、所有者、员工和同事。

③外部——银行家、政治家、媒体、管理层，以及其他会对场馆有影响的人。

场馆管理者的角色是一个从全局来管理所有体育场事项的最高管理者，他需要考虑场馆的建设、运营、财务、维护等所有方面，需要和顾客、内部和外部的相关利益方的对接和合作。可以说是个要求很高的角色。场馆运营本身就是围绕运营一个体育场而展开的方方面面的工作，是一项规模庞大、包含很多领域和方面的工作，而作为商业性场馆，主要目标是把场馆的时间和空间资源尽可能利用起来，制造收入。

在实际工作中，可能不是所有场馆管理者都需要照顾以上提到的方方面面，例如场馆的选址和建造,不同国家和市场可能让场馆管理有不同的工作内容,也许更集中于某些方面。

(资料来源:禹唐体育.)

分析与讨论:

1.思考今后体育场馆该如何管理,如何做一名合格的体育场馆经营者?

2.如何理解体育场馆经营活动是一项复杂的系统工程?

随着我国经济社会发展水平的提升,生产方式和生活方式的急速转型,人们正步入休闲时代,闲暇时间正在迅速增加,人们价值观念的深刻转变,人们对体育文化、体育休闲、体育健身的需求大大增强。为了更好地满足我国体育事业发展需要,各级政府加快了体育场馆设施投资建设速度,据第六次全国体育场地普查数据公报数据显示:截至 2013 年年底,全国共有体育场地 169.46 万个,用地面积 39.82 亿平方米,建筑面积 2.59 亿平方米,场地面积 19.92 亿平方米,以 2013 年底全国总人口 13.61 亿人(不含港澳台地区)计算,平均每万人拥有体育场地 12.45 个,人均体育场地面积 1.46 平方米。在各种不同规模和类型体育场馆快速发展的同时,也凸显出体育场馆尤其是大型体育场馆赛后资源开发、有效利用和新型体育产业培育的重大现实挑战。如何通过对体育场馆的资源整合、运营开发和赛后利用,从根本上盘活体育场馆的巨大存量资源,促进以体育场馆为载体的体育产业与其他服务业的高度融合,实现体育场馆综合效益的最大化,满足国民日益增长的体育多样化的需求,加快将包括体育场馆在内的体育产业培育成为国民经济发展的新增长点,是当前我国体育场馆经营管理发展面临的紧迫任务。体育场馆是一个国家发展体育事业的基本物质基础,是现代城市建设不可或缺的内容,同时也标志着一个国家体育运动的发展水平和体育社会化的发展程度。

第一节 体育场馆概述

体育场馆作为全民健身和体育产业发展的物质载体和平台。在城市发展过程中崛起,造型独特的体育场馆还成为当地的地标建筑。体育场馆不但可以举办各种体育赛事活动,而且也是市民休闲活动、健身娱乐的场所,已成为都市居民的公共文化活动空间。体育场馆的发展规模和水平是一个国家经济发展水平和社会文明程度的重要标志之一,体育设施是体育事业发展的物质基础,是普及群众体育运动,提高竞技体育水平的关键因素之一。随着中国经济快速发展,居民收入不断提高,居民生活水平稳步提升,人们的生活娱乐消费升级的宏观背景下,体育产业迎来了“全民体育”时代。作为体育产业发展重心的体育场馆业也顺势得以快速发展,并普遍认为其是发展潜力巨大的朝阳产业。

一、体育场馆的概念及分类

(一)体育场馆的概念

体育场馆是指由各级政府投资或社会筹集资金兴建,由各级体育或其他行政部门、事业单位、企业负责管理,主要用于开展社会体育活动,满足广大群众体育健身休闲活动要求,组织运动训练、开展体育竞赛等经营服务的场所,是对包括体育场、体育馆、游泳馆在内的、各种类型体育设施的通称。体育场馆主要包括对社会公众开放并提供各类服务的体育场、体育馆、游泳馆,体育教学训练所需的田径棚、风雨操场、运动场及其他各类室内外场地,群众体育健身娱乐休闲活动所需的体育俱乐部、健身房、体操房和其他简易的健身娱乐场地等。体育场馆主要分为在室外进行比赛训练的体育场和在室内进行比赛训练的体育馆两种。

(二)体育场馆的分类

1.按体育场馆建设规模划分

国内外对公共体育场馆的大小划定未有严格的统一标准。我国现行体育场馆基本建设项目规定通常依据体育场馆座席数量多少为划分标准:体育场以 70 000 座位以上、体育馆以 8 000 座位以上为大型体育场馆,体育场以 30 000 ～ 70 000 座位、体育馆以 4 000 ～ 8 000 座位为中型体育场馆,体育场以 30 000 座位以下、体育馆以 4 000 人座位以下为小型体育场馆[1]。

我国大型体育场馆的建设形式除了单体建筑形态,还有综合性的体育中心。一般体育中心包括体育场、体育馆、游泳馆(池)等,并且根据中心的占地面积分为小型、中型、大型和特大型四种。小型体育中心的占地面积在 20 公顷以下。中型体育中心占地面积为 20 ～ 60 公顷。大型体育中心占地面积在 60 ～ 200 公顷,如南京奥林匹克体育中心、深圳大运体育中心等,都是目前国内功能相对较全、标准相对较高的综合性大型体育建筑群。特大型体育中心占地面积在 200 公顷以上。占地面积 405 公顷的国家奥林匹克中心是目前国内特大型体育中心的代表,该中心除了包括 14 个奥运比赛场馆,还包括为奥运会服务的绝大多数设施。世界上最大的体育中心当属伊朗德黑兰的阿里亚梅尔体育中心,该中心占地 500 公顷,可称为“体育城”。

2.按照场馆的使用性质划分

我国体育场馆按照其使用性质可以分为训练型场馆、教学型场馆和经营型场馆。

训练型场馆主要用于国家和省市一级高水平运动员的系统训练,为全面提高运动员的技战术水平,体格、体能以及心理素质,攀登世界竞技体育高峰提供各类训练场馆设施。训练型场馆由于主要用于保障高水平运动员日常训练,通常采取封闭式管理,一般不对外开放,建设和养护由政府提供财政全额补贴。

教学型场馆主要是各级各类学校用于学校体育课教学、课外体育活动和学校运动队训练的体育场馆设施。据 2013 年第六次全国体育场地设施调查数据显示,体育教学型场馆设施超过

---

[1] 易国庆 . 体育场馆的经营与管理 [M]. 北京:人民体育出版社,2009.

我国现有体育场馆设施总量的一半以上。这类场馆设施主要是承担学校体育教育的任务,用于增强学生的身体素质和培养学生的体育技能,服务对象为各级各类学校的在校学生。教学型场馆一般由各级教育行政管理部门投资建设,学校负责日常管理,一般不对外开放。

经营型场馆主要是由政府投资或政府引导社会投资兴建,面向社会成员,提供体育公共服务的各类体育场馆设施。这类场馆大多通过提供各类体育健身项目、开展体育培训和举办体育赛事,满足社区居民的健康、娱乐和休闲的需求,推广和促进社会全民健身活动的普及。经营型场馆依据不同的经营环境和条件,一般由政府通过财政全额补贴、差额补贴或场馆自收自支的方式维持其日常运营。

【课堂检测】

从赛事到健身场馆,中馆公司认为场馆运营的本质是引入好内容

随着观赏性赛事和参与性体育的双双爆发,场馆成为体育这条产业链中的关键一环。中馆公司打算以轻资产运营模式切入进来。场馆一般由政府所建,如果由政府亲自运营,管理效率往往低下。中馆则说服政府,以顾问经营、合作经营与委托经营这三种方式,参与场馆的运营,提升效率。中馆最初经营大场馆,特别是为观赏性赛事和演唱会等提供底层基础设施运营,其中的明星项目是广东省东莞市东风日产文体中心,这也是CBA宏远队的主场。

中馆创始人朱林祥认为,要形成"地标性"的元素,必须为场馆引入顶级赛事和演唱会,而且要依据地域文化引入定制化的内容,比如在珠三角的广州地区可以引进粤语歌手,深圳则不然。

与大多场馆依赖场租收入不同,中馆着眼于收入多元化,尤其强调无形资产收入,这就需要强力运营来树立地标属性。比如,主办方来做活动,只要能把王菲、张学友带来,中馆就可以为其提供非常低的场租,中馆希望赚的是广告、冠名、赞助、包厢、衍生品等方面的收入,而这项收入在北美地区至少占场馆收入的70%,中国还只占10%。

朱林祥认为,只有内容和活动足够好,才能形成人气,广告、餐饮才会接踵而至。把场馆焐热后,周边的价值都会随之发生变化,一个场馆还支撑不了商业模式,但如果能拿下10个场馆的运营权,中馆不仅能压低供应商的成本,还可以往里面叠加各类产品,比如成立餐饮公司、广告公司,还可以针对周边物业、地产进行投资,把场馆周边吃透。

朱林祥说,场馆运营像酒店运营一样,需要丰富的经验,从停车到指引等现场服务,有严格的服务系统。同时,针对投资商主办方,也要有严谨的服务管理流程。中馆把小型场馆作为未来的战略点,今年打算拿下几十家,希望将其建成城市运动健身的综合体,赋予其社交属性,满足家庭休闲甚至是商业应酬的需求。在盈利策略上,朱林祥认为,场租可以少赚点,利润重心可以渐渐转移到教练和培训上面。不过小场馆的难点在于,地方政府在规划土地时,没有为大众体育预留太多土地,因此社区的游泳池、篮球场非常稀少;加上大学场馆又没有开放,所以要拿到场馆的经营权,竞争非常激烈。为此,中馆希望获得来自场馆资源丰富的公司的战略投资。

(资料来源:36氪体育.)

思考与分析:

1.你是否认同中馆公司的轻资产场馆运营模式?

2.成功的体育场馆运营仅仅是做好内容产品开发,引入好的经营项目吗?

二、体育场馆经营管理的任务与主要内容

体育场馆的开发利用,应该从满足广大市民日益增长的体育需求、维护群众的切身利益和提高场馆的养护能力出发,统筹考虑社会效益和经济效益,坚持"以体为主、多种经营、全面发展、服务社会"的利用理念,开发体育场馆多元功能,构建体育场馆多功能服务体系,促进体育场馆集约化、多元化经营,全面提高场馆的社会效益和经济效益。

(一)体育场馆经营管理的任务

1.提供公共体育服务,着力推进全民健身

把体育场馆利用重点从满足竞赛需求转移到提供全民健身服务上来,着力增强场馆公共服务功能,推动体育场馆在赛后快速转型。在经营管理上,充分利用体育场馆自身优势,因地制宜,更多地向市民提供丰富的公共体育服务,把体育场馆打造为场地设施先进、服务优良、健身氛围浓厚、健身指导专业、深受人民群众喜爱的区域性全民健身示范站点。

2.激发场馆活力,逐步减轻财政负担

在确保体育场馆的社会效益,最大限度地为人民群众提供公共体育服务的基础上,深入挖掘场馆多种功能,努力为人民群众提供个性、时尚、专业的体育产品和体育休闲服务。在经营管理上,既要满足人民群众日益增长的多层次、多元化的体育文化需求,又要提高场馆的利用效率;既要增强场馆的经营活力,又要为场馆创造效益,逐步减少财政对场馆的投入。

3.加强科学管理,确保国有资产增值保值

牢固树立"管理就是效益、管理就是效率"的理念,坚持把管理好、维护好体育场馆作为衡量运营管理水平的标准,使人民群众持久享受优质的体育服务。认真总结国内体育场馆多功能利用管理运作的有效经验,及时转化为科学完善的管理制度,最大限度地降低体育场馆多功能利用的损耗,做到长用不衰、常用常新,确保体育场馆保值增值。

4.传播体育文化精神,打造都市体育地标

体育场馆是城市综合实力建设的重要组成部分,是体育事业快速发展的象征,更是传播体育文化的重要载体。体育场馆多功能利用应根据场馆特点和区域体育文化特点进行整合利用,实现差异化发展,把体育场馆打造成集中展示区域发展人文精神的形象标志,进一步擦亮城市品牌,提升城市软实力,为构建和谐社会提供强大的精神动力。

(二)体育场馆经营管理的主要内容及方法途径

1.组织和推广体育赛事和全民健身活动

政府建设体育场馆是为了满足民众健康和精神文化生活的需要,提供各类体育场馆供人民使用是体育场馆经营的重要内容。体育赛事和全民健身是我国体育场馆发展的两个龙头,也是体育场馆多功能利用的主要内容。体育场馆重点开发各类体育赛事和全民健身活动能较快地提升体育场馆人气、培训体育消费市场,为体育场馆创造综合效益。

体育场馆开发体育赛事和全民健身活动的途径有三个方面:第一,通过体育场馆自身的资

源,组织各类体育赛事和全民健身活动。采用此途径对体育场馆资源整合能力和经营人员素质要求较高,且存在一定的风险。第二,通过场地出租的形式举办体育竞赛和全民健身活动。这种做法形式简单,体育场馆只是提供场地服务,风险性小,但是收益不高。目前我国大多数体育场馆采用场地出租方式举办体育竞赛和全民健身活动。第三,合作开发模式。体育场馆与其他机构合作开发体育竞赛和全民健身活动,体育场馆通过场地资源等资源入股,项目共同开发、风险共同承担、收益共同享受,这个模式已在我国开始出现。

2.利用场馆资源开展各类培训

随着经济社会的高速发展,对人的综合素质的要求越来越高,适者生存的竞争理念已被广泛接受,人的全面发展是否适应社会发展的要求已成为社会关注的热点。随着社会人才竞争的日趋激烈,人们将把更多的收入和投资投向各类培训,这既是社会的需求,也是提高个人素质的源泉。体育场馆环境优美、交通便利、设施优良,具备良好的开发培训项目的硬件条件。

体育场馆的体育培训开发由于体育系统的资源优势,通常是采用自主开发的途径,其他非体育的培训活动多数以房屋出租的形式进行开发。体育场馆在开展各类培训项目的过程中有几个方面要特别引起重视:①培训项目种类繁多、培训对象广泛,在开发过程中要根据区域经济社会发展状况,有针对性地开发。②培训市场只是培训服务产业链的一个环节,体育场馆可做好配套商业开发,引进餐饮、图书销售等配套服务,争取建立完善的培训产业链,拉动体育场馆其他服务。③培训机构引进时要注重其品质,优质的培训机构会带来广泛的人气,最终能影响体育场馆其他经营工作。

3.开发各类企业体育文化活动

随着经济全球化的进程,企业处于经济结构、社会制度和文化价值的重新组合过程,企业的管理方式和文化建设都在面临更大的挑战和竞争。众多企业通过开展各类体育文化活动,提高企业的知名度,树立企业的良好形象,增加员工的凝聚力,最终提升企业的综合竞争力。体育场馆设施由于条件符合企业举办各类体育文化活动的要求,因此众多企业选择将体育文化活动放在体育场馆举办。未来随着企业的快速发展,企业体育文化活动的需求势必会越来越大,体育场馆应敏锐地掌握市场动态,主动为企业提供体育文化活动服务。

当前大多数体育场馆为企业举办体育文化活动只是通过场地出租形式提供服务,服务形式简单、服务收益不高,而体育场馆储备的体育组织人才和管理人才没有发挥作用。未来,体育场馆应积极与企业建立联系,营销体育场馆及其运营团队,在为企业提供场地服务的基础上,主动参与企业体育文化活动的策划、组织、实施工作,为企业提供一条龙的专业服务,为体育场馆创造更大的效益。

4.参与引进文化演艺和休闲娱乐活动

国际休闲研究的权威人士杰佛瑞·戈比、托马斯·古德尔等人认为,2015年前后,世界发达国家将进入"休闲时代",休闲、娱乐活动和休闲旅游业将成为下一个经济大潮,并席卷世界各地。届时,休闲服务将主导世界劳务市场,国内生产总值中会有一半以上的份额由休闲产业创造出来,人们将把生命中一半的时间和一半的金钱用于休闲。文化演艺和休闲娱乐活动等人类休闲活动的主要内容,也是体育场馆承载的主要功能。当前,体育文化演艺和休闲娱乐活动是体育场馆经营收入的主要来源之一。体育场馆由于场地广阔、音响设备完善、私密性强,成为体育演出公司和文化娱乐公司举办各类休闲文化活动的重要场所。特别是大型体育中心,可通过引入体育公园的概念,做好绿化工作,打造优美宜人的环境,在体育中心公共区域通过组织和举办各类休闲文化活动,提高场馆的利用效率。

未来体育场馆在引进文化演艺和休闲娱乐活动中,可以重点突破以下几方面:①主动走向市场,与文化演出公司和文化娱乐公司建立联系,大力引进品牌文化娱乐项目。②有条件的体育场馆可与文化演出公司进行深层次的合作,通过项目分析有选择性地对部分品牌项目进行投资,从而获得更多的经济效益。例如,广州国际演艺中心多次对品牌演艺活动进行投资,通过市场运作获得更好的回报。③加强与传媒业合作,传统体育项目与现代传媒相结合,通过精心策划,自主打造品牌文化娱乐项目。例如,"水立方"通过与江苏卫视合作打造"星跳水立方"大型综合活动,为场馆赢得巨大的综合效益。

5.推广体育场馆冠名及其广告业务

冠名作为一种具有广告价值的经济资源,已经在体育、文化活动、城市设施、交通运输等方面广为应用,成为一个吸引大众注意力的时代符号。现代社会,一场围绕着冠名权而获得品牌效益和媒体宣传的商业竞争已经展开,冠名权已成为众多企业对外展示形象与实力的新手段。冠名权及其他广告资源是体育场馆重要的无形资源,国外体育场馆多功能利用的实践说明体育场馆的无形资源进行有效开发将产生巨大的经济效益。例如,著名的 NBA 湖人队的主场斯坦佛体育中心被斯坦佛公司冠名 20 年,冠名费用达到 1.16 亿美元。

当前我国体育场馆虽然已开始尝试冠名及无形资产的开发,但是与国外相比还有很大的差距,也说明具备巨大的潜力。未来体育场馆在冠名及广告业务开发方面可以着重从以下几方面开展工作:①引进各类品牌体育文化活动,提升场馆的曝光率。②合理规划场馆的广告资源,创造良好的广告价值。③主动走向市场,精心策划,加强对知名企业的营销推广。④丰富回报内容,建立多层次、多渠道的回报体系。⑤加强与体育中介公司和广告公司的联系,开拓客户资源渠道。

三、我国体育场馆经营管理中存在的问题

(一)体育场馆的产品性质和发展定位尚需完善

依据 2013 年"第六次全国体育场地普查"统计数据,目前,我国大约 97% 的体育场馆由政府投资兴建。因此,我国体育场馆绝大多数系公共体育场馆。改革开放以来,党中央、国务院出台的一系列文件中都明确将体育场馆定位为公共体育设施,其主要职能在于满足运动员训练、运动竞赛和广大人民群众的健身娱乐需求。由此,体育场馆在总体上属于非经营性资产,系公共产品或准公共产品。近年来,对体育场馆的本质属性的认识出现偏差,片面强调体育场馆的产业化功能,不重视甚至忽略本来应该是由体育场馆提供的体育公共服务,转而将体育场馆的

工作重点放在或转移到其他经营性活动之中。因此,正确认识体育场馆的产品属性问题是破解我国体育场馆运营管理的根本性问题所在。

(二)我国体育场馆运营财税保障政策力度不够

长期以来,我国体育场馆不能享有文化设施能够享有的财税政策保障,在运营管理方面举步维艰。我国体育场馆财税政策保障严重不足主要表现在以下三个方面。

1.税负过重

相比同样具有公共服务功能的图书馆、博物馆、纪念馆、美术馆、文化馆(站、宫)、青少年宫等公共文化设施所享有的税收优惠政策,我国体育场馆承担的税负普遍偏重[1]。例如,2010 年广州市属大型体育场馆经营活动所获得的门票收入、广告收入、租赁收入、社会赞助体育活动收入、培训收入、商品销售及其他收入所涉及的各种税费。此外,还有市财政部门对场馆租赁收入征收 10% 的国有资产占用费,对场地广告经营收入和社会资助体育活动收入征收文化事业建设费等。目前,大型体育场馆所承担的税种不低于 17 种。例如,2010 年广州市大型体育场馆平均承担税负为 26%,承担税负最高的体育场馆竟达 39%。繁重的税负严重影响了我国体育场馆的运营能力,限制了我国体育场馆运营开发潜力,同时也严重地制约了我国体育场馆提供体育公共服务的能力。

2.财政投入不足

与文化及其相关部门相比,进入 21 世纪以来,国家在体育场馆运营管理的财政补助投入上严重不足。从 2004 年到 2010 年,国家对文化事业及文化产业的财政拨款年均增长达 25.5%,已经远远超过了我国国民经济的增长速度。2010 年,国家对文化事业的财政拨款达到 530.15 亿元,占国家财政支出的 0.63%。而国家对体育事业的财政拨款为 247.98 亿元,仅占国家财政支出的 0.29%,对全国 100 多万个体育场馆的财政补助经费是 67.96 亿元,仅占国家财政支出的 0.075%,国家对体育场馆的运营管理财政补助长期低于国家对文化馆、博物馆、图书馆等文化设施的财政补助。在我国体育系统内部体育事业经费的分配使用上,体育场馆的财政补助数额同样偏低。2002 年至 2006 年,我国体育系统体育场馆的财政补助仅占我国体育事业经费的 9%。

3.能源与土地使用政策支持不够

我国体育场馆在运营支出方面,水、电、气、热等能源使用占据很大的比例。其中,游泳馆一般要占 40% ~ 50%,其他类型的体育场馆也要占 10% 以上。然而,大多数地区将体育场馆的能源费用等同于工业或者是商业标准进行征收;在土地使用上,体育场馆本应是政府投资兴建的公共体育设施,但是税务部门往往按照商业资产收取高额的土地使用税、房产税。

(三)体育场馆结构布局有待完善

改革开放以来,我国体育场馆建设的基本模式是"一场两馆"。竞赛训练类的体育场馆多,而全民健身类的体育场馆严重不足。国际体育发展的历史经验告诉我们,体育场馆的建设与发展必须体现层次性与多样性原则,必须满足广大人民群众的多元化体育需求。当前,我国体育

---

[1] 谭建湘.体育场馆经营与管理导论[M].北京:高等教育出版社,2014.

场馆的建设与发展呈现"倒金字塔"的结构,塔尖部分主要是为职业体育和大型体育赛事提供服务的大型体育场馆,塔尖以下比例最大的塔基部分是服务于广大居民的多层次的社区体育设施,主要包括社区体育中心、大学生体育娱乐中心、社区和城市体育公园、儿童游戏场、青少年野营基地、全民健身基地、健身步道、健身苑等。然而,事实上我国属于塔基部门的这类满足全民健身娱乐的体育场馆建设严重不足。

国家和各级政府应着力发展为广大人民群众提供体育公共服务的社区体育设施。社区体育设施是一个国家和地区体育场馆设施的主要组成部分,是一个国家体育事业可持续发展的物质基础。只有努力拓展社区体育设施,才能够为最广大的人民群众提供基本的体育健身条件,才能够保障人民群众基本的体育权利,才能够为人民群众提供基本的体育公共服务,才能够为竞技体育的发展提供持久的动力。只有促进竞技体育与群众体育的协调、可持续发展,才能够真正保障一个国家体育事业的可持续发展。

(四)场馆建设设计规划布局不完善

体育场馆建设与运营发展的经验表明,体育场馆运营的效果关键取决于建设,而建设的效果关键取决于规划。统计数据显示,截至 2010 年年底,国外有 116 个国家和地区制订了国家体育场馆建设与发展的专项规划。在我国,体育场馆建设的规划指导不够,导致我国体育场馆的规划建设与布局存在以下问题。

1.盲目追求高规格、高标准建设

我国体育场馆在规划建设中条块分割的情况十分严重。规划部门不管建设,规划与建设部门不管运营,最终把体育场馆最艰难的问题——经营管理的责任推给体育部门。地方政府在体育场馆的建设过程中基本上是以竞技体育为导向,强调高水平竞赛和训练功能,对体育公共服务(尤其是基本的体育公共服务功能)的重视不够。一些地方政府好大喜功、建设政绩工程的思想严重,倾向于将体育场馆建设作为形象工程、政绩工程,强调按国际标准、高规格建设,忽视了本地区、本城市的经济发展水平、城市规模、城市定位、城市体育发展水平、居民体育需求等方面的重要因素。其结果是造成体育场馆建成后的维护、保养费用偏高,体育场馆使用率低下,这是我国体育场馆长期以来运营管理困难的根本原因所在。

2.赛时与赛后功能脱节

我国体育场馆尤其是大型和超大型体育场馆的建筑工艺和设备工艺一般要远远高于日常使用所需,场馆大量建筑用房没有与赛后运营功能紧密结合起来,尤其是日常经营所需的商业用房基本没有配套。2008 年,北京奥运会后,几乎所有的新建体育场馆都进行了适应性的改造,因为如果不进行这样的改造,这些大型体育场馆的赛后经营将会十分艰难,将导致场馆的闲置,造成国有资产的损失。这充分反映出我国体育场馆建设存在赛时与赛后功能脱节的问题。

3.体育场馆区域布局不合理

一方面,我国体育场馆集中在大城市以及我国经济发达的地区,中小城市以及经济欠发达地区体育场馆普遍缺乏;另一方面,我国城市规划不够科学,城市中给体育场馆建设留有的空间不足,无法满足体育场馆建设的用地需要,导致体育场馆建设在原地城市的市郊,严重地影响了体育场馆的利用率和经营效益。

(五)传统事业体制经营模式有待改进

目前,我国的体育场馆主要是以事业单位管理体制为主。由于历史的原因,许多体育场馆管理依旧沿袭传统的事业体制运营管理模式,在管理职能上主要是完成各级体育行政部门布置下达的各项任务,在没有上级布置的任务之时,为了节约成本,避免责任,许多场馆大都是闭门谢客。在经营管理方面,上级部门也往往没有对体育场馆提出经营目标要求。在这样的背景下,我国的体育场馆总体上依靠政府的财政补助进行维护,普遍缺乏主动经营的意识。在营利模式上,体育场馆主要依托场馆的门面房、附属用房以及体育场地的出租来获取收益,很少开展其他方面的经营。场馆出租附属房及场地活动的收入一般占这些场馆经营收入的50% ~ 60%,开展其他经营活动获得的收入仅占20%,最低的甚至低于10%。目前,我国体育场馆主要依靠政府的财政补助,财政收入是其最大的收入部分。

【课堂检测】

姚明政协提案:关注体育场馆运营 要"用得上、养得起"

新华社北京2016年3月7日电(记者林德韧 白林) 正在北京参加"两会"的全国政协委员姚明带来了一份关注体育场馆运营的提案。他在提案中列举了目前国内场馆运营方面的一些问题,建议各地在建设体育场馆时"既要建好馆,又要用得上、养得起"。

姚明的提案题为《转变管理思路,盘活体育场馆,突破体育产业发展瓶颈》。他在提案中表示:"随着我国体育事业的蓬勃发展,特别是2008年奥运会的成功举办,国家在体育基础设施方面投入巨大,全国各地,包括中西部地区和三线、四线城市,一大批高规格体育场馆纷纷落成。但《中国体育产业发展报告(2014)》指出,'从目前情况看,各地大型体育场馆的运营情况总体上不尽如人意'。"

姚明在提案中提出了目前体育场馆运营方面的一些问题,其中包括:"一、大多为了举办集中的、综合性的赛事设计、建造,配置过高、过量,功能单一。造成运营成本过高,全民健身、日常办赛用不上、用不起,搞文艺演出软硬件设施不达标、不配套,在耗费国家行政拨款的同时场馆闲置。二、选址远离城市核心区域,交通不便,人气不旺。三、所属系统分散,包括体育系统、教育系统和其他系统,现有体制下无法实现统一管理。四、绝大部分大型场馆隶属行政、事业体制,经营业绩与员工收入不挂钩,'多干多问题,少干少问题,不干没问题',内生动力严重不足。五、场地一用就亏本,造成赛事举办成本高,运营商望而却步。六、安保压力大,在新形势下,主办方、承办方、场地方、管理监督方的沟通联动机制尚未形成。"

针对这些问题,姚明给出了自己的建议,包括"在今后的场馆建设过程中,建立包括政府、社会投资、体育产业、设计建设等多方的组织分工中的协作模式,改变体育场馆只为大型综合性赛事服务的设计思路,充分考虑分散的、小型的、群众性的体育文化需求,既要建好馆,又要用得上、养得起"。此外,应"突破公共体育场馆现有运行机制,引入社会资本,成立股份制经营实体甚至产业集团,更新经营理念,树立'No Event, NO Arena'(没有活动,就没有场馆),也就是'内容为王'

的理念,积极扶植精品赛事、精品演出;同时,打造安全、舒适、高效欣赏环境,形成表演者(演员、运动队、运动员)、观众、主办方、媒体、赞助商、行政主管部门六位一体,多方受益的良性循环",以及"在鼓励商业运营的同时,强调体育场馆的公益属性"等。

(资料来源:腾讯体育.)

思考与分析:

1.你是否赞同姚明在政协提案中提出的破解场馆运营困难的观点和看法?

2.针对国内体育场馆运营现状,引入社会资本,能够破解中国体育场馆的困局吗?

第二节 体育场馆经营管理模式

体育场馆管理模式是指体育场馆为实现发展目标而采取的决策、组织、管理形式,主要回答的是体育场馆建成后如何管理的问题,包括体育场馆管理组织机构的建立,以及管理组织在社会中的角色定位。从本质上来看,体育场馆管理就是协调各方面的利益关系,在一定管理思想的指导下,对体育场馆的管理目标、管理对象和管理手段进行整合,以推动体育场馆有效运转,是一种在长期的管理实践中形成的独具特色且相对稳定的管理状态。

一、体育场馆经营管理的基本模式

我国体育场馆基本经营模式见表8-1。

表8-1　我国体育场馆基本经营模式

体育场馆运营管理模式	事业单位管理模式	全额拨款模式	自主运行模式 合作经营模式 委托管理模式
		差额拨款模式	
		自收自支模式	
	国有企业管理模式	"事业转企业"模式	
		纯国企模式	
	民营企业管理模式		

(一)事业单位管理模式

事业单位管理模式实际上是计划经济下部门管理的延续。在这种模式下,体育场馆由事业单位进行管理,管理手段以指令性计划和行政性管理为主,政府管理部门集行政管理职能和国有资产管理职能于一身。体育场馆一般隶属于当地体育行政管理部门,场馆本身是独立法人单位,管理有一定的自主性,会结合自身实际情况设置符合管理运营所需的内部机构。随着改革开放,特别是事业单位改革的推进,国家对传统事业单位模式进行了相应改革,主要体现在运行资金投入上。

1.事业单位自主经营模式

事业单位是指为了社会公益目的,由国家机关举办或者其他组织利用国有资产举办,从事教育、科技、文化、卫生等活动的社会服务组织。我国的大型体育场馆绝大多数都采用事业单位管理模式,这种模式的主要特征是体育场馆由政府投资建设,政府设立专门的事业单位负责对场馆实行自主运营管理。根据政府对事业单位财政补助方式的不同,可以将事业单位自主经营模式分为全额拨款管理、差额拨款管理以及自收自支管理三类。

(1)全额拨款管理。全额拨款管理是指体育场馆的一切运营费用(包括场馆维修费)由国家财政经费全额支出,并由政府设立的事业单位对场馆实行自主经营管理。经济不发达地区常采用此种管理方式,其特点是把满足体育事业发展需要,保障运动队训练,服务全民健身,完成体育竞赛等职能作为首要任务,取得的社会效益高于经济效益。

(2)差额拨款管理。差额拨款管理是保留体育场馆的事业单位性质不变,部分运营费用由国家财政经费支出,同时在事业单位内部采用企业化管理模式,进行自主经营、独立核算。

(3)自收自支管理。自收自支管理是指在国家不再提供财政资助的前提下,体育场馆完全通过自主经营获得场馆运营的所有经费,体育场馆实行收支相抵的运行模式。

2.企事业并轨模式

企事业并轨模式是指体育场馆在运营过程中,为了提高体育场馆运营管理水平,提高体育场馆的经济效益和社会效益,在保留体育场馆事业单位性质的基础上,再成立一个体育场馆运营管理公司对体育场馆实施专业化管理,即"一个机构,两块牌子"的模式。在这种模式下,体育场馆的少数员工系事业编制,其余大多数员工系聘任人员。例如,苏州市体育中心是苏州市体育局直属的正处级单位,但同时苏州市政府又批准成立了苏州体育事业投资发展有限公司,系国有独资企业。常州奥体中心是另外一个典型的例子。常州奥体中心建成以后,常州市政府即批准成立了事业单位——常州市奥体中心及全资国有的常州体育产业发展有限公司。企事业并轨经营模式一方面使得体育场馆能够享受文化体育业的优惠政策;另一方面,也能够充分发挥企业化运作的优势,有利于体育场馆经济和社会效益的提升。

3.合作经营模式

合作经营模式是指在不改变体育场馆国有资产和体育场馆事业单位性质的条件下,体育场馆管理单位和社会企业部门进行合作经营的模式。通过合作经营双方形成一种合作双赢、互利互惠的战略伙伴关系,主要包括承包经营、租赁经营、股份制经营以及服务外包经营四种模式。目前,我国大约有60%的体育场馆,尤其是大型体育场馆采用合作经营的模式。

(1)承包经营。承包经营是指体育场馆单位与承包企业之间订立承包经营合同,将场馆的全部或者部分"经营管理权"在一定期限内交给承包者,由承包者对场馆进行经营管理并承担经营风险及获取收益的行为。

(2)租赁经营。租赁经营管理是指体育场馆的所有者作为出租方,将场馆全部或部分有限期地授权给承租方经营。承租方向出租方交付一定租金,并依据合同规定对场馆进行自主经营。

（3）股份制经营。股份制经营是指体育场馆以场馆的部分资产按一定的比例投资入股,与其他企业或组织的共同投资,组成股份制公司开展经营活动。目前,我国有许多健身俱乐部,如英派斯、中体倍力、一兆韦德等都与地方体育场馆组建过类似的股份制公司。

（4）服务外包经营。服务外包经营是指体育场馆将非核心的业务外包出去,利用外部最优秀的专业化管理企业来承担这些业务的运营,从而使其专注于场馆的核心业务,以达到降低成本、提高效益、增强场馆核心竞争力的目的。目前,我国越来越多的体育场馆将保洁、安保、餐饮、票务、特许产品等服务型业务外包给专业公司运营,取得了良好的经营效果。例如,AEG 集团等国外著名体育场馆服务供应集成商正在我国积极拓展承接服务外包业务。

[课堂检测]

破解大型体育场馆运营难题　安徽芜湖走出创新路

大型体育场馆的运营管理是一个世界性难题。运营模式选择难,政府自主经营因缺乏经验和市场人才势必亏损,承包给社会公司、团体又可能损坏场馆主体功能;社会效益和经济效益兼顾难,要为全民健身服务势必要免费开放,而缺乏盈利点,运营维护又越发艰难;资金单薄支撑难,政府在遇大赛时拨专款建设场馆,而每年追加的维护费成了沉重的负担。

2013 年,国家体育总局做了大量的基层调研,5 月初,刘鹏局长亲率调研团来到安徽芜湖,欣喜地发现这里的奥体公园场馆群在当地创新的经营模式下,已经能自负盈亏甚至开始赢利。

芜湖 2002 年为安徽省十运会建设了包含拥有 4.5 万个座位的体育场、5 500 个座位的综合体育馆等一系列大型体育场馆的奥体公园,但在成功举办赛会后,同样遇到了管理、经营难题,一度闲置。市政每年要投入超百万元的维护费用,成为沉重的财政负担。政府也一度试图通过招商引资,将奥体场馆经营权承包给社会公司经营,但因为利益点不同,场馆的社会效益没有得到保障,甚至主体功能遭受到破坏的威胁。

芜湖政府冥思苦想,大胆地提出“政府主导,按照现代企业制度,建立符合芜湖实际和市场规律的运营管理体制”,决定将奥体中心整体资产移交市体育局,授权其行使管理权和经营权。2010 年,芜湖成立“芜湖市奥园体育发展有限公司”,2012 年挂牌成立“安徽奥园体育产业集团公司”,性质为“国有独资企业”,采用“自收自支、自主经营、自负盈亏、实行全员劳动合同聘用制”的运营模式。短短的几年间,奥园集团遵循市场经济规律,更新理念,以场馆运营为依托,以追求社会效益为主,社会效益和经济效益相统一,实现了以场(馆)养场(馆)、以商养场(馆)的目标。

骄人的成绩,依靠的是芜湖人充分结合当地实际情况,摸索、创新出的一条正确的经营道路。具体有以下几点值得借鉴:

一是高度重视人才的作用。经营管理,人的因素是关键,芜湖人总结得出的经验表明,场馆的经营者,首先要懂体育,只有懂体育才能结合场馆的特性,保证经营过程不失社会效益,为地方体育事业和全民健身事业服务,不违背政府出资建设场馆的初衷;其次还要懂经营、懂市场,否则无法灵活地进行市场运作,难以实现经济效益,挣不到钱,场馆就无法生存。

目前,国内兼具懂体育和懂市场的复合型人才十分短缺,在芜湖更是有限,芜湖体育局果断放宽思路,面向全国招聘运营管理团队,同时注重人才的培养。人才的引进、培养相结合,形成良性循环。

二是明确政府在大型场馆运营中的主导作用。政府要转变职能,一方面,在整体上把控场馆的经营,确保场馆的公益属性,始终把社会效益、把提高公共服务水平放在首位;另一方面,放手具体经营活动,将其交由专业人才开展,结合社会力量共促发展。

三是重视"媒体"作用。奥园集团与当地主流媒体密切合作,与芜湖电视台、芜湖日报社形成战略合作伙伴,买断部分地方报纸版面,买断电视台主要频道黄金时段10分钟(其中8分钟为体育新闻,2分钟为自主广告)。以媒体为平台,将"体育、媒体、市场"结合在一起,宣传体育,营造氛围,形成"体育自觉围绕市场""媒体主动关注体育"的生动格局。

四是以"活动"带"人气",以"人气"促"商业"。奥园集团不把公益服务当作包袱,而是深刻理解"人气"对"商业"的重要性。据不完全统计,2009年至2012年年底,奥园集团在收入中拿出近500万元,办各级各类竞赛、全民健身活动和体育文艺活动;自筹资金建成约5 000平方米的户外全民健身路径,免费对外开放;向健身广场舞队伍赠送音响器材,免费提供水电。现在,每天在奥园参加锻炼的人数达到3 000余人,全年超过100万人次,无形中获得了巨大的商业价值。

五是科学利用附属用房。奥园集团采用"平赛结合"的手段开发场馆平时闲置的附属用房,即平时租赁营业,重大赛事退出营业确保体育赛事功能。另外,奥园集团十分注重对出租和合作的对象进行严格把关,因为一旦租户营业不善倒闭,数月的空窗期将是不小的损失。奥园集团引进的商户会所、演艺娱乐业、酒店服务业、艺术体育培训等项目,所选无一不是市内乃至省内、全国知名的企业商家,口碑效益都十分过硬。至2012年,奥园集团已经实现用纳税人的钱建成的场馆,不再用纳税人的钱来养。公司成立以来,已经向政府缴纳税款500万元。

(资料来源:华奥星空.)

思考与分析:

1. 你认为制约我国体育场馆经营开发的主要原因是什么?
2. 怎样才能真正解决体育场馆的经营困境,安徽芜湖体育场馆经营模式有何特点?

4.委托经营模式

委托经营模式是指体育场馆的产权单位(一般是指政府)按照效率优先、成本最低的原则,通过公开招标等市场机制,将体育场馆的经营管理权让渡给专业公司或其他专业机构,再由该机构对场馆实施经营管理的模式。委托经营模式实质上是一种政府购买体育公共服务的方式,通过委托经营模式实现体育场馆的所有权与经营权的分离,以提高体育场馆的经济与社会效益。

委托经营模式与前文提及的合作经营模式最大的区别是:合作经营模式是指体育场馆在不改变单位事业性质的前提下实现的,在这一过程中事业单位与合作方实际上结成了利益共同体。而委托经营模式是政府在建成体育场馆之后不成立事业单位来管理体育场馆,而是直接对社会招标,将场馆的所有权与经营权直接分离。采用委托经营模式可以有效利用社会企业的经营管理资源,提高体育场馆运营管理的专业化水平,提高体育场馆运营管理经济与社会效益。

5. BOT 经营模式

BOT 经营模式是指在体育场馆的建设中政府一般不直接投资,而是引入民间资本进行建设。体育场馆建成后,政府允许其享有一定时期内的经营权和经营收益。经营期届满后,政府无偿收回经营权。其中,北京奥运场馆的建设与运营最为典型。北京奥运场馆建设积极借鉴发达国家的先进经验,采用 BOT 经营模式将场馆建设与赛后使用有机结合起来。北京 12 个新建奥运场馆(鸟巢、水立方、国家体育馆、五棵松体育馆、北京射击馆、老山自行车馆、奥林匹克水上公园、北京科技大学体育馆、北京工业大学体育馆、北京大学体育馆、中国农业大学体育馆和北京奥林匹克公园网球场)共投资 83.69 亿元,其中业主自筹占 50.46%,地方财政投资占 25.51%,国家财政投资占 10.67%,海外华人捐赠占 13.35%。其中,鸟巢、国家体育馆、五棵松体育馆、奥林匹克水上公园均采用了 BOT 经营模式。另外,深圳湾体育中心也采用了 BOT 模式投资运营。华润(深圳)有限公司代表集团与深圳市政府于 2008 年 12 月 6 日达成协议,政府以 BOT 方式,将深圳湾体育中心整体交由华润集团投资、建设和运营,经营期满后移交政府。这种新型的政企合作模式,不仅节省了财力和人力的投入,更能保证如此浩大的建筑和设施在重大赛事结束之后,平战结合、自负盈亏、常用常新,始终保持勃勃生机与活力。

6. PPP 管理模式

PPP(Public Private Partnership,简称 PPP)管理模式是指政府、私人营利性企业和非营利性企业基于某场馆项目而形成的相互合作关系的形式。在这种模式中,政府部门通过采购形式,与中标单位组成的体育场馆项目公司签订特许合同,由项目公司负责筹资、建设、经营体育场馆。政府通常与提供贷款的金融机构达成一个直接协议,这个协议不是对项目进行担保的协议,而是由贷款机构承诺将按与项目公司签订的合同支付有关费用的协定,使项目公司能获取金融机构的贷款。政府一般不直接投资,主要以为项目公司提供专营特许、市场保障等优惠条件来组织融资,即使投资,也往往是通过提供建设土地的形式进行。深圳大运中心的建设就是采用 PPP 模式进行建设、经营和管理的。

二、我国体育场馆运营管理模式的方向选择

我国体育场馆经营管理体制的演变经历了由计划主导到市场主导转变,由管制型向经营型发展,由传统的行政管理模式到现代的市场经营模式转型的过程。

(一)坚持公益服务,公益定位不排斥经营

体育场馆不能仅以盈利与否来判断场馆管理和运营的优劣,社会服务同样能创造效益,甚至场馆在面向社会公益服务上贡献的间接价值要远远高于其经济效益本身。体育场馆的公益价值涉及培养体育人才,提高群众的健康水平,美化城市形象,提升市民的幸福指数,提供群众休闲娱乐场所,促进周边地区经济发展,创造就业机会,推动当地体育事业发展,优化城市文化环境,鼓舞民族精神,提高人们的凝聚力,稳定社会秩序等方面。因此,体育场馆的经营管理强调的是场馆的公益性,并不排斥其经营性。

(二)拓展公共服务内涵,创新场馆经营管理模式

体育场馆的公共服务不仅仅指参与性服务,观赏性服务也是公共服务的重要内容。不能把体育场馆的公益服务简单地局限于场馆的开放方面,体育场馆在提升竞技体育水平、改善国民体质、促进社会经济发展、繁荣社会文化、推动体育产业等多方面显现出的巨大社会效益都属于体育场馆提供的公共服务内容。因此,体育场馆的经营管理必须改变把提供公共服务简单地看作开放体育场馆的误区。

(三)国有资产必须增值,体育场馆更需经营

作为国家投资建成的体育场馆,其主要目的在于社会公益性,但是公益性并不排斥经营,必须辩证地认识体育场馆经济效益和社会效益之间的关系。体育场馆本身就是一种国有资产,而资产的经济性质就是经营,资产经营的核心目标就是效益,不能因为把体育场馆作为事业单位管理就忽视其经营性。无论是事业单位性质的体育场馆还是企业单位性质的体育场馆,都不能违背资产的经济性质,必须通过经营来获得各种效益,只是公益性经营可通过政府购买公共服务的形式来实现。体育场馆追求其自身的经济效益,能够减少管理的成本,发挥资产效益,提升自身的造血功能,进而能够更好地服务社会,发挥其公益性。因此,体育场馆的公益性和经营性是相互依存、互为促进的关系。

(四)综合考虑融资、管理和盈利,打造场馆价值链

体育场馆的运营应充分考虑融资模式、管理模式、盈利模式的综合作用,积极与相关产业相关联,建立价值链体系,提升体育场馆的产值。只有这样,体育场馆才能形成综合竞争力,使价值链上的每一项价值活动都能促进场馆最终价值的实现;任何价值链的断裂或功能零散,都无法达成体育场馆最终效益的实现(图 8-1)。

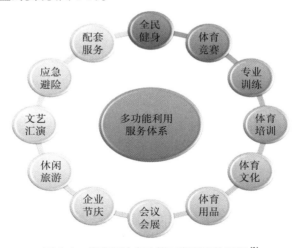

图 8-1　体育场馆多功能开发利用体系图[1]

---

[1] 谭建湘,霍建新,陈锡尧,等.体育场馆经营与管理导论[M].北京:高等教育出版社,2014.

(五)创新管理机制,鼓励社会力量参与管理

体育场馆的经营管理不能片面地把场馆的公益性服务限定为政府的职能,要充分发挥社会力量的作用,并非政府建场馆就必须是政府来管理场馆。只要能够保证体育场馆的公益性,同时社会力量也有这方面的能力,政府就应积极创造条件,鼓励社会力量承担公共体育场馆的运营和管理职责,以便更好地发挥公共体育场馆的公共服务功能。创新体育场馆的经营管理机制,充分发挥社会力量的作用,实现政府和社会的良性互动,才能最大限度地发挥体育场馆的公益性。

(六)充分利用多元融资,调动社会积极性

体育场馆的融资不能只局限于投资建设上,要改变对融资模式的片面认识,在场馆的运营过程中更需要运用融资手段。体育场馆的运营怪圈在于政府投资、政府运营,这样入不敷出,从而使体育场馆成为包袱,最终导致恶性循环。要打破这种怪圈,应该从源头治理,探索适合我国国情的体育场馆建设投资模式,创新我国体育场馆融资的外部环境和体制,鼓励社会力量以独资、合资、合作、联营、参股和特许经营等方式积极参与体育场馆的投资,把场馆的运营管理放手交给社会资本来进行运作,使我国体育场馆管理经营走出怪圈。

(七)加强不同资源条件场馆的分类改革

目前,在社会服务和经营方面能够取得良好效益的体育场馆,在全国范围内还是比较少的。体育场馆管理运营的好坏与场馆的外部资源(经济发展水平、场馆所提供的体育服务类型、场馆的可达性、群众的体育兴趣等)有着密切的关系。因此,首先要全面评估体育场馆的外部资源条件,根据评估结果将体育场馆进行性质上的定位(企业型或事业型),进而采取不同的政策进行分类改革。只有这样,才能使我国体育场馆管理和运营走上科学化的道路。

【课堂检测】

国内首家 Sports Mall 万国体育中心开业,打造场馆运营新模式

2016 年 9 月 10 日,国内第一家 Sports Mall——万国体育中心(Vango Sports Center)在上海开业。万国体育中心位于上海浦东新区世博园,总面积达 35 000 平方米,拥有以 V3(击剑、游泳、自行车)为核心,包括舞蹈、篮球、瑜伽、健身、羽毛球等在内的多种体育项目运营,以及美甲、插花、咖啡厅、餐厅、体育用品超市等生活服务配套设施,是国内第一家面向全民健身的多功能、现代化体育综合体。

体育培训的门槛与体育服务综合体的门槛

万国体育以体育培训,主要是击剑培训为核心业务。万国击剑早已名声在外,全国目前全年龄段击剑爱好者大约有五万名,而万国击剑在册的会员则有两万余名,特别是登上新三板之后,堪称国内体育培训第一股。

万国体育相关负责人表示,搞培训门槛并不高,但要做大做强,做成品牌,实现规模化经营却不容易,关键点在于项目选择、场地条件、市场开发、教学服务以及运营管理等方面。"没有把握

好这些方面,就难以形成品质,没有核心竞争力,就缺乏复制的能力。如果是单店盈利可以,就像开一家街边小餐馆,一家店可以很火爆,但是却很难推广复制。"万国体育在选准项目的基础上,一直在努力建立可复制、规模化经营的能力。其中,体系化是关键,包括教学课程体系、市场销售体系和运营管理体系。

谈到体育服务综合体,概念上并不新鲜,看起来也不复杂,不过却鲜有成功案例。是不是在商场里组合一些体育项目就可以了呢? 恐怕没有那么简单。"关键是形成合理的业态,能够运营导流,驱动场馆的运转,否则只是看起来很美,做起来很痛。"因此,今天更多的情况是,在一些商场里面配置了一些体育业态作为"配菜",却没法成为主角,因为难以找到专业化、有经验的运营商。而那种传统的城市体育中心看似有许多体育项目,也不是真正的体育综合体,因为它只是在政府引导下的项目堆砌,没有形成有机的组合,也没有核心的商业业态驱动。

万国体育中心搭建体育核心业态

"万国体育中心的开业标志着万国体育战略 2.0 的开启。"该负责人表示,万国体育 2.0 就是要实现多元化,改变原来相对单一的产品结构与营利模式。

万国体育中心的开业,只是万国体育打造城市体育服务综合体的一个雏形,未来可以与多种业态相组合,真正成为体育服务综合体,形成以体育为核心的城市消费业态。万国体育中心也是万国体育构建大体育体系的一部分。万国体育计划逐步打造形成包括万国体育中心、万国击剑中心、万国大体育培训等三位一体的大体育服务平台。

另外,万国体育将结合现代五项(射击、击剑、游泳、马术、越野跑)和铁人三项(游泳、自行车、马拉松)的经验,根据现代都市体育的消费特点和体育运动科学原理,推出以击剑、游泳、自行车为核心的 V3 项目,辅以篮球、田径、羽毛球、瑜伽、舞蹈、健身等多种体育健身休闲项目。

"击剑、舞蹈、篮球、自行车等是我们未来几年打造的重点项目,将以培训方式切入。"万国体育相关负责人表示,2.0 时代的"击剑 + 大体育"的战略,就是以四大支柱的产品为基础,拓展其他项目。

万国体育中心如何复制?

众所周知,打造体育服务综合体,对于许多城市顶级场馆而言,也有颇多成功的案例,如国外的麦迪逊广场,国内的乐视体育生态中心等。但是这样的模式,很难被广泛推广。首先它需要发达而密集的赛事和文化演出来做内容支撑。显然,这并不是每一座城市都能拥有的。即便拥有,一座城市的顶级资源通常也满足不了多家场馆的需要。

但是万国体育相关负责人却认为,万国体育所打造的体育服务综合体,也就是万国体育中心这样的体育 Mall 具备较强的复制能力。"因为万国体育中心是以全民健身、大众体育为核心内容驱动的,而不是比较高端、精英、稀缺的赛事等内容。"可以说,万国体育中心形成了以体育培训和健身为核心内容的场馆运营新模式。

(资料来源:网易体育 .)

思考与分析:

思考万国体育中心的场馆运营模式有何创新之处,万国体育的经营模式可否被成功复制?

2014年10月,国务院46号文件把全民健身和体育产业上升到国家战略层面,势必带来新一轮的资源重组与产业优化升级,各类体育资源共享与优势互补趋势将更加明显。时任国家体育总局局长刘鹏指出:"信息化、全球化、网络化的发展使体育与经济、政治、社会和文化产生了更加积极全面的互动,广大人民群众日益增长的体育需求和社会体育资源相对不足的矛盾,仍然是我国体育事业发展中的主要矛盾。'十三五'时期,我国体育事业发展将迎来新的战略机遇期,同时也面临着不断完善和构建基本公共体育服务体系、推动体育事业全面进步的新挑战。"如何解决矛盾,应对挑战,扩大社会公共体育资源供给,是全国各地体育政府部门实现角色转变和职能重塑的重大问题。在这一大背景下,通过信息化手段对体育场馆设施资源进行有效整合,盘活体育存量资源,合理配置增量资源,实现体育资源的优势集成和共建共享,不仅对我国体育事业的发展具有重大战略意义,也将充分体现出体育部门在为公众提供公共服务方面所作的努力,成为其构建公共服务体系、实现角色转变的重要支撑。目前,我国体育场馆信息资源的开发利用已成为我国全面推进实施全民健身计划的重要工作。从我国公共体育场馆目前拥有的设施条件和利用率水平来看,体育场馆远没有达到人民群众对其开放健身休闲的需求。加快各类体育场馆向社会开放,并作为贯彻落实全民健身计划的基础条件,是目前我国体育场馆信息资源开发和信息化服务面临的重要任务。

一、体育场馆的发展趋势

我国体育场馆运营市场是一块未被市场充分挖掘的黄金地,潜在市场空间5 000亿元。体育场馆是体育产业发展的物质基础和重要依托。体育场馆之于体育产业的重要性,相当于影院之于影视产业。IMAX与3D屏幕等影院硬件升级成为影视产业发展的里程碑,而体育场馆的升级改造革命将成为助推国内体育产业发展的重要力量。伴随着我国体育场馆数量大幅增加、全民健身热潮迭起、大型体育赛事纷纷入住,我国体育场馆必须进行改造,运营市场价值也将被重估。依据美国、日本的场馆运营产值在体育产业产值中10%左右的占比,按照国家2025年实现5万亿元的体育产业总产值计算,我国体育场馆运营产值的潜在市场空间有5 000亿元。

体育场馆设施水平不高是制约国内体育场馆行业乃至体育产业发展的重要因素。一个现代化、智慧化的体育场馆应满足赛事参与各方的需求与利益,即球迷的观赛体验、球员的参赛体验、赞助商的赞助利益、转播方的转播利益等。国务院46号文启动去行政化改革,制约体育场馆业发展的两大症结(体育赛事数量不足、体育场馆非市场化运营)都将逐渐解决。目前国内能达到国际水平、能承办国际顶级赛事的场馆凤毛麟角,体育场馆的设施水平不高已成为亟需解决的制约性因素。

　　未来赛事增长、技术革新、政策引导将是催生场馆改造需求的三大因素。体育场馆的改造将提升场馆与赛事收入，全方面促进体育产业的发展。体育场馆的改造将极大地提升场馆的商业价值，提升现场球迷的体验，提升赛事竞技的质量，提升电视转播的质量，提升赞助权益的价值，增加场馆方与赛事方在门票、转播、赞助等方面的收入。

　　体育场馆成功运营的三大核心要素是丰富资源、多元化、优质体验。经过对国外成功的场馆运营案例的剖析可以得出三大要点：建立丰富的赛事、活动资源；多元化运营；强烈的娱乐和现场体验。而其中优质资源整合考验的是场馆运营商的组织能力，极致的用户体验是对智慧场馆的最终诉求，多元化的运作则需要运营能力和场馆智慧化协同，这将是未来场馆运营的发展方向，也是投资需要重点关注的领域。2016年成为体育场馆革命元年，体育场馆改造围绕硬件升级和软件创新两大主线展开。硬件的升级首当其冲，包括照明系统、显示系统、场地设施、安保系统与环保节能等细分领域将迎来爆发性增长。软件的创新方面，赛事信息化与场馆智能化将是突破的重点。未来体育场馆将"软硬兼备"，满足赛事、演艺等各种活动的需求。

二、体育场馆信息化管理

　　体育场馆服务管理信息化，即利用现代电子信息技术对体育场馆传统产业进行更新改造，以提高体育场馆安全运行和管理效率，是政府、行业主管以及设计部门多年来研究提高体育场馆智能化控制手段的目的所在。

　　体育场馆设施的资源管理与开发通常包括体育竞赛表演、健身休闲、运动训练、体育培训、公益性活动、体育用品销售、无形资产开发、媒体服务、商务活动等内容。上述内容分属于竞技体育、全民健身、体育产业和体育发展四个管理领域，核心在于提高体育场馆的综合利用率和运营能力。与之对应的信息服务系统也指向四个方面：全民健身信息服务主要建设全民健身公共服务平台；竞技体育信息服务主要提供竞技体育综合服务信息支撑；体育产业信息服务平台建设集中于场馆资产行业管理；体育发展领域信息服务主要为场馆设施的项目开发服务。

（一）体育场馆运营管理系统

　　体育场馆智能化设施和信息化服务技术是为场馆日常开放运营，以及体育赛事、全民健身两大体育支柱服务的信息化管理技术之一，涉及的服务资源来自健身场地和设施服务系统、全民健身一卡通服务、各类赛事活动的组织和发布等，是目前场馆开放运营必备的服务与管理内容。

　　通常体育场馆内部智能化服务设施及系统包括LED大屏幕监控显示系统，楼宇自动化系统、安防自动化系统和消防自动化系统等，属于体育场馆智能化管理手段范畴。

　　体育场馆内部的智能化运营与体育场馆信息化管理息息相关，共同构成体育场馆智能化服务系统，服务于场馆的赛事活动和健身经营。智能化运营设施属于楼宇自动化弱电系统范畴，其功能是保障场馆设施，使设施达到体育比赛、专业训练和健身活动等对场馆安全和环境条件的要求,而信息化管理系统则在场馆资源信息的基础上,为全面实现体育场馆开放服务和网络化运营提供保障,信息化管理系统覆盖了体育场馆开放运营服务管理信息化的全部内涵。

(二)体育场馆竞赛信息管理系统

体育场馆竞赛信息管理系统将整个体育比赛服务链条化,协助处理体育比赛期间各环节烦琐的信息管理工作,使各环节之间的信息流通顺畅、共享简单,使资源得到合理的利用和分配。体育场馆竞赛信息管理系统包含赛事综合管理系统、人员注册制证系统、综合成绩处理系统和竞赛技术统计系统等子系统。

(三)体育场馆健身信息资源管理系统

体育场馆健身信息的开发与管理,是体育场馆开放服务和信息化管理的重要组成部分,是构建体育场馆科学合理的现代化服务体系的基础手段。服务信息系统通过运用现代技术和信息化手段,为体育主管部门、行业协会对场馆开放运营的行业管理指导服务提供决策支持信息,为全民健身人群提供赛事宣传、场馆预订、体质监测、健身指导以及其他个性化健身服务信息,为体育场馆资源开发、经营管理和网络化运营提供管理数据信息。

体育场馆健身信息内容和资源涉及诸多方面,包括全民健身、体育竞赛表演、运动训练、媒体服务、体育培训、公益性活动、行业管理、体育用品销售、无形资产开发以及周边商务活动等。

(四)体育场馆信息化管理系统架构

如何建设一套科学管理、有序开放、面向大众的体育场馆信息化服务体系,围绕"科学规划,有序推进""整合资源,信息共享"的指导思想,以体育场馆场地资源和全民健身项目为资源主体,整合金融、网络、媒体以及一卡通运营商等各类社会资源,辅以场馆设施和健身人群两大优势资源,为实现体育场馆经营服务的目标,综合、整理、分析和发布体育场馆网络的服务信息。在安全和标准两大体系支撑下,体育场馆行业管理信息化系统与场馆开放健身服务信息化系统在两个方面为体育赛事活动和全民健身活动提供服务。一方面为实现体育场馆的网络化运营,另一方面为体育行政管理部门、体育行业协会的管理提供客观全面的健身数据统计分析等功能,为政府推进全民健身工程、提升场馆资源利用率等提供决策依据;同时,提高行业服务管理水平,实现体育场馆市场化经营和透明管理,二者之间互为关联、相互补充。

体育场馆行业信息化管理系统功能主要包括四个模块,即政府和行业决策支持子系统、代表国家层面的大型公益性比赛活动管理信息子系统、体育场馆经营管理信息子系统和开放健身信息采集子系统。行业服务信息主要来源于全民健身活动开展以及国民体质监测情况、健身场地设施情况、体育培训指导和服务情况等,并以此为基础建立"体育场馆健身信息基础数据库"。

总之,上述各系统之间应以信息化管理平台为中心,在场馆的统一指挥协调下,通过各系统上传的有效信息,集中管理与场馆运营相关的环境、设施、人员安全以及现场经营活动,尤其是场馆开放运营涉及的场地和资金的安全。体育场馆信息化管理系统是体育场馆运营服务的管理中枢,与上述各智能管理系统形成统一的工作整体。因此实施信息化管理是场馆实施高效运营的唯一的方法与途径。

【课堂检测】

智能化、多元化与社区化:看体育场馆行业未来发展的三大主流趋势

体育场馆是体育产业价值链条上的枢纽,链接着赛事、俱乐部、运动员、球迷、媒体等一切重要生产要素。在体育产业投资潮骤起的当下,大多数有志于布局未来中国体育的投资人和从业者,言体育产业总绕不开场馆这个话题。而要想在场馆运营中保持足够的竞争力,就要把准行业发展脉搏并走在前列。智能化、多元化、社区化将是体育场馆行业未来发展的三大主流趋势。

趋势一:智能化

场馆智慧化又可以简单分为两类:一类是建筑或硬件本身的智能,如开闭合屋顶、新能源系统、移动看台、智能广告系统、电子门禁、票务、通信、温控、监控、灯控、音控等,场馆的一切都在变得更加人性化。另一类暂且称为"软件的智能",在第一种智能的基础上通过互联网软件程序来实现更多功能,如馆内导航、现场互动、网上叫餐、电子门票及选座、手机付费等衍生服务功能。它们基于场馆内智能硬件采集、处理所有数据,24 小时执勤,为一场场赛事活动的有序进行保驾护航、恪尽职守。

趋势二:多元化

这点也很好理解,就是场馆的适用性问题。如果按一定规律把各种球类比赛、演出、聚会、展会、宴会、集市等活动都放到一个场馆里面办,这就是场馆的多元化。当然,这在场馆设计环节就要有运营团队的介入,场馆的声场设计、空间、通道、电力以及其他配套设施都要围绕运营需求来设计。举个例子,屋顶吊梁的承重数值就决定了舞台设备搭设方式,进而影响了活动成本和场馆竞争力。现在国内某家大型场馆运营公司也特别强调前期介入这一点。

当然,凡事利弊两端,场馆智能本身也有成本,并非智能就一定是好的。科技有它的发展规律和周期,一项技术只有当它带来的便利性或效益高于它本身的成本时,普及意义才会大于概念意义。

对于场馆人而言,开阔的科技眼界和理性的应用分析都是必要的应努力做到在场馆智能化的过程中强化整合能力,从而保持行业领先。此外,场馆设计时另有一个常见的困难是极限需求和常规需求的矛盾很难平衡,如因承办特大赛事而修建的场馆,往往存在赛后面临不好用的困扰,这个问题往大了说就是我们常听到的场馆供给结构失衡。

趋势三:社区化

国内的场馆建设在不同时期呈现出不同的特点,社区化的趋势是从场馆规模和服务群体上来界定的。事实上,一二线城市已经出现了很多利用废旧厂房、闲置空地、停车场改造的社区型的民营场馆,以及少数由街道办主导建设的体育公园、文体广场等,这个趋势可称之为"场馆的社区化"。

场馆社区化的过程有几个主要的特征:一是场馆以参与式为主,即看台较少、以各类主流运

动场地为主;二是场馆规模较小,但是数量大,投资、运营主体多元化,特别是民营场馆的比例越来越大;三是存在品牌化连锁运营的可能性。

社区级场馆,主要问题是体育用地供应问题。城市建成区土地本来就紧缺,土地何来? 虽然国务院《关于加快发展体育产业促进体育消费的若干意见》(即"46"号文)明确提到允许通过划拨、协议出让的方式保障体育用地供应,以及充分利用绿地、公园等建设体育设施、场馆,盘活存量土地,大力扶持社会力量参与体育场馆建设、运营;财政部、国家税务总局、国土资源部也在各自职责范围内出台了一些政策和办法。但是,要真正落到实处,还需要时间来和基层磨合。土地问题的背后,其实是产权的问题,也是利益的问题。场馆的权属(经营权、所有权、收益权)清晰与否,决定了场馆运营的规划和最终的成效。

从现在民营场馆的情况来看,不少都存在设施简易、非标场地、运动环境差等问题,因为这些民间投资人大多靠场馆运营收入来对抗土地成本、能耗、人工、折旧等综合成本,如灯光暗一点省些能耗、场地缩小一点减少些土地成本、场馆环境简单一点减少投资成本等。但是,即便这样,场馆每天还是爆满,场馆越开越多。

随着运动消费的升级、运动人口数量增多,市场和政府合作为大众提供更好的社区级场馆是必然的趋势。政府应该大胆依靠市场力量去运作这些场馆,因为无法想象这个数量级的场馆由政府要怎样运营维护才能保持服务的效率和活力。

(资料来源:搜狐体育.)

思考与分析:

在未来激烈的市场竞争中,体育场馆经营者该如何调整经营方略和产品,以顺应体育场馆发展的未来趋势?

三、体育场馆的智能化安全防卫管理

体育场馆安全防卫管理的相关研究和实践是近50年来逐渐兴起的,一个属于管理学范畴的研究方向。1966年,美国俄亥俄大学第一次设置了体育管理课程,才开始正式传授包括场馆设施管理在内的体育管理知识。随着体育影响力的日益扩大和体育全球化趋势的增强,体育场馆安全防卫管理也逐渐成为国内外研究的热点问题。体育场馆安全防卫管理是指在体育场馆运营管理过程中,体育场馆的组织管理者为了防止和消除伤亡事故,保障运动员、观众的安全以及场馆设施和赛事正常有序运行而采取的安全防护措施。同时,根据体育场馆安全防卫管理的特点和研究对象的不同状态,本界定包含了如下两层意义:一是体育场馆的安全管理,主要侧重于场馆基础设施的安全防范体系建设;二是体育场馆的防卫管理,主要侧重于对体育场馆赛事举办过程中的危机防范和应急处置。

在全球化、信息化的大背景下,大型国际赛事的危机预防面临着新的难点。体育场馆安全防卫管理的内容涉及设施安全管理、人群管理、球迷教育、人员的引导、酒精管理、紧急医疗与疏散、社会治安管理、体育场馆管理人员教育等多项内容,是一个复杂、动态的管理系统。对体育场馆安全防卫的管理往往已经超出了单纯的体育比赛的范围,与宗教、政治、经济和文化有紧密的联系。

体育场馆公共安全防护系统是为保证体育场馆中人员、财产、信息的安全而设置的,由建筑物安全、消防、安防、疏散、信息安全、安全管理、应急指挥中心等组成的综合性防护设备和设施。体育场馆公共安全防护系统主要由以下几方面构成:监控中心、应急预案、消防设备、疏散指示标志、体育场馆突发公共事件应急平台。

体育场馆赛事举办过程中危机防范和应急处置。危机预防包括了在危机正式到来之前,危机管理主体对潜在危机和即将爆发危机所进行的各项管理活动。它以预防、预警和预先控制危机,尽量将危机消灭在萌芽状态为主要目标,同时也为后续的危机管理诸环节做好一些前期准备工作。危机预防决定着整个危机的发展和走向,影响着危机最终可能造成的破坏和损失程度。如果危机预防能有效地进行和开展,各项危机预防的基础建设完备、组织构架设置科学、应急机制预案健全、处置人员尽职高效,则危机管理方就可以在很大程度上做到事先控制局势,消除或者化解危机。体育场馆在赛事举办过程中的危机防范系统分为组织机构准备、应对机制准备、硬件设施准备和人力资源准备四个方面。

体育场馆安全防卫管理。我国体育场馆的安全防卫管理,必须优化管理成效,提高管理效率,坚持以危机应对的硬件设施准备建设为基础,以危机处置的机制和预案准备为核心,以危机处置的组织和机构准备为前提,以危机应对的人力资源准备为依托和保障,以避免危机、最大限度地降低危机的危害为目标,构建系统完善的危机预防体系。

四、大数据时代的体育场馆运营管理

2015 年,李克强总理在政府工作报告中提出:"制定'互联网 +'行动计划,推动移动互联网、云计算、大数据、物联网等与现代制造业结合,促进电子商务、工业互联网和互联网金融健康发展,引导互联网企业拓展国际市场。"按照国务院 46 号文件中提到的体育产业发展目标,到 2025 年,体育产业总目标要达到 5 万亿元。在国家政策红利的刺激下,体育产业受到广泛关注。2015 年被业内专家称为"互联网 + 体育发展元年",近年国内出现了几十家"互联网 + 体育运动初创企业",传统体育产业公司也纷纷转型升级。在国家"互联网 +"政策和智慧城市战略规划的推动下,各地纷纷开始利用移动互联网技术对传统产业进行升级改造,在各种政策利好的推动下,智慧体育场馆技术呼之欲出。

"智慧体育"是体育信息化发展的必然选择,它可以理解为以数字化为基础、以网络化为条件、以智能化为核心,是利用云计算等智能技术对海量信息进行处理和分析,对包括竞技体育、全民健身、体育场馆及设施等各种需求作出智能化响应和决策。通过研发场馆云系统,拟通过智能化软件在体育场馆的应用,实现城市场馆系统信息化、场馆设施物联网化、云计算等,从而打造城市体育智能平台。智慧体育项目旨在落实全民健身国家战略,发展体育服务行业,提升体育场馆经营能力,提高场馆经营收入,着力做好体育聚集人群管控,盘活体育场馆资源,进而满足城市群众日益增加的体育运动需求,让运动成为市民的健康生活方式。

在立足于提供大众健身服务的体育场馆内,可提供的移动互联网应用主要包括以下方面:

①针对体育场馆自身的管理与运营。这是对体育馆内原有信息管理系统的扩展,如体育场馆内的场地预订、会员管理、移动支付等。②针对健身人群的特色服务。如各类健身教育,移动社交,通过搜寻场馆内同时正在健身的对象,通过自组织方式进行结对PK,开展健身活动。③移动营销。如建立场馆公共微信、微博账号,通过后台服务器系统筛选目标人群,推送各类公共服务信息,或探索新的盈利模式。

【知识拓展】

智慧体育场馆运营模式

打造"互联网 + 体育"智慧体育馆

随着"互联网 +"首次被推到国家层面,此次虎扑体育携手百米生活共同打造"互联网 + 体育"智慧体育馆项目,促使体育产业从根本上改变人们信息生产、信息传播和信息存储的模式,实现体育信息资源的高度共享,进一步优化体育资源配置,最终大幅度提高全社会对体育资源的利用效率。

2015 年 6 月 30 日,虎扑体育在北京五棵松体育馆首次对外正式公布新项目智慧运动场。项目全新体验模式——"互联网 + 体育"以免费 Wi-Fi 为入口,实现利用互联网科技、软硬件集成的体育场地升级解决方案,可以应用于篮球、足球、网球、羽毛球等场地。它能让普通比赛获得 NBA、欧冠级别的直播和视频剪辑服务,也能让普通体育爱好者获得如球星般的专业集锦体验。通过摄像头对运动者的技术动作和跑位等影像进行捕捉,实现场内屏幕直播和场外网络直播,还提供录像回看和下载功能。

本项目目前已覆盖全国 41 个城市、3 000 多家场馆,7 月前已经上线 120 家重点球馆,以创新的互联网和智能软硬件技术,全面升级运动场馆,打通场馆、运动消费人群和服务提供者,进而构建 O2O 全球化运动服务平台,在实现运动场馆"互联网 + 增值服务"的同时,为场馆内的运动者与场馆外的相关人群提供实时、实地、多屏多渠道互动共享的全新体验模式。人们可以在这些场馆体验到整个智慧运动场馆项目的全面服务。

横跨智能硬件的 O2O,将为体育产业发展提供良好契机,而科技,正是第一红利。在虎扑智慧运动场项目中,Wi-Fi 铺设是最基本也是最重要的环节,相信百米生活、顺丰速运及元禾控股融资后,将会大大加快百米与虎扑智能体育场馆项目的合作进程。

(资料来源:虎扑体育网.)

本章小结 —— 当前,体育场馆投资管理运营已经成为一个社会热点,体育场馆的运营管理问题也日益凸显。本章按照"何为体育场馆""为何学习体育场馆运营管理""体育场馆究竟该如何运营管理"的基本思路,首先从体育场馆的概念和基本分类入手,介绍了体育场馆发展、管理体制变迁;接着分析国内外体育场馆的主要经营模式以及体育场馆经营管理的基本内容;最后结合移动互联网技术和大数据技术的应用探讨了未来体育场馆的发展趋势。

参考文献

［1］易国庆.体育场馆的经营与管理[M].北京：人民体育出版社，2009.

［2］谭建湘，霍建新，陈锡尧，等.体育场馆经营与管理导论[M].北京：高等教育出版社，2014.

［3］周良君，谭建湘.深圳市大型公共体育场馆管理体制改革的现状与对策[J].上海体育学院学报，2009（2）：17-20.

［4］陈元欣，李溯.我国大型体育赛事场馆设施投融资现状及其市场化改革[J].上海体育学院学报，2009（4）：12-15，26.

［5］陈元欣，王健.我国大型体育场馆赛后运营现状、制约因素与对策[J].上海体育学院学报，2010（5）：17-21，63.

［6］孙成林，陈元欣.21世纪以来欧洲国家体育场馆建设发展研究[J].西安体育学院学报，2016（1）：1-9.

［7］陈元欣，王健.公共体育场(馆)运营改革过度市场化问题研究[J].体育科学，2014（6）：3-10.

［8］陈元欣，王健.我国公共体育场(馆)发展中存在的问题、未来趋势、域外经验与发展对策研究[J].体育科学，2013（10）：3-13.

［9］陈元欣，王健，刘聪.新中国成立以来我国体育场馆供给的历史回顾[J].西安体育学院学报，2013（4）：411-418，428.

［10］陈元欣，王健.大型体育场(馆)运营管理企业化改革研究[J].体育科学，2015（10）：17-24.

第九章
体育赛事管理

【学习任务】

通过本章学习,初步掌握体育赛事的概念与分类以及体育赛事产生与发展的历程转变;熟悉和掌握体育赛事的管理体制及体育赛事的管理手段和方法;结合体育赛事的发展特点,学会做好体育赛事的风险管理和赛事赞助评估。学生通过对本章内容的学习,应初步掌握体育赛事运营的科学管理方法和体育赛事推广的基本知识。

【学习目标】

学生通过对本章内容的学习,掌握体育赛事的基本概念和分类,了解体育赛事产生和发展的历程,熟悉掌握体育赛事运营的手段和方法,掌握体育赛事的科学选择和风险规避的基本原则,能够根据所学知识撰写体育赛事推广和赞助回报方案。

【案例导入】

阿里万达乐视暗战体育江湖 5万亿[元]市场你不抢?

2016年4月12日,乐视体育公布B轮融资细节,80亿元的融资额创下了互联网体育公司B轮融资额的新纪录。而在前几天,阿里体育宣布与中国乒羽协会共同打造"乒羽家园",启动中国乒羽会员服务平台。3月,万达也宣布与国际足联(FIFA)已签订战略合作协议,成为中国首个国际足联顶级赞助商。体育市场已站在风口,各路资本纷纷入住产业领域抢占先机,市场即将迎来爆发式增长。

根据国家体育产业发展战略规划,中国体育产业的政策目标是2025年整体规模将达到5万亿元,同时对认定为高新技术企业的体育企业,将按15%的税率征收企业所得税。而2015年全国体育及相关产业总规模为1.4万亿元,这意味着未来十年将成为体育产业发展的黄金时期,市场处于正待开发的蓝海。 资本总是最先嗅到市场的发展机会,从2014年起,各大公司平台就开始抢占体育市场。2014年3月,乐视体育成立,逐渐在赛事运营、体育媒体、智能硬件等方面投资建构全产业链平台;2015年9月,阿里体育集团成立,主要在赛事运营、版权、商业开发等方面打造产业基础设施平台;2015年12月,万达体育成立,快速构建了以体育赛事、赛事营销、运动员经济为主体的全产业链布局。

短短一年多的时间里,三大公司动作连连,阿里依托自己拥有中国最大的数据资源,目标锁定为过亿的体育群众,意图打造产业的基础设施平台;万达不断大手笔收购上游IP公司,迅速成为全球最大的国际性体育公司;乐视则不断积累赛事版权,目前已成为拥有赛事资源最多的公司。资本的汹涌进入,给体育产业带来了巨大的变化,玩家们利用自身平台的优势,迅速搅动了市场,各路资金开始占据高地。中国的体育产业迎来了市场化,尤其是对体育赛事的争夺,已经进入到了最精彩的时刻,但最精彩的时刻也是最混乱的时刻,像乐视体育就在赛事版权上疯狂花销,仅去年在中国大陆的纯赛事版权上就投入了5亿~6亿元人民币,而豪爽购买之后的资本变现问题却成为买家还没有解决的问题。

同时,这两年进入体育产业的资本大多集中在产业链的顶端,就是在赛事本身,这对体育赛事短期的发展有利,但从长远来看,还需要资本在整个产业链中流动,才能带动整个产业的发展,也就是未来的方向并没有明晰。另外,随着市场的发展,各路竞争者也不断涌现,既有像央视、腾讯这样的老牌企业,也有像苏宁这样的后起之秀,还有像华人文化这样的产业基金强势介入,就算阿里、乐视、万达内部虽然有千丝万缕的联系,但也不会甘于合作。体育市场的巨大潜力谁都能看到,这个市场,只会越来越激烈。

(资料来源:搜狐网.)

分析与讨论:

1.如何看待各类资本大举进入体育赛事市场?

2.当前中国体育赛事市场存在泡沫的成分吗?

第一节 体育赛事的概述

一、体育赛事的概念

体育赛事是在裁判员的主持下,依据统一的规则而组织与实施的运动员个体或运动员之间的竞技较量。体育赛事的构成因素主要包括下列内容:参与竞赛活动的人群(包括组织领导者、参赛者、裁判员、管理服务人员及观众),竞赛活动的物质条件(包括竞赛场所、设备、器材、组织用品等),活动的组织管理(包括比赛规则、组织规程、组织编排、组织进行)。

二、体育赛事的体系

(一)国内体育赛事

1.全国运动会

全国运动会是中国国内水平最高,规模最大的综合性运动会,简称为"全运会"。全运会的比赛项目除武术外基本上与奥运会相同,其原意是为国家的奥运战略锻炼新人、选拔人才。全运会每四年举办一次,一般在奥运会年前举行。前九届全运会由北京、上海、广东三地轮流举办。2001年年初,国务院办公厅正式发布了《关于取消全国运动会由北京、上海、广东轮流举办限制的函》,第十届全运会于2005年10月12—23日在江苏省举行。

2.全国青年运动会(城市运动会)

全国青年运动会的前身是全国城市运动会。创办于1988年的全国城市运动会,是每四年举办一次的全国大型综合性体育盛会。与全运会不同,城运会是以城市为单位组团参加,其主要目的是发现和培养竞技体育后备人才,促进城市体育事业发展,为实施奥运争光计划服务。由于国际奥委会设立了专门面向14岁至18岁年轻人的青年奥林匹克运动会,为了适应国内及国际体育形势的发展需要,更好地与青年奥林匹克运动会接轨,经党中央、国务院批准,国家体育总局于2013年11月21日将全国城市运动会更名为全国青年运动会。而更名后的全国青年运动会是我国奥运战略的重要组成部分,是坚持完善竞技体育举国体制的重要环节,是调动青少年训练积极性的有力杠杆和重要抓手,更是衡量我国竞技体育可持续发展水平的重要标志。第一届全国青年运动会于2015年10月18日在福建省福州市开幕。

3.全国冬季运动会

中华人民共和国冬季运动会简称"全国冬运会"或"冬运会",是中国规模最大、级别最高的冬季综合性体育赛事。冬运会每四年举办一次,第一届于1959年2月在哈尔滨和吉林市举行。第一至第四届作为全国运动会的冬季项目,与全运会的夏季项目一并作为一项赛事举办。1983年以后,冬季运动会从全国运动会中分离,另行举办。冬季运动会至今已经举办13届,前12届均在黑龙江和吉林两省举办。第十三届全国冬季运动会(简称"十三冬会")于2016年1月在新疆维吾尔自治区举行。十三冬会是经国务院批准,由国家体育总局主办、新疆维吾尔自治区人民政府承办的综合性全国冬季运动会,也是新疆第一次承办全国性综合性运动会。

4.全国智力运动会

全国智力运动会是继全运会、城运会、冬运会等全国综合性运动会之后,又一个由国家体育总局主办,以智力运动项目为主的全国性运动会。比赛设围棋、象棋、国际象棋、桥牌、五子棋、国际跳棋6个大项43个小项。2009年11月13—24日,第一届全国智力运动会在四川成都举行。首届智运会着力成为综合水平最高的竞技平台、内涵丰富的文化平台、灵活多样的普及平台和多元开放的产业平台,比赛期间还开展了多种多样的群众推广活动,因此这次比赛堪称是广大棋迷的盛大节日。2011年11月8—18日,第二届全国智力运动会在湖北武汉体育学院举行。之后,全国智力运动会改为每四年举办一次。2015年9月12—22日,第三届全国智力运动会在山东省枣庄市举行。

5.全国体育大会

全国体育大会是与全运会并列的国内综合性体育赛事,全运会与奥运会接轨,而体育大会则是把非奥运的项目全部吸纳进来,放在一起进行的综合性运动会。2000年5月,在浙江省宁波市举行的第一届全国体育大会是我国首次举办的与全运会相对应的综合性非奥运项目大型运动会,旨在促进我国体育事业的全面发展,推动我国非奥运项目的普及和提高,推进全民健身运动的开展,促进我国优秀非奥运体育项目向全世界推广,尽快与世界运动会接轨。同时,以此作为改革的一个突破口,探索社会承办全国综合性运动会的新模式。体育大会的目的是推动非奥运项目的发展,进一步促进全民健身活动的广泛开展,满足人民群众和体育爱好者更加多样化的体育赛事观赏和参与需求。其突出特点是强调参与性、普及性、趣味性和文化特色,积极发掘其特有的健身和文化价值,推动普及和提高,使非奥运项目与奥运项目,竞技体育与群众体育相互促进,真正形成内容丰富多彩,形式活泼多样,群众喜闻乐见、积极参与的体育盛典和文化盛会。

6.全国单项体育竞赛

目前,在我国正式开展的奥运会比赛项目一般每年都有两次成年运动员赛事:一次全国锦标赛,另一次是全国冠军赛。同时,还举办相应的全国青年和少年比赛。我国正式开展的运动项目有 78 个,根据进入市场的程度可分为三类:一是足球、篮球、排球、乒乓球等少数项目,已形成了市场规模,有相对稳定的观众和球迷群体。其职业联赛或超级联赛,由于主客场制的实行、外援的进入、精彩激烈的竞争,吸引了越来越多的观众,被新闻媒体和企业界所看好。二是约有 1/3 的项目依靠社会影响大或群众参与程度高,对其赛事进行了有选择性的开发,逐步形成传统,形成了进入市场的立足点或市场雏形。三是约有 2/3 的项目虽然有些零敲碎打的市场操作,但受其商业价值低、群体基础弱或包装造势力度不够的影响,培育市场仍然步履维艰,这类单项体育赛事市场化程度较低。

(二)国际体育竞赛体系

1.国际赛事

①国际赛事中,奥运会由国际奥委会主办,单项目世界杯赛、锦标赛由国际单项组织主办,亚洲杯赛、锦标赛由亚洲体育联合会主办。

②在我国境内举办的重要国际赛事或纳入国际体育组织管理的国际邀请赛等,主要由相关国际体育组织主办。这类比赛除要向国际组织交纳一定的管理费之外,其他业务多由国际组织授权给全国单项运动协会主办。

③在我国境内举办的未纳入国际体育组织管理的一般国际邀请赛,主要由地方政府(体育部门和外事部门联合)举办。

2.我国参加国际赛事的组织管理

①我国参加的大部分国际综合赛事(如奥运会等)均由中国奥委会派出队伍,只有世界军人运动会由全军体育指导委员会派出队伍参赛。

②我国参加的国际常规单项比赛,由单项运动协会派出队伍参赛。

③我国参加的临时零星的国家间邀请赛,可由相应体育主管部门(世界、亚洲、国家、地方单项体育协会、俱乐部等单项体育组织)派队参赛。

三、体育赛事的管理体制

所谓竞赛管理体制是指体育竞赛管理的机构设置、责任、权利和利益划分的相关制度。完善的体育竞赛管理制度,是体育竞赛顺利开展的前提;同时,合理的体育竞赛管理制度又是保证竞赛工作正常进行,充分发挥其多元功能的前提。

(一)我国体育赛事管理体制的制度变迁

1.体育赛事管理体制的发展历程

伴随我国体育事业发展的步伐,我国竞赛管理制度大体经历了以下几个阶段:竞赛管理体制的初创阶段,竞赛管理体制改革探索阶段,竞赛管理体制改革向纵深发展阶段和当代体育竞赛管理体制。

(1)竞赛管理体制的初创阶段。新中国成立后,国家各项事业百废待兴,我国体育事业更是处于发展的低谷期,为了迅速提高竞技体育运动水平,国家采取"举国体制"的竞技体育发展模式。受当时的社会、政治、经济及体育管理体制的多重影响,我国在这一段时期主要采取国家集中管理的体育竞赛管理体制。为了保证竞赛活动的正常进行,促进我国竞技体育水平的提升,原国家体委于1956年公布了《中华人民共和国运动竞赛制度的暂行规定(草案)》,正式确立举行综合型运动会、单项全国锦标赛的制度,以及篮球、足球实行等级赛事制度。竞赛制度的建立,使新中国的体育竞赛在国家统一规划下形成了一个整体,保证了各项运动竞赛活动的有序进行。

(2)竞赛管理体制改革探索阶段。改革开放后,随着我国政治、经济体制改革的不断深入,以及体育赛事发展的需要,"集权制"的体育竞赛管理体制逐渐暴露出了一些局限性,最突出的表现就是体育竞赛的发展与国家有限的财力之间的矛盾,使体育竞赛事业的发展逐渐失去活力。针对这一弊端,我国对竞赛管理体制进行了大胆的改革,充分调动了各方面的积极性。20世纪90年代,原国家体委颁布的《关于竞赛体制改革》中提出:竞赛体制改革是为了促进竞技体育发展,建立和社会主义市场经济相适应的竞赛体制,推动体育竞赛的社会化、制度化、多样化。竞赛体制改革将着眼点放在充分调动国家、社会的积极性方面,引导项目(或若干项目联合)实体,提高竞赛管理水平,拓宽竞赛资金来源渠道,搞活竞赛经营,发展竞赛产业,开辟竞赛市场,实行经营与社会福利并举、社会效益与经济效益并重,促进竞技体育面向市场,进一步与经济活动相结合,使竞赛得益于社会,服务于社会。

(3)竞赛管理体制改革向纵深发展阶段。20世纪90年代中期,国家体委为落实中央政府机构改革方案,推进单项协会的实体化改革,撤销了主管项目的业务司,成立了独立的运动项目管理中心。1997年,国家体委颁布了《国家体委运动项目管理中心工作规范暂行规定》,明确了运动项目管理中心的职能界定:"承担运动项目管理职能的国家体委直属事业单位,是所管项目全国单项协会的常设办事机构,负责所管项目的各项工作。"竞赛管理实现了由行政管理型向经营开发型转变的过渡性制度安排。这一转变适应了当时运动项目发展的需求,为建立竞赛市场、发展体育产业创造了有利的条件。体育竞赛"实行分级管理",体育行政部门主要负责综合性运动会的组织管理,其他各类比赛逐步放开,对单项竞赛着重发挥宏观调控职能。原国家体委评估竞赛的效益、制定和监督执行必要的竞赛政策、法规,引导项目实体按照项目自身发展规律和要求安排比赛;加强对单项赛事的计划指导,充分调动国家、社会的积极性,拓宽竞赛资金的来源渠道,搞活竞赛经营、发展竞赛产业、开辟竞赛市场;压缩全运会的项目设置和全运会的办赛规模,理顺全运会、城运会和奥运的关系,改革全运会的参赛办法和计分办法。俱乐部赛制以足球为试点,拓宽竞赛渠道,扩大商业性、娱乐性、表演性比赛;建立完善竞赛申办制度、赛事招投标制度,逐步实施竞赛许可证制度。

（4）当代体育竞赛管理体制。进入21世纪后,我国的体育竞赛从竞赛体制、组织结构、运行机制等方面已经出现新的格局、态势和成效,正在逐步探索和形成适应社会主义市场经济、符合现代竞技体育发展规律和国际体育发展趋势,国家办与社会办相结合,集中与分散相结合,多方位、多层次、多元化的体育竞赛体系。

发展体育事业和产业是提高中华民族身体素质和健康水平的必然要求,有利于满足人民群众多样化的体育需求、保障和改善民生,有利于扩大内需、增加就业、培育新的经济增长点,有利于弘扬民族精神、增强国家凝聚力和文化竞争力。

2.体育赛事管理体制变迁的动因

改革开放后和社会主义市场经济体制的逐步建立和深入,中国的社会结构发生了巨大的变化,一个全新的社会格局正在形成。中国社会的日益稳定和成熟,使政府有可能把一部分权力移交给社会,社会可以在某些领域代表国家扮演管理角色,行使管理权力。因此,在国家总体社会结构发生变化的大背景下,体育事业尤其是代表国家意志的竞技体育也就不可能在计划经济体制的"摇篮"里高枕无忧了,必须进行自身改革,以积极应对改革浪潮的冲击。在市场经济条件下,有限的体育资源必然要逐步通过市场手段进行合理的优化配置,以发挥出资源的最大功效。中国加入WTO后,中国体育服务贸易开放进程加快,伴随着全球体育产业的快速发展,中国的体育产业的发展必然将汇入全球体育产业发展的大势之中。

随着国民经济的迅速发展,社会财富的高速增长,社会对体育的需求日趋多元化,如何尽快满足人民日益增长的多元化体育消费需求,也成为新时期体育工作的新矛盾。与此同时,单一的政府提供体育服务的模式,已经不能满足社会对体育服务的需求,社会办体育已经成为体育事业发展的一个重要力量。随着体育行政管理体制改革的深入,国家逐渐放开了社会资本进入体育领域的门槛。社会资本的进入必然带来产权的社会化和获益机制的市场化,使资本可以有序地进入和退出。资本的流动又带来管理技术和人才的流动,这样必然带来体育事业发展的繁荣。

3.体育竞赛管理体制变迁的趋势

体育竞赛管理体制改革,必须立足于社会主义市场经济体制的大环境之中,与国际通用的现代体育竞赛制度接轨,走发展体育产业和培育体育竞赛市场的道路。体育竞赛在为社会主义经济发展和精神文明建设服务的同时,自身也能得到物质上的支持,从而增强持续发展的能力,发挥市场经济条件下的价值规律、供求规律和竞争规律,开发体育赛事的无形资产。同时,还要发挥市场中介职能,发挥其服务、沟通、公证作用,依据市场规则、建立和完善体育竞赛自律性运行机制。依法对体育竞赛市场的管理和监督,建立正常的市场进入和退出机制,规范市场竞争和市场行为秩序,建立公开、公正的市场竞争环境。竞赛管理体制改革的目标是社会化、规范化和产业化,根本目的是发挥竞赛的多元化功能,为经济社会发展服务,使体育竞赛牢固建立在全社会支持的基础之上。深化竞赛管理体制改革要逐步理顺国家体育总局竞赛管理部门与各运动项目管理中心的关系，各个项目管理中心与同级单项运动协会的关系，以及运动项目管理中心与省市体育局之间的关系。总之，要理顺管理主体和市场主体之间的关系，做到"管办分离"，杜绝"管办不分""政企不分""政社不分"等问题，管理部门要做到管理过程中既不"越位"，也不"缺位"。

(二)市场经济条件下的体育赛事管理改革

1.体育赛事行政审批制度改革

2014 年 10 月 20 日，《国务院关于加快发展体育产业促进体育消费的若干意见》(国发〔2014〕46 号)指出："创新体制机制。进一步转变政府职能。全面清理不利于体育产业发展的有关规定，取消不合理的行政审批事项，凡是法律法规没有明令禁入的领域，都要向社会开放。取消商业性和群众性体育赛事活动审批，加快全国综合性和单项体育赛事管理制度改革，公开赛事举办目录，通过市场机制积极引入社会资本承办赛事。有关政府部门要积极为各类赛事活动举办提供服务。推行政社分开、政企分开、管办分离，加快推进体育行业协会与行政机关脱钩，将适合由体育社会组织提供的公共服务和解决的事项，交由体育社会组织承担。""推进职业体育改革。拓宽职业体育发展渠道，鼓励具备条件的运动项目走职业化道路，支持教练员、运动员职业化发展。完善职业体育的政策制度体系，扩大职业体育社会参与，鼓励发展职业联盟，逐步提高职业体育的成熟度和规范化水平。完善职业体育俱乐部的法人治理结构，加快现代企业制度建设。改进职业联赛决策机制，充分发挥俱乐部的市场主体作用。"

2.国家体育赛事投资政策环境的改善

国务院 46 号文件指出："鼓励社会资本进入体育产业领域，建设体育设施，开发体育产品，提供体育服务。进一步拓宽体育产业投融资渠道，支持符合条件的体育产品、服务等企业上市，支持符合条件的企业发行企业债券、公司债、短期融资券、中期票据、中小企业集合票据和中小企业私募债等非金融企业债务融资工具。鼓励各类金融机构在风险可控、商业可持续的基础上积极开发新产品，开拓新业务，增加适合中小微体育企业的信贷品种。支持扩大对外开放，鼓励境外资本投资体育产业。推广和运用政府与社会资本合作等多种模式，吸引社会资本参与体育产业发展。政府引导，设立由社会资本筹资的体育产业投资基金。有条件的地方可设立体育发展专项资金，对符合条件的企业、社会组织给予项目补助、贷款贴息和奖励。"

投资环境的改善，体育赛事投资门槛的降低，处理好政府和市场的边界，国家体育赛事自然会获得风险投资机构的青睐，产权的多元化和获利机制的市场化，能够使资本有序地进入和退出，资本的进入自然会带来人才和先进的管理经验和技术，从而促进体育赛事市场的良性循环和协调发展。

第二节 体育赛事组织管理

一、体育赛事项目管理

近年来,随着体育赛事举办的规模扩大和水平提升,如何运用现代科学管理手段来运营管理大型体育赛事已经成为困扰赛事举办方的一大难题。根据国外大型体育赛事运营管理经验,采用项目管理的科学管理手段已经被证明是一项高效的大型活动管理途径,于是从2008年奥运会开始,项目管理手段逐步被国内体育赛事管理部门和企事业单位认可和接受。2001年12月13日成立了北京奥组委,国际奥委会根据前几届奥运会的成功经验,建议奥组委采用项目管理科学方法统筹奥运会筹办工作。奥组委总体策划部组织全委多次开展项目管理知识与技能培训,邀请国内外项目管理专家针对各领域的管理问题进行专题研究讨论,培养了一批具有项目管理知识、掌握一定的项目管理技能的团队,保证项目管理在奥运会筹办工作中发挥重要作用。把项目管理的理论和方法运用于大型公共活动,这在我国是第一次;如此完整、系统地把项目管理方法应用到奥运会的筹备工作当中,这在历届奥运会中也是第一次。 体育赛事项目管理通常是指在体育赛事运营过程中对资源(人力、资金、物资等)进行计划、配置及控制,以在一定技术、成本及时间约束下实现项目目标的过程。简而言之,体育赛事项目管理就是在一定的资源约束条件下,建立计划,然后执行计划以完成体育赛事项目目标的过程。

(一)体育赛事项目生命周期

美国项目管理协会将项目的生命周期定义为:"项目是分阶段完成的一项独特性任务,一个组织在完成一个项目时,会将项目划分为一系列的项目阶段,以便更好地管理和控制项目,更好地把日常运作与项目管理结合在一起。项目的各个阶段放在一起就构成了一个项目的生命周期。"

在体育赛事运营管理中实施项目管理,就是确保体育赛事的整体筹办及赛事项目系统中每个子项目都按计划进度和预算进行,最终目的是最大效率地使用体育赛事的有限资源,使体育赛事各方面的客户感到满意,实现体育赛事的最佳效果。

结合我国体育赛事的运营管理特点和国内学者的共性观点,我们一般将体育赛事生命周期划分为以下六个阶段:体育赛事项目的选择阶段,体育赛事项目举办权的取得阶段,体育赛事项目的方案制订阶段,体育赛事项目的组织筹备阶段,体育赛事项目的举办与控制阶段,以及体育赛事项目的收尾阶段。

(二)体育赛事项目管理的对象和方法

1.体育赛事项目管理的对象

一般认为,体育赛事项目管理的对象包括以下四个要素:时间资源、资金资源、人力资源、物资资源。体育赛事的运营是一个极其复杂的过程。体育赛事管理任务众多,且每一项任务都要求在规定的时间内完成,否则就会影响到整个赛事的运营。因此,对体育赛事运营过程中重要赛事任务的时间节点的把握和控制尤其重要。体育赛事的成功举办离不开资金的支撑,如何恰当巧妙地进行体育赛事的融资、赛事商业营销和推广,是赛事成功的重要物质保障。体育赛事运营中,"人"的因素尤其重要,也是核心的因素。赛事活动运筹帷幄需要精干的专业团队和大量的具有丰富实践经验的专业技术人才。如何组建团队,在关键的岗位上选对人,知人善任,适人适位,是赛事成功的关键。严格执行物资的调配和管理制度,使物质资源能够得到优化配置。

2.体育赛事项目管理方法

体育赛事管理是一项艰巨而复杂的综合性工作。要实现有效管理,就必须按照规律办事,采取一系列科学的管理方法。一般而言,体育赛事项目管理方法是指为了实现体育赛事管理目标而采取的常用管理方式、途径和措施。通常包括以下几种方法:

(1)项目全生命周期法。项目全生命周期管理方法是体育赛事项目管理中最为常用的一种方法。它以项目生命周期理论为依据,对体育赛事项目的全过程进行管理,在体育赛事项目周期的不同阶段,又有多种不同的方法。

①启动策划阶段。可行性研究方法、财务评估法是在体育赛事项目的启动、策划阶段最为常用的方法。可行性研究方法是指在选择决策之前,对拟选择的体育赛事项目进行全方位的技术、经济分析讨论,并试图对其做出可行或不可行评价的一种科学方法。财务评估法是指针对体育赛事的经济效益而采用的一种管理方法。它是根据有关财务制度,研究和预测拟选择的体育赛事项目在举办之后能给举办方带来的经济利益,并根据经济利益的大小,来决定是否举办体育赛事项目。

②计划准备阶段。在体育赛事项目管理中经常会用到计划这一方法。在制订体育赛事计划时要紧紧围绕赛事目标,系统地明确赛事的任务,安排任务进度、编制完成任务所需的资源预算,保证赛事能够有极高的投入产出比,高质量地完成赛事。通常使用的方法有工作任务分解结构、甘特图和网络计划图。

③实施控制阶段。在体育赛事的实施控制阶段,项目的控制可分为进度控制、质量控制、成本控制和风险控制。其中,在进度控制中可以采用关键路线法、计划评审技术、条线图和进度安排表等。

(2)行政管理法。行政管理法在体育赛事运营管理中是一种常用的管理方法。就是运用行政管理手段来管理体育赛事项目,包括各级行政组织的行政命令、指示、规定、制度等。行政管理的手段的特点是强制性和垂直性,具有令行禁止的高效管理效果。但是,行政管理手段的使用需要考虑体育赛事活动规模和体育赛事组织结构的制度设计,尤其是在体育赛事管理体制改革过渡期,此种方法效果的好坏受制于项目管理者水平。

此外,体育赛事项目管理方法还包括制度管理法、目标管理法、定量管理法、成本核算管理法。在体育赛事项目的实际管理过程中,管理者通常会将各种方法组合使用,充分发挥各种方法的优点。

二、体育赛事的竞赛组织管理

(一)竞赛组织管理的基本理论问题

一般而言,赛事的竞赛组织管理是指体育赛事的竞赛组织者为了有效地实现体育赛事的竞赛目标,而对各级各类体育赛事的竞赛进行计划、组织与协调的过程。它包括体育竞赛的前期筹备、现场运行和后期的收尾等工作。

1.竞赛组织管理的地位

体育赛事管理是一项系统工程,它是一套由竞赛管理、场地管理、新闻宣传、交通安保和后勤保障等部门构成的网络系统。其中,竞赛管理是体育赛事管理网络系统中的基础与核心。首先,竞赛管理是其他系统和项目存在与运作的基础。其次,竞赛系统中其他部门都是围绕竞赛管理开展工作,为竞赛的安全、有序进行提供保障服务。最后,竞赛管理工作的好坏是衡量赛事运作成功与否的基准。

2.竞赛组织管理的目标

竞赛管理的根本目标是建立公开、公平、公正的竞争机制,为运动员提供展示竞争运动技术水平的平台,促进体育竞技水平的发展。为了达到这样的目标,竞赛管理至少要保证实现以下目标:第一,以公开、公平、公正的原则制订、执行竞赛规程、规则,确保竞赛的严肃性和公正性,从根本上保障竞赛的直接提供者,特别是运动员的权利。第二,提供安全、完备、性能良好的竞赛环境,包括符合规程、规则要求的场馆、器材、设备及其他条件,为竞赛的顺利进行和运动员的安全提供保障,同时为创造更好的竞技成绩提供良好的物质环境。第三,进行科学合理的竞赛编排,为赛事各利益主体提供良好的竞赛服务,既要保证竞赛质量,又要提高竞赛的观赏性。第四,建立严谨、周密、及时的竞赛成绩统计、公布体系,确保竞赛成绩的准确性和成绩公布的时效性。

(二)体育竞赛的计划与组织

1.竞赛计划

竞赛计划是指在竞赛目标的导向下,预先对竞赛内容所做的筹划与安排。竞赛计划是科学有效地开展竞赛活动的理论依据,竞赛计划制订的科学与否将直接影响竞赛管理的效果。

2.竞赛的组织与管理

竞赛的组织与管理必须依托具体的组织机构。根据竞赛的规模分别设立不同的竞赛组织机构,这些机构主要负责竞赛记录、竞赛纪律、竞赛仲裁和违禁药物的管理。

建立竞赛组织机构没有固定的模式,一般与竞赛的规模、规格、赛事的复杂程度、历史传统及主办单位的要求有关,也与承办单位的人力、物力和财力资源状况有关。建立竞赛组织机构的一般原则如下：遵循精简、统一、高效的组织管理原则，结构设置要合理，职能划分要明确，人员安排要专业，信息沟通要顺畅。建立竞赛组织机构是竞赛管理工作的关键环节。大多数竞赛组织机构会采取组织结构扁平化的委员会形式。竞赛组织委员会是全面领导整个竞赛工作的最高权力机构，其机构编制、人数没有具体限额，视比赛的性质和规模而定。竞赛组织委员会直属职能部门根据组织竞赛需要完成的各项任务来设置并与竞赛规模相适应，一般包括办公室、竞赛、宣传、市场开发、安全保卫、后勤保障等主要工作机构。

（三）体育竞赛的过程管理

体育赛事的过程管理包括赛前、赛中和赛后工作的组织与管理。

1.赛前工作的组织与管理

赛前管理工作主要包括以下方面：讨论确定组织方案、制订竞赛规程、组建组织机构、拟订具体工作计划和行为准则、编制秩序册等。

（1）研究确定组织方案。在竞赛计划的统一部署安排下，一项竞赛活动有步骤地开展，必须先进行总体设计构思并提出组织方案。竞赛组织方案主要包括如下内容：比赛的名称和目的任务、比赛的主办和承办单位、比赛的时间与地点、比赛的组织机构和竞赛组织管理各职能机构的设置、经费预算和主要工作步骤等。

（2）制订竞赛规程。竞赛规程是竞赛管理的纲领性文件，是竞赛管理的最高权威和指导，是竞赛组织者与参与者都必须遵循的法规。竞赛规程内容主要包括如下内容：竞赛的名称、竞赛的时间和地点、竞赛项目及组别、参加单位、运动员资格、参加办法、参赛办法、仲裁委员会的组成以及有关经费的规定等。

（3）拟订工作计划和建立规章制度。组委会成立后，应根据竞赛规程、组织方案和责任分工，拟订各职能部门的具体工作计划和有关行为规范，如竞赛工作计划、宣传工作计划、安保工作计划、市场开发计划等。

（4）编制竞赛秩序册。竞赛秩序册是竞赛组织和具体赛事秩序的文字依据，一般由竞赛部门负责编制，报组委会审定并颁发。竞赛秩序册一般包括比赛名称、时间、地点、主办与承办单位、竞赛组织结构图、竞赛规程和补充规定、组委会名单、各部室人员名单、各场馆、竞赛委员会和仲裁委员会和裁判长名单、参赛单位名单、竞赛总日程表、单项竞赛日程表、竞赛相关活动日程表、竞赛场馆分布图及最高纪录表等内容。

2.赛中工作的组织与管理

赛中的组织与管理主要包括以下方面：开幕式的组织、竞赛活动的管理、各类人员的管理、后勤管理及闭幕式管理。

（1）开幕式的组织。为了保障开幕式的顺利进行，一般会成立大型活动部作为指挥管理机构，负责控制、指挥开幕式的各项活动准确进行。其他交通、安保部门负责人员的管理和疏散，尤其是出席开幕式的各级别贵宾的安保和接待工作是开幕式上不能忽略的重要任务。开幕式的程序一般包括如下内容：宣布开幕式开始，裁判员、运动员入场，升旗，领导人致开幕词，运动员代表和裁判员代表宣誓，裁判员和运动员退场，开幕式表演，宣布开幕式结束。

（2）竞赛活动的管理。比赛正式开始后，赛事活动的主要指挥管理人员要深入赛场一线，对体育赛事进行全面、具体的组织。严格控制比赛的进程，及时解决赛事运行过程中的突发问题，加强赛事管理各职能部门之间的协调与沟通。遇到问题及时召开现场办公会、仲裁委员会会议或组委会会议，严格比赛纪律，确保赛事活动的顺利进行。

（3）人员管理。比赛期间的人员管理主要包括对裁判员、运动员、合作商工作人员以及现场观众的教育和管理。

（4）后勤管理。竞赛期间的后勤管理工作包括认真检查比赛场地、设备和器材的布置和使用，赞助商的广告位是否按照合约安放到位，运动员和技术人员的餐饮、住宿管理、交通接待等工作。

（5）闭幕式的组织。竞赛活动结束后，由大型活动部门按照事先安排好的组织方案，举行赛事闭幕式。一般会在闭幕式上宣布本次比赛的成绩，同时举行颁奖仪式。

3.赛后的组织与管理

竞赛结束后，竞赛组织管理部门要进行赛事活动的收尾工作，对各类人员和物品要进行及时的清理，对竞赛管理的整体情况进行书面的总结，汇编整理归档赛事各类资料，落实赞助商回报，对参与赛事活动的各类人员进行表彰等。

第三节 体育赛事营销管理

一、体育赛事营销管理的概念

体育市场营销是指体育组织通过为广大观众提供高质量的竞赛表演服务，为媒体、企业、学校和其他组织提供满意的竞赛产品，使赞助商获得良好的宣传沟通效果及经济利益。简而言之，就是指为满足体育消费者的需求而进行的各种活动的交换过程。

（一）体育赛事营销管理

体育赛事营销管理是指为了实现体育组织的任务与目标，建立和保持与目标市场之间的互利交换关系，而对相关营销项目进行分析、规划、实施和控制的行为。在体育赛事运营过程中，为了实现体育赛事营销目标，针对赛事营销中供需双方的不同需求，采取不同的营销管理对策，以有效地满足消费者与赞助商的需求。

（二）体育赛事营销的内容

由众多运动明星、优秀运动队构成的体育赛事，因其能够经常提供新鲜、刺激、极具亲和力的形象和事件而倍受媒体关注,成为媒体竞相报道的对象;媒体尤其是电视台通过购买体育赛事的电视转播权,提高电视观众收视率,向广告商销售赛事电视广告时段而获利;而赞助企业、广告客户和广告代理商则对这个活跃的展示媒介存在一定的品牌宣传需要,具有独特魅力的体育赛事及其与媒体的有机结合,能够吸引赞助商以购买标示权、冠名权的方式来扩大企业品牌及其产品的传播面。这里的供、需构成了一个新的市场——体育赛事营销市场。

在体育赛事的经营中,体育组织希望通过市场包装营销,扩大体育赛事的市场价值,争取获得支撑存在和发展(许多体育组织和体育比赛都需要自我造血)的赞助、广告;赞助、广告商希望体育赛事的策划组织更能符合自己企业和产品的宣传需要,以达到最佳宣传效果;电视台希望体育赛事能够精彩纷呈,以便吸引更多的观众和电视广告客户。

总之,在对体育赛事的经营中,体育组织、赞助企业、电视台、广告商共同组成了体育赛事的营销对象。

【课堂检测】

央视阿里体育战略结盟　媒体与产业融合助推中国体育新升级

2016 年 10 月 31 日,阿里体育与原中央电视台中视体育在上海宣布达成战略合作关系,双方将充分发掘和利用各自领域的优势资源,围绕体育行业展开媒体融合、电子商务、赛事运营、节目内容生产、体育营销开发等方面全面而深入的合作。

双方的战略合作,将在三个维度展开。第一,双方将对各自拥有的优质体育赛事和节目 IP 进行共同开发、包装、推广和传播,充分利用中视体育强大的制作能力和媒体优势,以及阿里体育的跨界资源和平台优势,让消费者、运动者、体育迷享受到更好的体育内容和服务。第二,双方将在全媒体融合和体育电子商务领域全面联手,依托 CCTV 的广大收视群体和阿里的庞大消费者群体,通过大数据服务和"互联网 + 体育"的思维理念,推动体育消费升级和运动价值再造。第三,双方将在体育营销和咨询领域最大化地整合各自客户资源,将商业开发渠道和产品内容全面对接和融合,为合作伙伴释放更大的价值和回报。

央视与阿里体育的合作不仅是传统媒体与互联网媒体的融合,将产业和运动与阿里亿万受众直接连接在一起;而且,央视是中国较大较权威的体育媒体,而阿里体育拥有中国较大的互联网电子商务平台做支撑,双方将突破以往单一的媒体版权合作关系,借助后者天然的电商属性优势在商务开发和市场营销上开拓新机遇。对于此次"联姻",阿里体育 CEO 张大钟表示:"央视是中国最大的体育赛事播出机构,拥有多种官方且稀缺的精品赛事资源,我们希望在媒体播出和节目内容生产合作的基础上,能与中视体育一同在商务开发、市场营销和赛事运营等方面全方位对 IP 进行升级,开拓体育消费市场,扩大品牌价值。我相信通过阿里平台强大的流量和变现方式,能够推动体育消费升级,满足受众对于体育运动不仅仅停留在观看赛事上的深层次需求。"据了解,阿里体育还将对相关赛事 IP 进行衍生品的开发,并在其电商平台进行全球销售。

2016 年 9 月,双方基于乒超联赛展开全面合作,优酷体育成为 2016 赛季乒超全球独家新媒体转播平台,这也意味着观众可以首次在央视以外的独家互联网平台观看乒超的视频直播,还可以进行点播,创造乒乓球赛事在媒体传播领域的巨大突破。阿里体育用创新的VR、4K技术等多样形式在新媒体平台全面呈现与以往不同的播出模式,促进国球与新媒体文化的融合,助力国球走向国际。

中视体育与阿里体育的强强联手,正是体育经济平台与体育媒体和营销平台的聚合,是新兴互联网经济与传统体育经济的"+起来,聚变",相信更多的合作伙伴和消费者可以通过阿里体育和中视体育的联姻,寻找到更多商业机会和产业能量,共同推进中国体育产业的升级,迎接体育经济消费大时代的到来。

(资料来源:凤凰体育.)

思考与分析:

体育赛事营销过程中媒体的作用至关重要,如何看待阿里体育和央视的合作?

二、体育赛事营销的环境分析

(一)政治环境

政治环境是指一个国家或地区的政治制度、体制、方针政策、法律法规等。体育赛事的举办和运营前提需要主办国家和地区有稳定的内部政治环境,在一个政策多变和政权频繁更迭的国家或地区是举办不了赛事活动的。因此,国际奥运会和单项体育协会与举办方签署赛事承办协议时,会要求承办地政府做出书面的支持承办赛事的政府承诺。同时,国际体育组织也会对承办国委托第三方进行相应的民意调查和风险评估。在具体的体育赛事的实践层面上,政府部门对体育赛事审批权的开放程度,对体育赛事的举办和运营也是制约因素。

(二)经济环境

经济环境主要由社会经济结构、经济发展水平、经济体制和宏观经济政策四个要素组成。经济学相关理论认为,一个国家或地区的社会经济结构,尤其是产业结构的比例关系,最能代表和反映一个国家和地区的经济发展程度和当地居民的生活水平及消费水平。所以,在选择举办体育赛事的国家和地区时一定要考虑当地的经济社会发展水平,量力而行,避免因为举办赛事而加剧了当地居民的生活负担。

(三)社会文化环境

社会文化环境指一个国家或地区的民族特征、价值观念、生活方式、风俗习惯、宗教信仰、伦理道德等。文化环境对体育赛事的影响是间接的,也是潜在和持久的。同时,文化的因素包括亚文化对人的影响可以在代际之间遗传,成为一种文化基因。因此,赛事的选择和举办一定要尊重不同国家和地区之间的文化差异。

(四)人口环境

人口环境主要是指国家或地区的人口总量、人口素质、人口结构、人口分布等,尤其是人口结构中年龄和性别的比例关系,以及人口的受教育程度都是影响体育消费的重要变量。比如在我国东南沿海地区的移民城市,城市中人口的平均年龄都比较低,爱好体育的人口比其他城市相对较多,相应地对体育赛事的消费能力就比较强。

【课堂检测】

万达体育正式成立 王健林还要买更多世界顶级赛事

[导语]不算万达投资的足球俱乐部和体育营销公司,仅凭收购盈方和WTC两家,万达就已经掌握了世界杯等重要赛事转播营销权,拥有了国际顶尖赛事产权,成为全球规模较大的体育产业公司。

2015年11月25日,大连万达集团股份有限公司通过盈方官网发布公告,盈方体育传媒和世界铁人三项公司(WTC)将合并,成立一个新的公司——万达体育控股有限公司。万达体育会依托盈方和WTC的优势,将重点放在三个核心业务上:观赏性体育(媒体&营销业务)、大众参与性体育(休闲运动业务),以及服务(制作、数字和服务业务)。

公告称,盈方董事长兼首席执行官菲利普·布拉特将出任万达体育的新任董事长兼首席执行官,盈方和WTC的其他高层将继续保留其原有职位。万达体育运营总部将设在瑞士楚格,控股公司的总部则设在中国。大众参与性体育的业务将由WTC现任CEO安德鲁·梅西克负责。

在目睹了万达在体育产业上的一系列动作之后,万达体育的成立已是大家意料之中的事情。虎嗅在此前的《阿里万达乐视腾讯,四巨头纷纷在体育上下了什么注》中已经分析过,万达投资体育的逻辑是瞄准产业上游的稀缺资源,买有知识产权的公司。

此次组成万达体育之一的瑞士盈方体育传媒集团拥有国际足联包括世界杯在内、亚洲26个国家和地区的足球赛事转播独家销售权,是冬季运动领域排名第一的体育营销公司,也负责着CBA联赛和中国国家篮球队运营。而被合并的另一家——世界铁人公司(WTC)是世界最大的铁人三项赛事运营者和最著名铁人三项赛事品牌拥有者,占全球长距离铁人三项运动份额的91%。除了是赛事品牌拥有者,WTC还是赛事经营者,在全球每年运营250多项赛事。

不算万达投资的足球俱乐部和体育营销公司,仅凭收购盈方和WTC两家,万达就已经掌握了世界杯等重要赛事转播营销权,拥有了国际顶尖赛事产权,成为全球规模最大的体育产业公司。

值得一提的是,今年8月,在万达用6.5亿美元收购WTC时,王健林就曾说过:"未来将一两家体育公司合并在一起去IPO。"如今万达体育成立,王健林豪言成真。

"要买就买有影响力的产业链上游。"王健林在近期的媒体采访中反复强调这个逻辑。王健林认为,在体育产业里,同时拥有自己的赛事品牌和运营能力的公司最值得买。而原则上万达基本只会投盈方、WTC这样B端的公司,不投C端,这也是万达体育和阿里体育的最大区别。未来王健林还会在国际上买更多赛事,将其收入万达体育麾下,而选择赛事的原则是——能够盈利,并能够在中国复制。

万达体育的成立,一方面是万达在国内体育产业进入黄金投资期的顺势而为;另一方面也是万达集团第四次转型的重要一步。王健林要在通过第四次转型将万达推向国际舞台的同时,重点耕耘商业、金融、文化三大支柱产业,实现"去地产化",改为轻资产模式。

对于万达体育的未来,王健林曾表示,明年还将有至少两个大的并购,继续将世界上最有名的赛事拿回中国。

(资料来源:网易财经.)

思考与分析:

结合体育产业发展实际,试分析万达集团的体育收购战略和行为。

三、体育赛事的营销管理过程

体育赛事的市场营销过程是指为了实现体育赛事运营的目的和满足消费者需求,进行的市场营销的选择、计划、组织、控制的过程。这个过程的实施不仅需要体育赛事营销部门人员的努力工作,也离不开体育赛事运管各部门的通力协作。

(一)体育赛事营销管理的步骤

体育赛事营销管理可分为四个主要步骤,分析~~~~~择目标市场、设计市场营销组合和管理市场营销活动。

1.分析体育赛事市场机会

寻找和分析、评价体育赛事的市场机~~~~的主要任务,也是市场营销管理过程的首要步骤。随着市场的不断变化~~~~有特殊的市场生命周期,体育赛事的市场营销人员必须经常寻找、发现新~~~~市场经济中,由于资讯和科技手段的发达,市场范围已经或正在冲破狭小的地域限制,区域性的市场正在向全国性和国际性的市场发展。在广阔的体育市场上,市场的需求和供给变幻无穷,令人难以捉摸。在如此变化多端的市场环境中,谁能获得可靠及时的信息,谁就能在市场竞争中取得主动和成功,反之则处于被动,甚至失败。

2.确定目标市场

在分析体育赛事市场机会之后,体育赛事运营方需要根据一定的调研数据对市场进行细分。此后,还要决定选择哪些子市场作为体育赛事赞助的目标市场。通常体育赛事组织方会收集分析有关数据,研究目前市场的销售额、年增长率和期望利润等外部市场条件,再结合赛事运营方自身条件,对市场机会进行分析,然后制订一个切实可行的营销目标。

3.设计市场营销组合

市场营销组合是企业市场营销战略的重要组成部分。市场营销组合中所包含的变量很多,通常概括四个基本变量,即产品、价格、地点和促销。因此,结合体育赛事产品的产品属性,体育赛事运营方必须开发出能够符合消费者消费偏好的体育赛事产品,并在合适的时间和地点,整合各种社会资源进行灵活的促销活动,在满足消费者需要的同时实现自身的效益最大化。

4.管理市场营销活动

体育赛事营销管理过程的最后一个关键步骤是管理市场营销活动,即市场营销的计划、组织、执行和控制,这是整个体育赛事营销活动的关键步骤。完善的营销计划最终需要落实在实际行动上,而且要按照既定营销计划保证执行到位。

(二)体育赛事营销的计划

为了达到体育赛事的总体目标,确保各项市场营销战略的有效实施,就必须科学合理地制订一套体育赛事营销计划,一般来说完整的体育赛事营销计划包括赛事营销计划概要、体育赛事营销现状描述、机会与威胁分析、赛事营销目标、赛事营销战略、营销行动方案、赛事营销预算、赛事营销控制八个方面。

(三)体育赛事市场营销组织

在市场经济条件下,体育赛事的运营同样面临市场竞争环境的瞬息万变,因此在体育赛事的运营中,赛事组委会的市场营销部门的设置至关重要。一定要安排真正懂市场的,有敏锐市场洞察力的专业技术人才担任关键部门和岗位的工作,只有这样才能在激烈的市场竞争中取胜。因此,体育赛事营销部门的组织机构及人员的设置要随体育赛事的规模、性质、历史传统、主办方等因素的差别而有所变化。

(四)体育赛事市场营销的控制

体育赛事市场营销控制是指赛事管理者经常检查市场营销计划的执行情况,通过采取适当的措施和正确的行为,保证市场营销计划完成的过程。在执行体育市场计划的过程中,可能会遇到各种问题,因此,赛事运营必须行使控制职能以确保营销目标的实现。同时,赛事营销控制可以在赛事计划执行过程中纠正偏离目标的情况发生。体育赛事营销控制通常包括项目计划控制、盈利能力控制、效率控制和战略控制四种类型。

四、体育赛事营销信息管理

(一)体育赛事营销信息管理的概述

体育赛事营销信息管理,是指体育赛事营销人员通过对各类市场信息进行收集、整理、分析、评估和准确分配,为改进市场营销计划、执行和控制工作提供依据的行为。赛事营销信息管理是体育赛事营销管理决策者进行正确营销决策的基础,也是监督控制营销活动的依据,更是体育赛事营销效益提高的源泉。科学的营销信息管理不仅能高效地为体育赛事的组织提供营销信息,提高赛事的营销管理水平,还可以通过科学管理形成体育赛事营销信息的网络,成为协调整个赛事运营的、四通八达的赛事营销活动的中枢神经系统,以获得赛事组织的经济效益和社会效益的双赢。

(二)体育赛事营销信息的分类

信息是体育赛事经营活动的基础,也是从事体育赛事经纪活动的一大要素。随着体育市场的兴旺发展,体育赛事营销活动的各类信息也逐步增多,如何有效地搜集和利用这些信息,直接关系到体育赛事运营的效率和效益。了解赛事经营活动的信息内涵与特点,是开展体育赛事经营活动的基本前提。

1.体育赛事信息的分类

体育赛事经营活动中的信息来源广泛,内容繁多。为了更有效地开展体育赛事经营活动,必须对信息进行分类。体育赛事经营活动的信息可以分为以下几类:

（1）按涉及的环境与范围可分为内部环境信息和外部环境信息。内部环境信息是指包括体育赛事营销活动组织业内的体育市场的信息,如竞赛表演市场信息,中介市场同行业之间竞争的信息等。外部环境信息包括国家对体育赛事的政策,体育产业与体育市场的政策,体育管理体制改革动态,区域体育消费的倾向与体育消费水平等。在体育赛事活动中,经营者通常比较注意内部环境信息而容易忽视外部环境信息,从而造成经营运作过程中的失误。比如,在体育赛事推广中,门票价格超出一般消费者的承受能力,从而导致门票的滞销。

（2）按信息的形式可分为文献信息和非文献信息。文献信息是指通过文字记录(包括各种数据)来传递的信息,如各类报告、决议、规划、计划、方案、报表、报纸杂志、研究论文等。这类信息数量大、种类多、易加工、易传递,便于储存和多次使用,体育组织者容易获取。非文献信息主要指通过口头语言传递的信息,如电话、谈话、报告、会议交流、电台、电视台、录像等,又称无形信息。这类信息虽然以文献方式反映,但它及时,传递快捷,在体育经营活动中具有重要的价值。体育赛事经营者通过与服务对象的直接接触和参加各种活动,获取有关业务的信息。

2.信息搜集的途径和方法

随着我国体育赛事市场的发展,体育赛事营销的相关信息越来越广泛地受到重视,赛事经营者必须在复杂多变的市场环境中有目的、有计划、有步骤地搜集市场信息,获得开展体育市场营销具体业务所需的足够市场信息,全面了解开展某项赛事经营业务的市场情况和资源配置情况,不断提高自己的竞争能力。体育赛事经营者必须掌握的基本信息主要有以下几个方面:

（1）国家经济社会发展的信息。体育赛事营销活动必然受到国家经济社会发展水平和发展速度,以及发展规模的影响和制约。经济社会快速稳定发展,市场才会处于活跃的状况,体育市场也才有持续稳定发展的外部环境。反之,经济社会发展缓慢,市场就会疲软,体育市场需求不旺。此外,国家经济社会的发展,会进一步推动体育体制的改革,使体育加速社会化和产业化的转化速度,成为直接影响体育赛事市场发展的重要影响因素。因此,体育赛事营销人员要及时了解国家宏观经济社会发展的信息,包括经济社会发展的速度与运作状况的各项主要指标,如国民经济的主要指标、产业发展结构的指标、社会成员的生活质量指标等。

（2）政策法规信息。国家的政策法规关系到赛事营销行业兴衰。我国体育赛事市场的发展过程已充分证明了这一点。尽管我国已加入了WTO,按国际经济活动的游戏规则与国际经纪活动接轨,体育服务贸易也已经加入全球化的进程。但是,由于我国市场经济的发展经历了经济体制大的转轨,在适应社会主义市场经济新的发展环境中,体育赛事营销行业与其他行业一样都有一个渐进的转变过程。因此,要促进体育赛事市场的规范发展,必须密切关注国家的政策法规尤其是体育政策法规的发展变化情况,熟悉和了解与本行业有关的经济法规及经济政策,确保在法律允许的范围内开展体育赛事经营活动。

（3）市场信息。在诸多信息中,市场信息是体育赛事营销活动最基本的信息,搜集市场信息也是开展体育营销活动的基本环节。搜集市场信息,主要是了解国内外体育赛事营销活动的资源分布,体育市场的供需状况,不同运动项目的市场容量与市场发展潜力,体育市场中各类资源的竞争环境,体育竞赛资源的发布,与赛事活动有关的其他市场要素的成本价格,如不同地区体育运动消费者的消费心理偏好与消费水平,就是影响体育赛事门票价格的相关因素。

（4）客户信息。客户信息是指体育赛事营销活动中,来自所代理的服务对象,如体育组织、赞助商等方面的信息。体育赛事营销人员要为代理对象提供服务,促进成交,就必须全面了解委托方的各种基本情况及其相关的信息。如承担体育赛事市场推广业务,就必须了解赞助商的市场投资需求,如目标对象、投资时机、投放金额和回报要求等。全面了解客户的服务要求,才能制订良好的服务方案,提高体育经纪活动的效率。

信息是客观存在的,凡是有经济活动的地方,就有市场信息。体育赛事营销人员要把大量客观存在的经济信息变成处理对象,并转化为体育经营活动服务,这就要求体育营销人员必须有意识地搜集信息,并把搜集到的信息进行整理加工和保存,以备利用。因此,体育赛事营销人才必须具有敏锐的眼光,洞察周围的一切事物,以求获得真实信息。体育市场数量庞大,来源广泛,形式多样,内容丰富。体育营销人必须根据自身发展的需要,有的放矢地确定信息搜集的内容与渠道,体育赛事营销活动搜集信息渠道一般有以下几种途径:与赞助商或潜在赞助商建立互信的密切关系,深入了解赞助商的需求,搜集各种不同类型赞助商的产品特点、市场目标、广告投放安排等信息;通过各种项目推广招标会、项目新闻发布会等途径,获得各种体育赛事的代理推广信息。

3.体育赛事营销人员搜集信息应注意的事项

（1）加强自己的信息意识。营销人员要扩大信息对象,从广泛的社会活动中发掘出潜在的有价值的情报。相关人员信息意识的突出特点是反应速度快,能从大量的各种活动中判别出自己所需要的有效信息,把客观现实同体育市场需求迅速联系起来。只要有一种强烈的捕捉获取信息并将它们与自己的业务发生联系的愿望,就能迅速搜集到大量有用的信息。

（2）培养自己的信息意志。信息意志是人以获取信息为目的来支配行动,实现预定目标的过程。许多情况下,捕捉信息的过程也是克服困难,展现意志力的过程。顽强的精神、不达目的不罢休的毅力和一往无前的勇气,是每个体育营销人才锻炼自己信息意志的基本内容。

（3）培养自己的信息智力。智力是一个综合体,它包括观察力、记忆力、想象力、思维力和实际操作能力。信息智力是人在获取信息时对这五个基本能力进行综合运用的过程,它的表现形式是人对所关心的事物的敏锐洞察,高速分析及反馈、判断的过程。体育营销人员由于所经营内容的特殊性,更要努力锻炼自己的智力,以便有足够的智慧去处理各类信息,并赋予信息以神奇的力量。

（4）有足够的信息储备。现代社会发展很快,各种新科学、新技术、新知识层出不穷,并很快以各种方式渗透在体育活动中。因此,体育营销人员不仅要了解体育市场的各种信息,还要广泛搜集各种信息,如体育消费水平与趋势、国家经济政策、体育条例、法规等。只有各方面的信息储备充足,才能在面对瞬息万变的体育市场时作出迅速准确的判断。

（5）建立广泛有效的信息网络。体育营销人才的信息网络要非常广泛,可以充分利用自己的亲戚、同学、同事、同乡、朋友等信息资源,也要注意挖掘报纸、书刊、广播、电视、信息汇编、信息档案等多种信息渠道,还要注意与各种信息多产单位如机关、科教机构、企业公司、各种协会、团体组织建立广泛的联系,使信息搜集又新又快又准确,具有实用价值。

第四节　体育赛事风险管理和赛后评估

一、体育赛事风险管理概述

体育赛事运营过程中面临着各种各样的风险,而一项体育赛事的成功举办,是在克服各种风险的影响并有效控制各种风险的条件下取得的。

(一)体育赛事风险的定义

从体育赛事运营的角度来说,体育赛事的风险是指在申办、筹备以及举办体育赛事的一系列工作的过程中,受各种难以预测与控制的不确定因素的影响,导致赛事组织者主观的目标与实际结果之间存在差异,最终导致赛事受到损失的种种风险。比如,天气的异常变化、球迷骚乱、政府政权更迭,还有自然灾害的发生等不可抗力事件,会给赛事主办方带来诸多不可控的损失。

(二)体育赛事风险的分类

按照体育赛事的风险的表现形式可将体育赛事风险分为自然风险、政治风险、市场风险以及基建、环保风险等(表9-1)。

表9-1　体育赛事风险分类

一级指标	分项指标	重要性
政治风险	恐怖主义事件	4.307
	突发性、群体性事件	4.538
	不同国家、民族参与者的冲突	3.923
经济风险	政府对体育赛事的财政支出	4.615
社会风险	交通堵塞	4.076
	赛场周边居民及知名人士的反对	3.846
环境风险	环境污染与破坏	4.538

续表

一级指标	分项指标	重要性
运作风险	安保方面的风险	4.538
	食品安全方面的风险	4.538

(资料来源：马辉,黄海燕.国际体育赛事申办决策风险指标体系[J].上海体育学院学报,2013(2):38-41.)

体育赛事自然风险包括两类:一类是由于自然条件和气候条件的突然改变而影响体育赛事的正常举办并给体育赛事造成损失的风险,如地震、恶劣天气、突发的传染性疾病等;另一类是赛事自身具有较高的风险性而导致的人员伤害,赛事中断、延误和取消等,主要是一些高危运动项目、极限运动项目。政治风险一般是指由于举办国的社会制度与政治条件发生变化而影响体育赛事正常运营等方面的风险。政治风险既有国际社会的政治经济矛盾导致的结果,也有本国内政不稳导致的结果。

在市场经济条件下,市场主体由于信息的不对称性和竞争的残酷性,往往令投资主体面临诸多的不确定因素。如果所选的体育赛事和市场需求不匹配,或虽然市场前景很好,但是赛事管理层操作能力不足,往往都会导致风险和损失。因此,能否准确地把握市场风险是体育赛事投资成功与否的核心指标之一。

(三)体育赛事风险的特征

体育赛事从申办、举办到比赛结束后,这期间的一系列工作都存在着不确定性,这是客观事物固有的特征。人们可能在一定的时间和空间内改变风险存在的条件和发生的条件,降低风险发生的频率和损失的程度,但是无法从根本上杜绝风险的发生。由此可知,体育赛事的特征大体可以归结如下几个方面:客观性、相对性和相关性、偶然性与潜在性、可变性、复杂性和多诱因性、损害性和影响性等。

(四)体育赛事的风险管理

风险管理是指对组织运营中要面临的内部的、外部的可能危害组织利益的不确定性,采用各种方法进行预测、分析与衡量,制订并执行相应的控制措施,以获得组织利润的最大化的过程。

1.体育赛事风险管理概念

体育赛事风险管理是指体育赛事组织者对筹办、举办体育赛事过程中,以及赛事后期一系列运营活动中存在的可能危害赛事组织者利益的不确定因素即风险,进行识别、估计和评价,采用合理的经济和技术手段对其进行处理,以降低事故发生,减少伤害程度,并以最低的成本获得最大安全保障的一种管理活动。

2.体育赛事风险管理的主要措施

体育赛事风险管理的主要措施一般包括以下八个方面:建立完善的风险管理机制和体系,制订赛事风险管理具体方案,充分利用各种风险转移技术降低风险,规范各市场主体间的招标采购等方面的活动,制订应急预案和安全手册,对各类人员进行必要的安全培训和演习,聘请和联合专业部门协同管理、规范各类证卡管理等。

二、体育赛事风险管理的过程

风险管理过程就是风险管理采用的程序性。国内学者刘清早、黄海燕等把赛事风险管理的基本程序概括为风险管理规划、风险识别、风险估计、风险评价、风险应对以及风险监控。

(一)体育赛事风险管理规划

体育赛事风险规划是规划和设计体育赛事申办、筹备、举办过程中风险管理活动的策略以及具体措施和手段。把风险事故所造成的损失尽量控制在可以接受的范围之内，是赛事风险管理规划和实施阶段的基本任务。制订风险规划之前，首先应该明确赛事风险管理部门的组织结构、人员构成和风险管理范围；其次要考虑风险管理策略本身是否合理、可行；最后要考虑实施管理策略的措施和手段是否符合总目标。

(二)体育赛事风险识别

体育赛事风险识别是体育赛事管理人员就赛事申办、筹备、举办过程中可能发生的风险进行感知、预测的过程。风险识别就是根据风险分类，将影响体育赛事预期目标实现的风险因子要素归类、分层查找出来。一般可以分为三个步骤：首先，确定赛事中客观存在的不确定因素，建立风险清单和进行风险分析；其次，要将识别出的所有风险一一列举并建立风险总清单，建立风险总清单一定要全面客观，不能有遗漏；最后，将风险总清单中的风险因素再分类，使风险管理者更好地了解风险之所在，提高风险管理的目的性。

(三)体育赛事风险的评估

体育赛事风险评估就是对赛事风险进行综合评价，是应用各种风险评价技术来判定风险影响大小、危害程度高低的过程。它是在对赛事风险识别的基础上，通过建立风险的系统模型，找到该体育赛事活动中的关键风险，确定赛事的整体风险水平，为进一步处理风险提供科学的依据，以保障赛事的顺利运行。

赛事风险评价过程中一项重要工作就是风险预警。在对赛事运行过程进行风险识别、分析和评估之后，就可以得出赛事风险发生的概率、风险损失的大小、风险的影响范围以及主要的风险因素。针对赛事评价的结果与赛事组织者所能承受的或公认的安全指标阈值进行比较，如果超过了最高承受限度，则发出报警，提醒赛事风险管理者尽快采取适当的风险控制措施，以达到规避或降低风险的目的。

(四)体育赛事风险的规避措施

赛事风险应对可从改变风险后果的性质、风险发生的概率和风险后果三个方面提出多种风险规避和控制的策略。主要包括体育赛事风险规避、体育赛事风险转移、体育赛事风险预防、体育赛事风险抑制、体育赛事风险自留和体育赛事风险应急六个方面。在赛事运作中，体育赛事风险规避、风险转移和风险预防是风险应对中三个常用的重要措施。

三、体育赛事的赞助效果评估

(一)体育赛事赞助效果

赞助效果就是通过赞助活动给赞助者、被赞助者、目标受众与社会所带来的利益和所起的作用。其实质是赞助目标实现的程度与为实现目标而付出的代价的比较。按照赞助效果的性质和评估方式的不同,可以将赞助效果分为经济效果、心理效果和社会效果。

体育赛事的赞助效果是指通过体育赛事的赞助活动给赞助者、被赞助者、目标受众与社会所带来的利益和起到的作用,它贯穿赞助活动的全过程。赛事赞助的实质是企业与体育赛事之间的利益交换,是互惠互利的双赢关系。体育赞助为企业提供了一个展示的平台,是企业重要的促销手段,比起硬性广告的投放,更能拉近企业与消费者的心理距离,有助于与目标客户建立更密切、更有感情的关系。

(二)体育赛事赞助效果评估的概念

体育赛事赞助效果评估也称为体育赛事赞助效益评价,是指在体育赛事发生的过程中或体育赛事结束后,运用一定的方法和手段进行调查和分析,以赞助效果报告的形式,对赞助商的投资效果做出综合评价。它可以总结赞助活动中的经验与教训,检验原定各项赞助目标是否正确、实现的程度如何,检验各项赞助措施是否得当、实际效果如何,为以后开展赞助营销活动提供可以借鉴的经验。

(三)体育赛事赞助效果评估的原则

体育赛事赞助效果评估具有一定的复杂性,其评估难度很大。为了更准确、有效地进行评估,在体育赛事赞助评估过程中应遵循以下四项原则:公平开放性原则、明确可靠性原则、科学性原则、反馈性原则。

(四)体育赛事赞助效果评估的程序

体育赛事赞助效果的评估程序分为准备阶段和实施阶段两个部分(图9-1)。

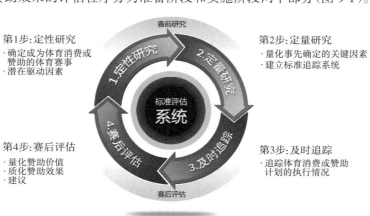

第1步:定性研究
·确定成为体育消费或赞助的体育赛事
·潜在驱动因素

第2步:定量研究
·量化事先确定的关键因素
·建立标准追踪系统

第4步:赛后评估
·量化赞助价值
·质化赞助效果
·建议

第3步:及时追踪
·追踪体育消费或赞助计划的执行情况

图 9-1　体育赛事赞助评估服务流程

(资料来源:央视索福瑞.)

1.准备阶段

（1）设立赞助目标。要想使赞助回报可以测量，关键就是要明确赞助的目标，建立一个赞助前的基准以便于评估测量。赞助商制订的赞助目标必须是具体、明确、可以测量的，必须以时间性、结果性为导向。这样在定期评估时才能有据可循。这要求赞助商做到以下四点要求：第一，赞助过程实施之前，通过对消费者、大众、赞助商目标群体的调查，得出他们对赞助商品牌的目前认知和态度，以便赞助商明确当前的定位。第二，了解赞助商赞助赛事的目标。第三，赞助商应该跟踪消费者及大众对赞助商品牌的认知和态度的变化。第四，赞助活动结束后，赞助商应委托权威的第三方市场调研机构对同一调研对象进行二次调研，对赞助后效果与赞助初始目标进行比较。总之，有明确的赞助目标，赞助才能被合理地评估，赞助的评估应当明确而量化地建立在赞助目标的基础之上。

（2）建立评估计划，制订评估方案。首先，确定评估目标、评估项目与时间范围。根据赞助目标制订评估目标及其范围内的赞助活动构成。其次，制订评估方案。根据评估目标，确定各阶段具体的评估内容和评估方案，包括各个阶段时间安排与抽样分布、评估对象和方法、人员安排和经费预算等方面。

2.实施阶段

评估实施阶段的工作主要围绕三个方面进行：一是内外环境变化的评估，考察环境变化对赞助活动的影响及赞助方案所需要做出的调整。二是考察实施方案过程中与既定方案的偏差，及时做出反馈调整。三是对实施阶段进行效果评估。对实施阶段进行的效果评估包括以下两方面内容。

（1）实施评估方案。应当一边收集整理第二手资料，一边展开第一手资料的测定、调查工作。对从各方面收集来的资料数据进行必要的编辑整理，对必要的数据进行统计处理。同时，对出现的问题要善于应对，具体问题具体分析，紧紧围绕评估目标，保证评估工作的顺利完成。

（2）总结评价。评估报告是赞助效果分析、检验、评估过程的书面总结，也是正确评估赞助效果、提高赞助活动管理水平必不可少的步骤。评估报告的内容一般包括前言（包括本次赞助评估的目的、所研究的问题和范围、评估人员的组织等）、报告主题（包括评估时间地点、具体内容、方法手段、各种指标的数量分析、经验总结和问题分析、解决问题的措施和今后的展望建议等）和附件（包括集团评估时的样本分析、统计方式、图表、附录等）。

（五）体育赛事赞助效果的评估指标体系

目前体育赛事赞助效果的评定还缺少系统权威的评价指标体系。体育赛事赞助的评估目标大部分是定性的指标，目前还缺少定量化的衡量指标。定量化的体育赛事指标确定是今后体育赛事赞助评估发展的必然趋势，一方面是赞助商需要定量化的赞助效果评估以决定是否参与赛事赞助；另一方面是体育赛事自我完善、自我发展需要加强对赛事赞助的经济效果的定量化研究。目前，国内学者一般从体育赛事赞助的心理效果和体育赛事赞助的经济效果上进行评定。

1.体育赛事赞助的心理效果评定

体育赛事赞助心理效果评定的主要内容有曝光率、到达率、感知度、记忆度和形象评估五个指标,其中最重要的指标是记忆度和感知度。

2.体育赛事赞助的经济效果评定

体育赛事赞助经济效果评定的主要指标为销售量增加比率,即赞助体育赛事前后赞助企业产品销量的变化。一般采用两种方法来评估体育赛事经济效用。

(1)销售量增加比率。即通过开展赞助活动前后赞助企业产品销量的变化来评估。销量增加比率和赞助的经济效用成正比,能够体现出一些赞助活动的经济效用。

(2)赞助费比率。即通过对体育赞助费用投入量和赞助后企业产品销售增量之间的关系来衡量赞助经济效用,赞助费比率和赞助的经济效用成反比。

(六)体育赛事赞助效果的评估难点

体育赛事赞助的评估是极其困难的,主要由于体育赞助的整合性使评估者难以区分体育赛事赞助效果的价值,以及体育赛事赞助评估指标的抽象性使评估难以量化。由于体育赞助活动与赞助商的整体营销活动难以完全分离,使评价工作变得十分困难。具体体现在以下五个方面:体育赛事赞助的风险性使评估难以衡量;体育赛事赞助的整合性使评估者难以评估赞助效果中体育赞助的比重;体育赛事赞助效果评估指标的抽象性使评估难以量化;体育赛事赞助效果的时效性会使体育赞助评估的准确性降低;体育赛事赞助商目标受众的不确定性使评估成为难题。

【知识拓展】

赞助效果评价与总结书的撰写

一般而言,赞助者所期待的效果主要体现在表现、注意、认知、行为等几个方面。表现体现为企业占用的媒体时间及观众人数的多少;注意体现为观众对品牌和企业的注意程度;认知体现为各种联系的多少及其形象效果;行为体现为直接销售结果,激发购买欲的强弱。赞助活动中,应注意做好赛事赞助效果评价和赛后总结。

1.体育赞助效益评价

寻求一个适宜的体育赞助评价方式,对于赞助双方而言都是极为重要的。对赞助商来说,花了大笔的钱是否值得,有没有效益,需要通过赞助的评价来揭示;对于体育组织来说,赞助效益的评价报告也是说服企业赞助并寻求与企业保持长期赞助伙伴关系的需要。

(1)赞助商形象效益的评价。在赞助活动之前,针对赞助商和赞助商主营产品、目标市场、企业规模和实力相近的企业,就企业在消费者心目中的形象进行一轮问卷调查;赞助活动完结后,再就相同的主体对同一调查对象进行第二轮调查。最后比较两轮调查的结果,揭示赞助商赞助前后企业形象的变化。

(2)销售量评价。企业的赞助活动能否在产品销售上有收益,是赞助商关心的一个重要问题。现在,越来越多的赞助商把赞助目标定为促进产品的销售。赞助活动促进产品销售主要有两个渠道：一是通过赞助活动获得的各种权益(如吉祥物、会徽、标志等使用权)来提升企业形象，使更多的消费者对赞助商生产的产品形成好感和认同感，从而有助于企业产品销量的增加。二是通过现场销售活动来促销。

（3）媒体报道评价。一般来说，赞助商的赞助目标不仅是提高产品销售量，更看重赞助活动能否带来企业声誉、提高企业形象以及降低广告支出。因此，对赞助活动的媒体报道程度进行评价十分重要。对媒体报道程度的评价主要应收集三个方面的资料：一是有哪些媒体形式(电台、电视、网站、报纸和杂志等)直接或间接报道了赞助企业。二是各媒体形式报道的量，即报道次数的多少、时间的长短及版面的大小等。三是依据现行的市场价格计算赞助商在相同的媒体形式购买相同量的广告时段需要花费的资金总量，这样就可以测算赞助商因赞助活动所获得的广告收益或企业广告费的下降幅度。

总之，高度重视赞助效果的评价工作，对寻求赞助的体育组织和寻求最优宣传媒体的赞助商来说都是至关重要的，应有专人或聘请专门机构来负责此项工作。在评价赞助效果的同时，还要对引起效果的相关因素进行分析，搞好赞助活动总结。

2.赛事赞助活动的总结

当赞助活动完成以后，就进入了总结阶段。

（1）撰写赞助评估报告。赞助评估报告应重点论述本次活动的赞助效益，赞助效益应采用定量和定性相结合的表述方式来论述。定量描述应包括资金赞助的总额，实物赞助的数量和质量，以及服务赞助的内容、人次、时间和质量；定性描述应着重对赞助活动的社会效益进行分析和评价。通过对赞助效益的分析，最重要的是对是否达成赞助计划中确立的目标做出实事求是的评价。

（2）建立本次赞助活动的专项档案。赞助活动完结后，应指定专门人员负责收集、整理与赞助活动相关的一切资料，包括各类文件、电话记录、传真资料和信函，以及一切能证明赞助效益的图片、报纸、杂志、录像带和光盘等。建立专项档案不仅是总结的一个部分，而且对今后体育赞助的运作有十分重要的价值。

（3）召开总结会。总结会除了体育组织内部要就赞助计划、赞助提案、人员配置、经费管理和后勤保障等方面进行全面、系统的总结外，还应邀请赞助商共同探讨、总结本次赞助活动，同时征询未来继续合作的可能性。

（4）感谢活动。感谢活动是总结的最后一项工作。除了要向赞助商致有最高行政官员亲笔签名的感谢函外，还可以采取赠匾、赠旗和赠纪念品的方式。如果是大型的赞助活动，还应该举行答谢宴会，借此感谢有关人员，并进一步与赞助商沟通感情，建立长久的合作关系。着眼于未来的全面、优质的服务，可以获得电视机构和赞助商的认可，并能得到其长期的业务，这就是优秀体育赛事营销人员所应追求的目标。

（资料来源：谭建湘.体育经纪导论 [M] 北京：高等教育出版社，2004.)

本章小结 —— 体育赛事是体育产业的核心产业门类,随着国家大力发展体育产业政策的出台,体育赛事得到了国内外投资者的追捧,目前已经成为国内最火的投资项目。与此同时,社会上出现了体育赛事专业人才不足的问题。本章按照"何为体育赛事""如何学习体育赛事运营""体育赛事该如何科学选择和运营管理"的基本思路,首先从体育赛事基本概念和分类入手,介绍了体育赛事管理体制发展的制度变迁;其次,在分析国内外赛事发展历程的基础上总结了体育赛事经营管理的一般特点和规律;最后,提出要做好体育赛事运营,既需要科学的组织管理知识,也需要懂得体育赛事营销的技术手段,还要做好赛事风险的科学规避和预防。

思考与练习 ——
1. 简述体育赛事的基本概念和分类。
2. 简述体育赛事的过程管理包括哪几个阶段。
3. 试述体育赛事市场信息搜集的途径和方法。
4. 简述体育赛事风险管理的概念和规避风险的主要措施。
5. 简述体育赛事赞助效果评估的原则和一般程序。

参考文献

［1］黄海燕. 体育赛事管理 [M]. 北京:人民体育出版社,2012.

［2］谭建湘. 体育经纪导论 [M]. 北京:高等教育出版社,2004.

［3］朱华桂,吴超. 大型体育赛事风险评估研究——以南京青奥会为例 [J]. 体育与科学,2013 (5):22-26,30.

［4］黄海燕,张林. 体育赛事综合影响框架体系研究 [J]. 体育科学,2011(1):75-84.

［5］黄海燕,张林. 体育赛事的基本理论研究——论体育赛事的历史沿革、定义、分类及特征 [J]. 武汉体育学院学报,2011(2):22-27.

［6］黄海燕. 体育赛事经济影响评价的实证研究 [J]. 上海体育学院学报,2011(3):1-6,13.

［7］高文景. 体育赛事属性及供给方式分析 [J]. 体育文化导刊,2015(11):75-78.

［8］史悦红. 我国大型体育赛事风险管理的研究 [J]. 广州体育学院学报,2016(1):30-33.

［9］王勇,薛山. 体育赛事定价:市场边界与国家干预 [J]. 体育与科学,2016(1):100-105.

［10］霍德利,仇慧,仇军. 大型体育赛事风险预警模型与应对策略研究 [J]. 沈阳体育学院学报,2014(5):6-11.

［11］朱洪军. 我国大型体育赛事筹委会组织协调机制研究 [J]. 首都体育学院学报,2014(4):349-353,379.

［12］黄海燕,骆雷. 近年来我国体育赛事管理研究进展 [J]. 体育科研,2012(3):40-45.